「名著」から読み解く日本社会史

古代から現代まで

夏目琢史 著

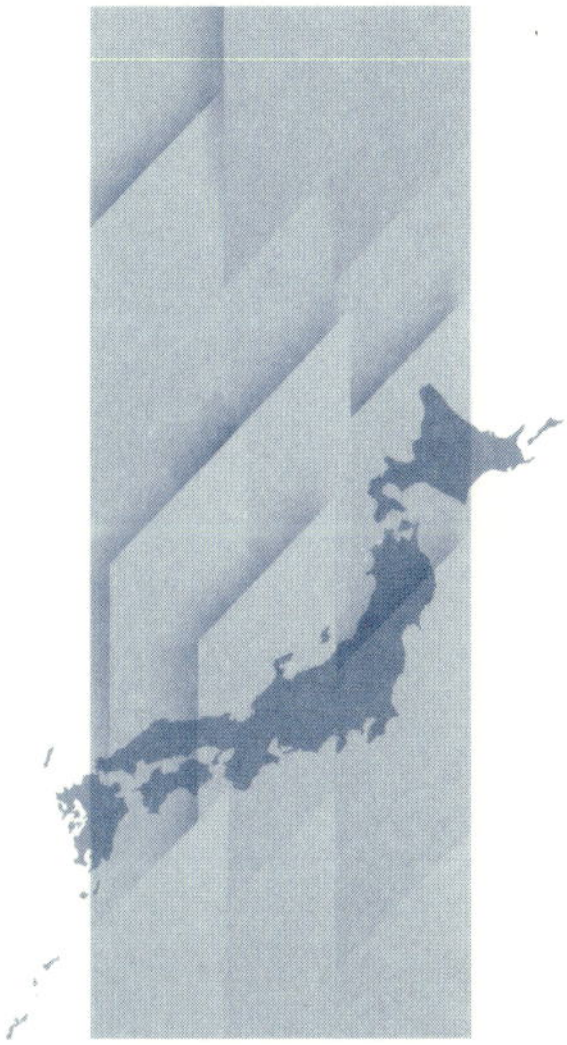

ミネルヴァ書房

はしがき――「名著」とは何か

「あなたにとって名著とは何ですか?」と問われたら、皆さんはどう答えるでしょうか。もちろん即答できる方もいるとは思いますが、そうでない方も多いでしょう。小説をあげる方、ハウツウ本をあげる方、あるいは学術書をあげる方もいると思います。何を「名著」と考えるかは、人それぞれによって違いますし、「名著」を定義するのはきわめて難しいことです。

それでは、もしも、「誰もが認める名著は?」という質問を投げかけられたとしたら、どのように答えればよいのでしょうか。簡単なのは、「ノーベル文学賞」や「芥川賞」「直木賞」など、すでに評価の定まっている書籍を「名著」としてあげることです。こうした作品は、もちろん批判的な意見もあるでしょうが、一方で多くの人びとから高い評価を得ていることも間違いありません。

しかし、これでは、あまりにも陳腐であり、少なくとも学術的ではありません。それでは、何を基準にして、「名著」といえばよいのでしょうか。

私がここで示す「名著」とは、とくに「日本社会史」を論じた書籍のうち、賛否両論を問わず学界に大きな影響を与え、かつ、それを書かれた当時の社会状況を強く反映していたと考えられる著作のことです。そのなかでも、数年前までは誰もが知っていて、よく読まれていた著作を「名著」として取り上げます。とくにここでは、敗戦後の日本の歴史学（「戦後歴史学」と総称されます）を象徴するような著作を優先的に選ぶことにしました。それは、現在においてこの時期の著作を考え直すことに、一つの大きな意味があると考えているからです。

もちろん、専門家のなかには、「あんな本は、名著ではない」とか「あの本は何の実証性もない」などの批判的な意見もあるでしょう。またあるいは、あの本は左よりだ、あるいは右よりだ、などといった思想・イデオロギーの面について不快感をもたれる方もなかにはいらっしゃるかもしれません。しかし、逆に、そうした批判が出てくることこそ、その著作が大きな影響力をもったことを物語っていますし、何を「名著」とするかは、可変的であり、人それぞれです。本を読むことによって、できるだけ多くのことを学びとろうとするならば、固定観念や偏見は、かえって理解の妨げになります。偏った見方は、厳に慎まなくてはなりません。そして、それは、著者がその著作を通じて何を伝えたかったのか、著書の意図しているところを正しく理解しながら精読し、当時の時代背景、それから著者の思想形成のプロセスを総合的にみたうえで、批判を展開しなければならないことを意味します。それは、肯定するにしても、否定するにしても、絶対に必要な態度です。ある一部分を抜き出して、批判や不満をぶつけるやり方は、学術的な姿勢とはいえません。

さて、繰り返しになりますが、私がここで取り上げる一四冊の著書は、学界や社会に対して、さまざまな意味において大きな影響を与えた（あるいは、与え続けている）著作です。しかし、ここで一四冊に絞り込んだことには、それなりの理由もあります。

第一に本書では、古代から近現代までの日本社会の歴史を通史的に考えてみることを一つの目的とし、それぞれの著作が対象とする時代ができるだけ重ならないように配慮しました。そして第二に、研究史のなかでとくに重要であり、かつ、研究者以外の読者にとっても社会や歴史を考えるうえで多くのヒントが含まれているような著作を選びました。こうして取り上げた著作は、次のものです（出版社および出版年は、いずれも初出時のもの）。

①江上波夫『騎馬民族国家――日本古代史へのアプローチ』（中公新書、一九六七年）
②益田勝実『火山列島の思想』（筑摩書房、一九六八年）
③西郷信綱『古代人と夢』（平凡社、一九七二年）
④石母田正『中世的世界の形成』（伊藤書店、一九四六年）
⑤井上鋭夫『山の民・川の民――日本中世の生活と信仰』（平凡社、一九八一年）
⑥平泉澄『中世に於ける社寺と社会との関係』（至文堂、一九二六年）
⑦網野善彦『無縁・公界・楽――日本中世の自由と平和』（平凡社、一九七八年）
⑧安良城盛昭『日本封建社会成立史論』（上・下）（岩波書店、一九八四年・一九九五年）
⑨藤木久志『雑兵たちの戦場――中世の傭兵と奴隷狩り』（朝日新聞社、一九九五年）
⑩辻善之助『田沼時代』（日本学術普及会、一九一五年）

⑪　山口啓二『鎖国と開国』（岩波書店、一九九三年）
⑫　佐々木潤之介『世直し』（岩波書店、一九七九年）
⑬　安丸良夫『日本の近代化と民衆思想』（青木書店、一九七四年）
⑭　遠山茂樹・今井清一・藤原彰『昭和史〈初版〉』（岩波新書、一九五五年）。

いかがでしょうか。ここで取り上げた著作は、一見すると著者の世代もマチマチであり、内容も古代から近現代に至る幅広い分野にわたっているようにみえます。しかし、本書を一読していただければ明らかなように、これらの著書には、ある共通性もみられます。そうした点も念頭におきつつ、本書を読み進めていただければ幸いです。

今回取り上げた一四冊のなかには、戦前の著作も含まれていますが、ほとんどが「戦後歴史学」のなかで発表された著作です。また、一部を除き、何度も再版されて多くの読者を獲得した書籍であり、現在も容易に手にして読むことができます（平泉澄『中世に於ける社寺と社会との関係』、辻善之助『田沼時代』など一部古くて入手困難なものも含まれています）。是非とも実際に手にとって読んでもらいたいものばかりです。また蛇足ながら、ここで取り上げた著作の難易度は、バラバラです。新書のような一般向けの書籍もあれば、超難解な学術書もあります。できるだけ、一般の読者にも読みやすいものを選んだつもりですが、たとえば、石母田正の『中世的世界の形成』や安良城盛昭の『日本封建社会成立史論』などは、専門的な知識を有しない読者の方にとっては、かなり難解に感じるでしょう。こうした著作に関しては、できるだけ、著者の意図が読み取りやすくなるよう、丁寧な解説をほどこしました。参考にしてみてください。

また、本書は、日本史をこれから専攻しようと考えている学生はもちろんのこと、それ以外の周辺分野を専攻する学生にとっても必読のものとなるでしょう。なぜならば、今回取り上げる本は、いずれも日本史分野だけにとどまらず、他分野の成果をも取り込んだ総合的な議論をしているからです。人文・社会科学のあらゆる分野の学問と、本書で取り上げた著作はかかわっています。かつて大学で歴史学を専攻した中高年の方々にとっては、本書の内容の一部には懐かしさを感じるかもしれません。石母田正、網野善彦、安良城盛昭、あるいは藤木久志など、当時一世を風靡した有名な歴史学者たちの名前がたびたび登場します。どうぞ、関心をおもちの章から読み進めていただければ幸いです。

ちなみに、本書は二〇一五年度夏学期に一橋大学社会学部で開講された「日本社会史総論」の内容をベースにしています。この授業は、学部の二・三年生を対象としたものであり、日本史の概説的な内容も含んでいます。そのこともあり、本書は「名著」を単に並べただけではなく、各章は相互に関連しており、さらに古代から近現代までの日本史の流れが追えるようにも配慮しています。なお、概説書ということもあり、著者の私見は最小限におさえ、著書・論文の引用を多く用いています。引用文や参考文献を手掛かりに、考えを深めていただければ幸いです（なお、本文中で文献を提示する際は、紙幅の都合上、サブタイトルを省略させていただきました。文献に初出がある場合は、引用箇所に初出年を記載しました）。

さて、前置きはこれくらいにします。早速、「名著」の世界へ入って行くことにしましょう。まずは、日本の古代史、とくに「原始の日本」を探究した「名著」を三冊紹介します。

「名著」から読み解く日本社会史——古代から現代まで

目次

第二部　日本社会史の名著――中世篇

第三部　日本社会史の名著――近世篇

第四部　日本社会史の名著——近代篇

第一部　日本社会史の名著――古代篇

第一部の古代篇では、日本の古代社会を考えるうえで大きな影響力をもった三冊の「名著」を紹介したい。ここでは、いわゆる文献史学だけではなく、考古学や文学研究の立場から歴史にアプローチした作品を取り上げる。まずは、簡単に紹介しておくことにしたい。

第一章では、**江上波夫**《えがみなみお》の『**騎馬民族国家**』を取り上げた。これは、かつて大きな議論を呼んだ著作であり、ここで発表された「騎馬民族征服王朝説」を取り入れた漫画や小説が公開されたり、テレビ番組も組まれたりした。本章では、「騎馬民族征服王朝説」が登場した背景について、著者である江上波夫自身の経歴と、当時の社会の状況の二つに留意しつつみていくことにする。この著作を通して、「学問」とは何か、という問題について深く考え、議論してもらえればと思う。

第二章では、**益田勝実**《ますだかつみ》の『**火山列島の思想**』を取り上げる。この本は、「神話」の世界の通説に対して、鋭い視点から批判を試みている。益田勝実は、国語教育の専門家として知られるが、本書は、ユニークな視点から「原始の日本」を考察した興味深い著作である。本書が、他の歴史研究者にどのような影響を与えたのかについても注目してもらいたい。

第三章では、**西郷信綱**《さいごうのぶつな》の『**古代人と夢**』を取り上げる。「夢にも固有な歴史があった」という書き出しではじまるこの本は、「夢」という切り口から原始の日本思想の根底を描き出そうと試みている。著者である西郷信綱は、日本の古典を研究の対象とする国文学者として著名であるが、その幅広い学識を活かし、多くの画期的な業績をのこした。とくに、歴史学と文学研究の橋渡し的な役割を担ったともいえるであろう。本章をきっかけにさまざまなテーマについて議論を深めてもらいたい。

さて、第一部で紹介する著作は、三冊とも一九六〇年代後半から一九七〇年代前半までに発表された著作である。是非、当時の時代状況を念頭におきつつ、読み進めていただきたい。また、第一部で取り上げる三冊は、考古学や国文学の立場から日本の古代について検証したものであると同時に、日本民俗学などの影響も色濃くある。それぞれの著書の共通点についても考えてみてもらいたい。

なお、第一部で展開されている内容も、あくまで、「名著」への導入に過ぎない。ここで紹介する三冊の著作を手に取って、読んでいただくことをお勧めする。

第一章　日本人はどこから来たのか？
――『騎馬民族国家』江上波夫

一．江上波夫とは

平成一四（二〇〇二）年一一月一一日、ある有名な学者が亡くなった。多くのメディアが、一斉にこの訃報を報じた。「日本人の源流、雄大に構想」（『日本経済新聞』二〇〇二年一一月一六日付朝刊）、「江上波夫さん死去　ロマンあふれる壮大な説　考古学ファンを魅了」（『読売新聞』二〇〇二年一一月一六日付朝刊）などの小見出しが新聞紙面をにぎわせたことを記憶している方もいるだろう。その人物こそが、本書『騎馬民族国家』を著した**江上波夫**《えがみなみお》（一九〇六～二〇〇二）である。

彼のことを『日本考古学人物事典』は、「日本の考古学者として中東、北アジアに最も雄大な足跡を印した一人だった。騎馬民族論で学界をにぎわした」（斎藤　二〇〇六年）と紹介している。考古学者・民族学者として二〇世紀の学界に大きな影響をもたらした彼の生涯とは、一体、どのようなものであったか。まずは簡単にその足跡を追うことにしよう。

江上波夫は、東京大学東洋文化研究所の教授・所長をつとめた著名な考古学者である。「文化功労者」であり、平成三（一九九一）年には、「文化勲章」も受賞した。平成一五（二〇〇三）年三月にオープンした「横浜ユーラシア文化館」は、江上が横浜市に寄贈した資料をもとにしたものである。

江上は、明治三九（一九〇六）年一一月六日、山口県に生まれた。東京府立第五中学校（現在の都立小石川中等教育学校）を卒業後、旧制浦和高校に進学する。このとき、江上は、関東大震災直後の三浦海岸で、ある「発見」をした。これについて、江上は次のように述懐している。

江上波夫
『学問の探究』所収

当時、診療を通して懇意になった医者の家に寄宿していた私は、そこに身体を休める暇もなく、すぐに岩場の様子を見に出掛けた。行ってみると、海岸の景観は一変していた。大地震のために海岸全体がおよそ四メートルも隆起していて、それまで徒歩では近づけなかった断崖のところまで歩いて行けるようになっていた。足は自然にその方へと向いた。

やがて、海蝕作用で出来た一つの大きな洞窟が面前に現われた。私の眼はその露出した洞穴の下半部を埋めた堆積層の断面に吸い寄せられた。そこには土器の破片や動物の骨などが露出した堆積層があったのである。さらに仔細に検分すると、洞窟の断面は、そうした遺物の包含層と何も包含していない沈殿砂土の層が互いに重なり合っていることに気づいた。

これは何を物語っているのか。太古の人間生活がこの場所で断続的に営まれたことは、一見して明瞭であるが、それではなぜ人間の住んでいた時代と住んでいなかった時代とが、交互に現われたのであろうか。私の知識では解決できない問題であり、それだけに興味があり、私は夢中になって遺物を採集した。

〔江上　一九八六年、二四一頁〕

大正一三（一九二四）年八月、江上少年は、この海岸で採集した遺物をもって、東京帝国大学の人類学教室を訪ねた。当時、東大の教員であった**松村瞭**《まつむらりよう》（一八八〇～一九三六）、**山崎直方**《やまざきなおまさ》（一八七〇～一九二九）、**小金井良精**《こがねいよしきよ》（一八五九～一九四四）らは、これについて「たいへん面白い発見だ」という感想をもたれたようだったと、江上はいう。実際、このエピソードは、学会誌にも掲載されており、江上が考古学者として出発する大きなきっかけになったことは想像に難くない。

その後、昭和五（一九三〇）年に東京帝国大学文学部東洋史学科を卒業した江上は、東方文化学院研究員、民族研究所所員を歴任し、アジア各地でのフィールド調査に携わった。そして、敗戦後の昭和二三（一九四八）年には、東京大学東洋文化研究所教授に着任した。

さて、江上の名を一躍有名にしたのは、**騎馬民族征服王朝説**である。これは、ごく簡単にいうと、

大正十四年一月

雜報　四二

か此處に行はれた人類學會の遠足會の事などを思ひ起す。

うら暖い晩秋の日盛りも日足早く暮にせまる頃貝塚に別れて都に足を向けた。（ＭＭ生）

上總興津洞窟遺跡の發見　昨年八月浦和高等學校生徒江上波夫君は千葉縣夷隅郡興津町守谷にある海岸の洞窟から多數の土器、獸骨を發見し大學に齎された。同年十一月二日に小金井良精、山崎直方兩博士、小澤講師、松村瞭氏等は出張調査を行ひ、同月中旬には內務省の柴田常惠、田澤金吾兩氏も發掘を試みて、土器、獸骨等を少からず採取した。續いて十二月六日から九日に渡り、松村瞭博士は甲野勇、八幡一郎兩君と共に發掘を遂げ、土器、獸骨、角器等を得、八日の日には山崎博士は地理學科の學生を引率、視察された。猶ほ山崎博士は十二月の人類學會例會で「上總守谷洞窟の人類學的遺跡と土地の變遷につきて」なる題下にこの洞窟に關する地質學的研究を發表された。近時自然洞窟に古代人の遺跡を發見する事頻々であるが、是は從來夢想だもしなかつた貴重な事實である。

ビシオツプ博物館のミクロネジア調査　昨年濠洲に開かれた第二回汎太平洋學術會議の人類學部に於ては、ミクロネジアの研究を、最も肝要なりとし、且つ日本及び米國は、之が調査に深い關係を有つことを議したが、今回ハワイなるビシオップ博物館は、其の勸告に應じて愈々 Hons G. Hornbostel 指揮の下に、ミクロネジアに於ける人種學的調査に着手するに至つた。

大山公爵の近狀　滯歐中なる大山公爵の近狀は、本誌所載の歐米見聞記によつて知ることが出來るが、最近編者に寄せられた所信の一部を報ずれば左の通りである。

十月二十三日マドリッド發信。十月初旬年來の素志たる洞窟探査の目的を以て、ドルドニよりマスタージール、アルタミラ等を見學の上只今はマドリッドに着し居候一先づマドリッドに到着の上、考古學以外の目的にてコルトバ、グラナダを見物して昨夜マドリッドに歸着致候此地にては御承知の有名なる獨逸のオーバーマイヤー博士（今はマドリッド大學敎授）を數回訪問、本日亦御指導を受くる豫定に候。本日まで旅行の暇々に認めたる第三信を同封致候。此は二月分の豫定に有

興津洞窟遺跡発見の記事（1925 年）
「人類学雑誌」第 40 巻第 2 号所収

大陸北方系に勢力をはっていた騎馬民族が、日本列島に渡来して征服王朝を樹立したと考える学説である。つまり、大和王朝の起源は、大陸の騎馬民族にあったという説であり、その大胆な発想は、当時の学界や社会から大きな反響があった。

この説は、もともと人類学者の**岡正雄**《おかまさお》（一八九八〜一九八二）、**八幡一郎**《やわたいちろう》（一九〇二〜一九八七）、**石田英一郎**《いしだえいいちろう》（一九〇三〜一九六八）が同席した座談会「日本民族＝文化の源流と日本国家の形成」〈昭和二三〈一九四八〉年〉で発表された考え方である。江上によれば、大和朝廷は、半猟半農的騎馬民族が倭人を征服して大和地方に建国したものであり、そうした支配を可能にした背景には、被征服者となった倭人によって、すでに国家の土台が建設されていたことがあるという〔岡八幡ほか　一九四八年、二三四〜二四五頁〕。従来の常識的な理解を根本からくつがえす考え方であった。

では、江上がこうした大胆な学説を提示した背景には、どのような思想があったのだろうか。江上による次の詩は、その一端を教えてくれる。

お書きなさい

あなたは　お書きなさい
たとえ　さばえなす学者どもが
専門と称する　狭い視野で

何と騒ごうと
あなたは　お書きなさい

リカードの「地代論」
モーガンの「古代社会」
エンゲルスの「家族・私有財産・国家の起源」
クーランジュの「古代都市論」
タイラーの「原始文化」
ラボックの「先史時代」
ウェスターマークの「道徳観念の発達」

そんなような椽大《てんだい》の筆で
太い線をぐっとひいたような
作品を　お書きなさい
後世の専門家が　守護《まもり》本尊として
どんな　勿体をつけようとも
それらは　経済学も　人類学も

考古学も　社会学も
萌芽の時代の　作品だ
いわば専門家以前の
素人学者の作品だ
にもかかわらず
電子計算機の結果のような
専門家の無数の論文よりも
ずばぬけて　長く生きている
古典として　半永久の
生命を保っている

そんなような　生命力のある作品を
あなたは　お書きなさい
素人学者の自由と熱情と
野心とをもって

〔江上　一九八六年、一八八〜一九〇頁〕

一九六〇年に書かれたこの詩からは、江上の学問に対する決意が伝わってくる。江上の騎馬民族征服王朝説は、まさに「野心」にあふれた壮大で魅力的な学説であった。では、こうした江上の学説の背景には、どのような事情があったのか。次節で詳しくみていくことにしたい。

二　本書の背景――戦前の考古学からの出発

本書『騎馬民族国家』を考える前提として、戦前から戦後にかけてのアカデミズムの状況を理解しなくてはならない。まず、戦前に発表された主な日本民族論の一つに、**喜田貞吉**《きたさだきち》（一八七一～一九三九）の**日鮮両民族同源論**がある。喜田は、「日鮮両民族同源論」（初出一九二一年）のなかで、「わが日本民族と朝鮮民族とは、本来の要素が同一であるのみならず、その後互いに混淆したこともはなはだ多く、実際上全然同一民族というても差し支えないほどの間柄」であるとし、明治四三（一九一〇）年の「韓国の併合は決して異民族を新たに結合せしめたのでなく、いったん離れていたものを本に復したもの」であると論じた〔喜田　一九七九年、四一三～四一五頁〕。もちろん、これは日本の植民地支配を正当化する論理であり、その意味で批判すべき見解ではあるが、日本と朝鮮半島の共通性を見出している点は注目される。

また、岡正雄の日本民族文化形成論も、そのベースとなる考え方は、戦前（一九三一～三三年頃）に形成されたものである〔岡・石田ほか　一九五八年、三〇一頁〕。この学説は、オーストリアの文化圏学派（とくに、岡が師事したシュミット・コパース）の影響を受けたものであり、日本民族の形勢を東南アジア系の稲作農耕・母系村落社会と北アジア系で鉄器を使う父系・種族連合で奴隷制をもつ支配民族の融合と理解し、日本人が単一民族ではなく、複合民族であることを示した（岡の学説については、大林太良《おおばやしたりょう》〈一九二九〜二〇〇一〉の著書〔岡・大林　一九九四年〕所収の論考を参照のこと）。こうした考え方が、江上波夫の騎馬民族国家論にも少なからず示唆を与えたと考えられる。

また、江上が騎馬民族国家論を展開する背景には、彼が研究員として過ごしてきた戦前・戦時下の状況も考えなければならない。先ほど述べたように、東大卒業後の江上は、東方文化学院・民族研究所に勤務している。東方文化学院とは、義和団事件（明治三二〈一八九九〉年）の賠償金などをもって東京と京都に設立されたものである。主に、アジアにおける反日感情の高まりをおさえることが目的とされた。また、民族研究所とは、「大東亜共栄圏」の啓蒙活動のために、昭和一八（一九四三）年に設置された施設である。ともに、大日本帝国の植民地政策（当時の国策）のなかで成立した機関であり、自由な研究ができる環境ではなかったと考えられる。

当時の考古学界は「沈滞した数年」と呼ばれているが、その一方で、坂詰秀一《さかづめひでいち》（品川歴史館館長）によれば、官学的で「外地」志向の風潮のなかで研究が進展した側面もあるし、また、民間考古学の広まりにはみるべきものもあった〔坂詰　一九九七年、六〜八二頁〕。江上自身もこの間、外地で活発な研究活動に臨めたことがその後の成果に大きく寄与したという。しかしながら、当時の「大東亜共栄圏」の構想や「日本精神」に迎合する側面は看過できず、とくに「天皇」や「神話」に対しての科学的研究が、容易にできる環境ではなかった。江上の騎馬民族征服王朝説は、こうした閉鎖的な戦前の学会に対するアンチテーゼとして展開されたものであった。その意味では、崇神・仁徳・継体の系統が異なる三つの王朝の興廃の可能性を指摘し、万世一系の天皇像を覆そうと試みた歴史学者の**水《みず》野《の》祐《ゆう》**（一九一八～二〇〇〇）の**三王朝交替説**も、同じ文脈から理解することができるだろう（水野　一九五四年、一八三～一八五頁）。いずれも、敗戦後の自由な学問の空気を示すものであった。

さて、先述したように『騎馬民族国家』のもととなる見解は、昭和二三（一九四八）年の座談会で示されたものである。この時期が、GHQによる占領下であったことも、この学説に少なからず影響を与えたと考えられる。こうした点にも留意しつつ、以下で、本書『騎馬民族国家』の概要をみていくことにしたい。

三　『騎馬民族国家』の世界

『騎馬民族国家』（中公新書、一九六八年。ここでは、比較的入手しやすい一九九一年改版を用いる）は、**「Ⅰ　騎馬民族とはなにか」「Ⅱ　日本における征服王朝」**の二部構成になっている。著者（＝第三節では江上のことを著者とする。以下の章でも同様）は、冒頭「まえがき」で次のような印象的な指摘をする。

目次

私は土器の復原の経験から、ある特定の土器の復原という具体的な作業のためには、土器の構造的な理論や、その形式発展の原則よりも、関係のある地域・時代の土器の、仮設的全体像ともいうべき土器の集成図《コルプス》がより多く役立つことを知ったのである。これはじつは私だけの経験でなく、ほとんど全考古学者の経験なので、考古学では集成図の作成と利用はひじょうに重要なことになっている。これがあると、例えば弥生式土器の集成図があれば、縄文式時代の遺跡から出土した一群の土器を、その集成図の土器に引合わせてみても、類似したものが一つもなく、両者の無関係なことは一見明瞭である。

〔江上　一九九一年、Ⅴ頁〕

この土器の復原の話が、後にはじまる雄大な仮説の伏線となる。

「**Ⅰ．騎馬民族とはなにか**」では、護雅夫《もりまさお》の遊牧騎馬民族研究を援用しつつ、騎馬民族の特徴が、具体的な事例と考古学上の成果にもとづき解説される。紀元前四世紀から紀元後三世紀ころまで、史上初めて騎馬民族国家を形成した**スキタイ**は、巨万の富を背景として天神父系の祖を中心とする強大な支配権を有した。紀元前三世紀から紀元後二世紀ころまで勢力をはった**匈奴**《きょうど》は、天神の子を王とし、中国文化を積極的に受容して成長した。墳墓は竪穴式で、木棺に葬るところに特徴があったという。六世紀ころ急激な興隆と没落をみせた突厥《とっけつ》は、人にして神、神にして天子である「王の氏族」による支配がおこなわれ、外国人を政権に重用したという。それから、紀元前三世紀から紀元後六世紀ころまで活動した鮮卑《せんぴ》と烏桓《うがん》は、土葬であり、殉死をしないが、副葬品は贅沢で、外国産品が多いという。このように、大陸で国家を建設した騎馬民族は、功利主義・現実主義でいて、主知主義であり解放的であったと結論づける。こうした特徴は、実は、日本の後期古墳文化の特徴と重なる部分が多いという。

「**Ⅱ．日本における征服王朝**」は、扶余系（辰朝）騎馬民族による倭の征服の過程が論じられる。著者が、騎馬民族による倭国の征服を結論づける根拠は、次の八点である。

① 前期古墳文化（三世紀末〜四世紀頃）と後期古墳文化（四世紀後半〜七世紀後半）が根本的に異質である点。
② ①の変化があまりに急である点。
③ 農耕民族は、自己の伝統文化に固執する傾向がある点。
④ 後期古墳文化は大陸北方系騎馬民族文化とまったく共通している点（部分的ではない）。
⑤ 後期古墳文化になって、急に馬が飼養されるようになった点。ここから騎馬を常習とする民族の流入が推定される。

⑥　後期古墳文化は、王侯貴族的・騎馬民族的な文化である点。これは、武力による日本の征服を暗示している。

⑦　後期古墳文化の分布は、軍事的な要地に多い点。

⑧　騎馬民族は、海上を渡って征服活動をおこなっていた点。

〔江上　一九九一年、一五七〜一六〇頁〕

それでは、具体的にどの時期に、騎馬民族による日本征服は完成されたのか。著者は、三〜四世紀の崇神天皇によって朝鮮半島南部から北九州へ進出し、四世紀末ころ、応神天皇によって近畿へ進出したと仮定する。すなわち、次のようにその歴史的経緯をまとめている。

要するに、古墳を中心とした考古学的なアプローチからは、日本国家形成の主役をつとめた者について、またその行動について、現在のところ、以上のような推論の域をでないが、東北アジア系の騎馬民族が、新鋭の武器と馬匹とをもって朝鮮半島を経由し、おそらく北九州か本州西端部に侵入してきて、四世紀末ころには畿内に進出し、そこに強大な勢力をもった大和朝廷を樹立して、日本統一国家の建設をいちおう成就したことは、現在においても、ほぼ暗示されているのである。そうして、大和朝廷の樹立は、応神・仁徳両陵に代表される、古墳時代後期の開幕に相応ずるものであろう。したがって、それ以前は、騎馬民族の西日本侵入のときまでさかのぼって、日本建国の創業の時期と認めるべきであろう。すなわち、著者は、大和朝廷は大陸から北九州へと侵入してきた騎馬民族によって樹立されたものだというのである。

〔江上　一九九一年、一六一～一六二頁〕

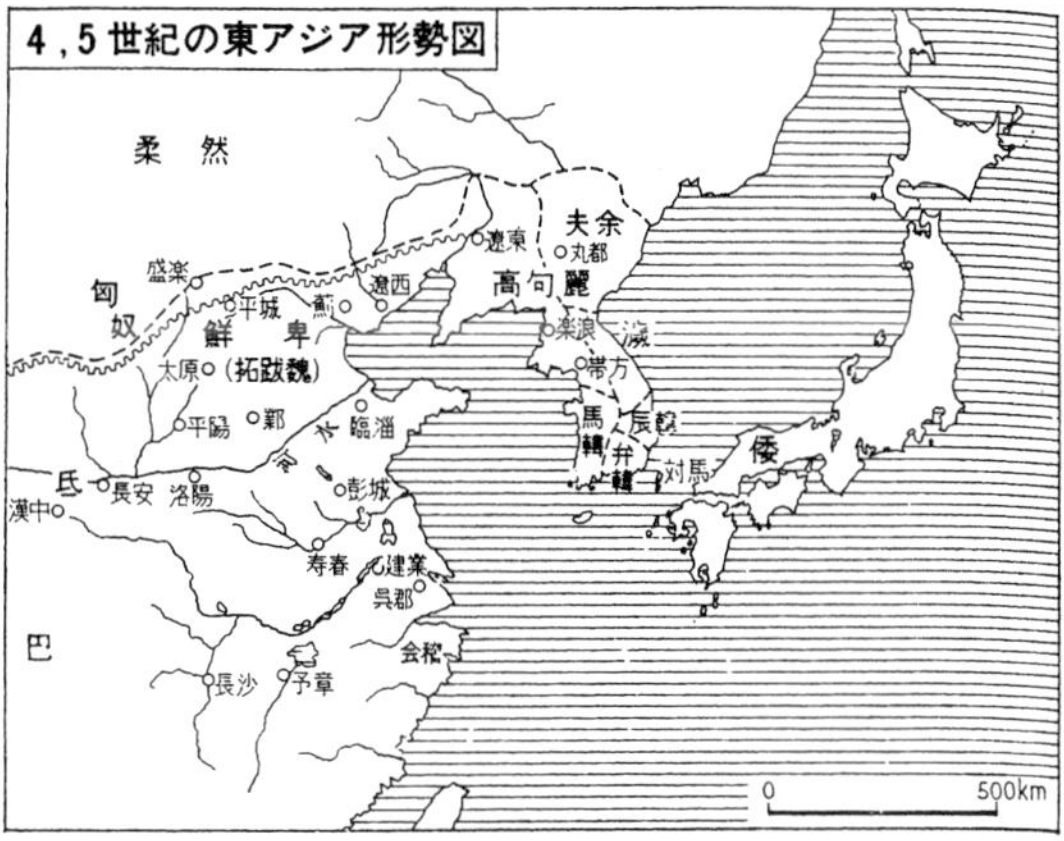

4，5世紀のアジア
『騎馬民族国家』所収

さらに、著者は、「騎馬民族国家と女性の地位」などを問題にし、「日本古代の女帝」についても射程におき、多方面からのアプローチによって、この学説の肉付けをおこなう。戦前から大陸での実地調査を進めてきた著者にとって、本書はその研究成果の集大成ということになるだろう。

さて、本書の発表をもって、江上が敗戦直後から構想し続けていた「騎馬民族征服王朝説」の全容が示された。この後、著者は、本書の再版・改版をくり返すが、その基本的な骨子が崩れることはなかった。また、注意しなければならないのは、著者が射程としていたのが、必ずしも日本の古代史の枠組みだけではなかったという点である。「騎馬民族征服王朝説」は、古代史の問題のみにとどまらず、さらに大きな、〝日本人とは何か〃という問題に向いていたように考えられる。それは、著者が、次のように本書をしめくくっていることからも知られてくるだろう。

こうして日本民族は形成された。そうして、もし四世紀前半における大陸系騎馬民族の侵入・征服がなかったならば、日本民族は長く太平の夢をむさぼって、モンスーン地帯の東南アジア諸島の農耕民族とほぼ同じような状態で今日に至ったであろう。日本はモンスーン地帯における島嶼で、農耕民族の上に騎馬民族が建国した唯一の国なのである。そうしてそこに現在の日本のあり方も根ざしているのである。

〔江上　一九九一年、三三二頁〕

ここで「日本民族」とされているのは、もちろん、四世紀の日本列島に暮らしていた人びとのことを指しているが、著者は「現在の日本」についても想定している。大正・昭和という激動の時代を経験した著者自身の思いがこの文章からも伝わってくる。

四　本書の影響

本書『騎馬民族国家』は、考古学や歴史学のいわゆる学界だけではなく、広く一般の社会にきわめて大きな影響を与えた。「騎馬民族征服王朝説」に対しては、賛否両論多くの評論が提示された。ここではそのいくつかを紹介してみよう。**護雅夫**（一九二一～一九九六）は、次のように述べている。

しかし、うえの、いわゆる「騎馬民族日本征服説」あるいは「騎馬民族説」が出されるにいたった根底には、江上氏の、たんに古事記・日本書紀の神話・伝承を中心とした広義の民族学的・歴史学的研究だけではなく、古墳およびその出土品を中心とした考古学的研究、さらに、中国史書に見えるこの時代の東アジアの形勢、とくに日本・朝鮮の情勢を中心とした歴史学的研究――このあとの両者こそ同氏のもっとも得意とされるところです――における、広くて深い知見がよこたわっています。いや、この三方面の研究をバラバラに切りはなして個々別々に行なうのではなく、これらを総合・統一して、ひとつのものとしてとらえようとしたところにこそ、うえの江上説が高く評価されねばならぬ点があるのです。

〔護　一九六七年、一七頁〕

ただ、江上の騎馬民族論に対しては、発表当初より厳しい意見も多かった。日本民俗学をけん引してきた**柳田國男**《やなぎだくにお》（一八七五～一九六二）と**折口信夫**《おりくちしのぶ》（一八八七～一九五三）は、別の座談会にて江上説について次のような発言をしている。

柳田　如何ですか。これは容易ならぬことで、よほどしつかりした基礎をもたなければいえぬことだと思う。一體ありうることでしょうか。あなたの御意見はどうです。つまり横取りされたということを、國民に教える形になりますが。

折口　我々はそういう考え方を信じていないという立場を、はつきり示していつたらいいのではないでしょうか。そうすると石田さんなどとは、正面から衝きあたることになりますが。

〔柳田・折口　一九四九年、四頁〕

このやりとりから、柳田も折口も、江上の騎馬民族国家論には、賛同していなかったことがよく分かる。ほかにも、考古学者からは一斉に江上学説への批判が展開された。**小林行雄**《こばやしゆきお》（一九一一〜一九八九）は、乗馬の風習が確認できるのは紀元後五世紀以降の話であることを明らかにしたうえで、「日本の騎馬技術が朝鮮からつたわったものであるという事実はあっても、騎馬民族によって日本の農民が征服され、国家が作られたということは想像にすぎるのである」と批判した〔小林　一九五八年、一五二頁〕。さらに、**小野山節**《おのやませつ》（京都大学名誉教授）は、江上の騎馬民族征服王朝説にみられる侵略仮説が、「特定の遺物と民族または人種とを結びつけて理解する考え方」である点を批判している〔小野山　一九七五年、一二五頁〕。さらに、騎馬民族征服王朝説とその批判について研究史を整理した**穴沢**《あなざわ》**咊光**《わこう》（福島県考古学会長）も、「日本国家の故郷を大陸の北方ユーラシア草原に求めようとした雄大な騎馬民族征服王朝説は、結局のところ幻影にすぎず、『日本人のルーツはこの日本以外のどこでもなく弥生の泥田の中から農民の汗と血にまみれて日本の国が成長してきたのだ』という、おもしろくもおかしくもない平凡な結論が正解のように思われる」とまとめている（穴沢　一九九〇年、八八頁）。

　こうした、反対派の中心となったのが、考古学者の**佐原《さはら》真《まこと》**（一九三二〜二〇〇二）である。佐原の論点は多岐にわたるが、とくに「畜産民と非畜産民」の文化史的な比較から、「畜産民」である騎馬民族にみられる「去勢」の風習などが日本にみられない点を批判している（佐原　一九九三年、四三〜四四、二〇六〜二〇七頁）。

　こうした批判に対して、江上は、騎馬民族の征服は「平和的」であり征服者はごく少数で歩兵も多かったこと、騎馬民族には去勢をおこなわない部族もあったことなどを指摘し、これに応えたが、佐原は次のように述べる。

> 　そうです。騎馬民族説は、江上さんが創り出した昭和の伝説なのです。日本の歴史が一九四五年、神話の呪縛から解放された直後、提案された江上波夫さんの仮説は、学界からまともに批判されながら一方では一般市民の間に広く受け入れられていきました。
>
> 　なぜでしょうか。
>
> 　戦時中には、日本神話が史実として扱われ、神武以来の万世一系の歴史が徹底的に教えこまれました。江上説には、それを打ちこわす痛快さ、斬新さがあり、解放感をまねく力がありました。また、人びとの心の奥底では、日本が朝鮮半島や中国などに対して近い過去に行なってきたこと

の償いの役割を、あるいは果たしたのかもしれません。

〔佐原　一九九三年、一二一〇頁〕

佐原も指摘するように、こうした学術的な批判の一方で、江上説は、歴史作家や評論家らに大きな影響を与えていくことになる。たとえば、小説家の**松本清張**《まつもとせいちょう》（一九〇九〜一九九二）は、江上の騎馬民族国家論に対して次のように述べている。

今でも「騎馬民族説」には批判のあとが絶えないが、古代史の解明も、このように大胆で、すぐれた仮説をたてたのちに「証拠品」を集める方法をとらない限り、遅々として進まないし、行詰るばかりではなかろうか。

江上さん自身も云っておられるように、あとは北九州から「後期古墳」と見られているもののなかに、実年代がもっと以前で、しかも副葬品に「騎馬民族」らしいものの発見に待たねばならぬ。私は江上説のファンだが、いまや氏の説は、批判派をふくめて学界で無視できなくなっている。［中略］「騎馬民族説」を決定的にする遺跡の発見も大いに期待したい。

〔松本　一九六八年、三〇七頁〕

漫画家の**手塚治虫**《てづかおさむ》（一九二八〜一九八九）も、漫画『火の鳥』のなかに江上説を全面的に取り込み、騎馬民族が大和王朝を建国していく様子を描いた。江上説は、こうした作品を媒介として広く一般に浸透していったことが分かる。

江上説については、今日でもたびたび注目されることがある。たとえば、平成二一（二〇〇九）年に政治家の**小沢一郎**《おざわいちろう》（衆議院議員）が韓国で講演した際、騎馬民族征服王朝説を引用したことが物議を醸したことを記憶している方もいるだろう。

騎馬民族の東征
『火の鳥①黎明篇』所収

岡や江上が提唱した学説は、戦後の自由さを象徴する新しい見解であったが、学界からは大きな批判を受け、十分に継承されることはなかったといえよう。この点について、**岩田重則**《いわたしげのり》（中央大学教授）は、次のように指摘している。

> 岡学説と騎馬民族説に対する以上のようなマルクス主義歴史学・考古学・古代史・日本民俗学からの反応をみると、石田英一郎が提唱した研究協力、学際的な総合研究の進展は、ほとんど実現されることはなかった。また、両説が日本民族（文化）を類型化しつつ把握し、民族（文化）の伝播と複合の契機を重視する〝多元〟的把握の方法を提示しているのに対して、そ

の方法を受け止め、批判あるいは継承することもなかった。両説は、戦後日本の再出発を象徴的に示すような新しさを持っていたにもかかわらず、両説が提出した新しい研究体制と方法は深化させられることなく終ったのである。

〔岩田　一九九〇年、九六頁〕

現在、江上の提示した「騎馬民族征服王朝説」は、否定された学説（少なくとも定説とはなっていない）であるといってよい。しかし、江上の説がそのままは成り立たないことは論証できたものの、騎馬民族の文化が、何らかのかたちで日本に影響を与えたことは事実であり、その点についての研究は、現在も進んでいる。たとえば、**諫早直人**《いさはやなおと》（奈良文化財研究所研究員）は、江上の騎馬民族論を批判的に検証したうえで、次のような見解をのべている。

要するに、弥生時代に「牛馬無し」とされた日本列島に、極めて短期間に騎馬文化が定着・普及していく最大の要因は、「騎馬民族」の侵入・征服でも、倭の朝鮮半島における軍事活動に伴う略奪でもなく、高句麗の南下政策を基軸とする当時の東北アジアの国際情勢の中で、受容主体である倭と、供給元である朝鮮半島南部諸国双方の利害が一致したことに求められる。

以上のような見方が正しいのであれば、江上氏が「騎馬民族」移動の産物とみなした東北アジアにおける騎馬文化の伝播は、高句麗の南下政策によって引き起こされた軍事的緊張関係の中で、軍備増強を競いあった各王権が、馬やそれに関わるあらゆる人・モノ・情報（知識・技術）に対して、主体的にアクセスし、それを各地域社会に定着・普及させることによって起こったと考えられる。

〔諫早　二〇一〇年、五三〜五四頁〕

これは、騎馬民族国家論に対する新たな視点として興味深い。また、現在においても騎馬民族説を再検証するシンポジウムなどが各地で開かれており、その見直しが進められている。騎馬民族説という仮説が、世界史全体のなかで日本の古代を考えようとする道筋をひらいたことは疑いようのない事実である。

あえてくりかえすが、現在、江上波夫の「騎馬民族征服王朝説」は、そのままのかたちでは踏襲されていない。しかし、現在も「仮説」としては生きながらえているといってよいだろう。その学説が、「史実」かどうかはひとまずおくとして、江上が、戦時下の日本を縛り付けていた「神話」（万世一系の天皇像）に対して批判的に切り込んだ、その野心的な姿勢と壮大なスケールは、敗戦直後の日本の自由な論壇を象徴する大きな意味をもったことはたしかである。騎馬民族国家論が成立するかどうかという問題に終始するのではなく、この学説が当時（敗戦直後から今日にかけて）の社会においてどのような意味をもったのか、本書『騎馬民族国家』を題材にして、考えてみていただければ幸いである。

参考文献（年代順）

岡正雄・八幡一郎ほか「座談会　日本民族文化の源流と日本国家の形成」（『民族學研究』第一三巻第三号、一九四八年）
柳田国男・折口信夫「日本人の神と霊魂の観念そのほか」（『民族學研究』第一四巻第二号、一九四九年）
水野祐『日本古代王朝史論序説』（小宮山出版、一九五四年）
小林行雄『民族の起源』（新潮社、一九五八年）
岡正雄・石田英一郎ほか『日本民族の起源――対談と討論』（平凡社、一九五八年）
護雅夫『遊牧騎馬民族国家――〝蒼き狼〟の子孫たち』（講談社、一九六七年）
江上波夫・松本清張「騎馬民族が日本を征服した（対談）」（『文藝春秋』第四六巻第八号、一九六八年）
小野山節「騎馬民族王朝征服説をめぐって」（小野山節編『古代史発掘六――古墳時代一・古墳と国家の成立ち』講談社、一九七五年）
喜田貞吉「日鮮両民族同源論」『喜田貞吉著作集』第八巻（平凡社、一九七九年）
日本人類学会編『人類学雑誌』第四〇巻（第四四七号～第四五八号、一九八三年）
江上波夫『学問の探検』（佼成出版社、一九八五年）
江上波夫『江上波夫著作集別巻――幻人詩抄　わが生い立ちの記』（平凡社、一九八六年）
穴沢咊光「騎馬民族はやってきたのか」（白石太一郎・吉村武彦編『争点日本の歴史　第二巻』新人物往来社、一九九〇年）
岩田重則「岡学説・騎馬民族説再考」（『日本民俗学』第一八三号、一九九〇年）
江上波夫『騎馬民族国家――日本古代史へのアプローチ　改版』（中公新書、一九九一年）

第一章　日本人はどこから来たのか？

佐原真『騎馬民族は来なかった』（ＮＨＫブックス、一九九三年）
岡正雄・大林太良編『岡正雄論文集　異人その他（他十二篇）』（岩波文庫、一九九四年）
手塚治虫『火の鳥一（黎明編）』（角川文庫、一九九五年）
坂詰秀一『太平洋戦争と考古学』（吉川弘文館、一九九七年）
斎藤忠『日本考古学人物事典』（学生社、二〇〇六年）
諫早直人『海を渡った騎馬文化――馬具からみた古代東北アジア』（風響社、二〇一〇年）

第二章　日本古来の思想って何？

——『火山列島の思想』　益田勝実

一　益田勝実とは

益田勝実《ますだかつみ》（一九二三〜二〇一〇）は、法政大学教授をつとめた著名な国文学者の一人である。大正一二（一九二三）年六月二九日、山口県下関市に生まれた。とくに、「日本文学史研究会や民謡の会などの活動を通して、積極的にフォークロアの視点を導入した研究で知られる」（『二〇世紀日本人名辞典』）。益田は、下関中学校時代に、文芸・思想の同人誌『其処迄』を編集したり、西洋哲学の専攻を希望し、下関バプテスト教会の末崎富彌牧師からギリシア語を学んだりした。昭和一七（一九四二）年、二松学舎専門学校に入学。翌年、学徒出陣令にもとづき、広島の西部第一〇部隊に入隊。翌年には「支那派遣軍」行きとなり、中国各地を転戦し、華南の最前線で敗戦の日をむかえた（益田　二〇〇六年、五九一頁）。

その後、昭和二二（一九四七）年、投稿論文「播磨風土記は天平元年以後か」が『日本史研究』（第六号）に掲載されたことをきっかけに上京を決心し、同二三（一九四八）年、満二〇歳で東京大学に進学した。このときの心境を益田は、次のように述べている。

昔ならたぶん選科生ということだろうが、敗戦直後のごく短い一時期、東大が傍系の専門学校や軍関係の学校の卒業生に門戸を正式に開いたことがあり、戦地から帰ってきて、前途について迷いぬいていたわたしが、遅ればせにその門から紛れ込んだのは、あのすさまじい社会の渦にいきなり飛び込む勇気がなかったからだった。学資や生活費についても、必ずしもあてはなかった。自分をこうだと決めたくなかった。執行猶予がほしかった。

〔益田　一九七一年、二三四頁〕

大正一二（一九二三）年生まれの益田は、戦火のなかで青年期を過ごした。この時期の体験が後の益田の学問に与えた影響はきわめて大きく、それは、本書『火山列島の思想』からもうかがえる。昭和天皇が亡くなった際、戦時下の経験を回顧した益田は、インタビューのなかで次のように述べている。

益田　そうですよ。いま調布の例を出しましたけれど、敗戦のとき私は戦地にいて、天皇はきっと自決しているだろうと思っていたんです。国譲り神話のコトシロヌシのように死んだと。その思いをのちに「廃王伝説」（『火山列島の思想』）として書きました。それから戦争を指導していた軍人は、国民の前であやまり、はっきりと責任をとって自決すべきだったと思うんですよ。ただこっそりと死んだり、GHQが呼びに来るのを待つというのじゃなくてね。だけど、日本にはそういう人間がいなくて、みんなその責任を天皇にゆずっちゃった。だから、しかたなしに天皇ひとりが玉音放送をやって、戦争を収拾したでしょ。戦争をやってその敗け方を知らない武将というのは、もう無上の恥知らずだと思うんですよ。

——ところで、今日その天皇が死去したわけですが、どんな感想をもたれますか。

益田　天皇個人に対しては何もいうことはありませんね。結局天皇は軍閥にいいように利用された。そのときどきで個人としていくらか反発したり修正を試みたりしたという話がありますが、それも効を奏しなかった。ただ私がいちばん残念なのは、敗戦のとき、彼に玉音放送で戦争を終わりにしますといわせたということです。私はそのとき日本人はよくはずかしくなかったなと思いますね。

〔益田　一九八九年、五〇〜五一頁〕

敗戦後、大学に進学した益田は、卒業論文は、「苦しい生活の中でともかくこれだけ考えごとをした、という自己の日常の軌跡を確認するため、書いただけ全文を集めようと思った」といい、「日本古典文芸研究に於ける基礎的諸問題の再検討」と題する原稿用紙二八〇〇枚から三〇〇〇枚に及ぶ大作を書き上げた。当時、担当した教官は、久松潜一《ひさまつせんいち》（一八九四～一九七六）、池田亀鑑《いけだきかん》（一八九六～一九五六）であったという〔益田　一九七一年、二三四頁〕。

ちなみに、益田が影響を受けた学者としては、歴史社会学派の代表的な人物である近藤忠義《こんどうただよし》（一九〇一～一九七六）もあげられる。近藤忠義は、戦前に活躍した国文学者であり、近世の町人文学の研究に定評がある。昭和九（一九三四）年に法政大学教授に就任し、唯物史観に傾倒した研究を進めたが、戦時下、治安維持法で検挙された人物でもある。彼の有名な弟子としては、小田切秀雄《おだぎりひでお》（一九一六～二〇〇〇）などがいるが、益田もまた、近藤忠義について概説を書いており〔益田　一九九二年、一〇七～一一一頁〕、その影響がうかがえる。

東大卒業後、益田は、大学院に籍をおきつつ、東京都立神代高等学校（定時制）の教諭となる。その後は、高校国語教科書『国語総合』の編集委員をつとめるなど、国語教育に尽力し、昭和四一（一九六六）年、法政大学文学部助教授となり（翌年、教授に昇進）、活動の場を大学にうつした。

こうして益田は、国語教育者としてその名が知られるようになるが、歴史社会学派の文学者として、古代日本の精神構造の探究に尽力したことでも有名である。その最たるものが、昭和三三（一九六八）年に刊行した本書『火山列島の思想』である。以下、本書が発表される経緯について、その前後の社会状況をふまえて整理していくことにしよう。

二　本書の背景——国語教育からの出発

それでは、本書『火山列島の思想』が書かれた背景について考えていこう。先述したように、益田勝実は、元々、都立高校の国語教師であり、国語教育（とくに国語教科書の編集）において大きな業績をのこしたが、いわゆる、進歩史観・科学的な研究を重視する**歴史社会学派**の影響を受けた一人であった。一九五〇年代には、筑摩書房の高校国語教科書の編集委員として、文学を武器に現実との対決に立ち向かう、社会変革のための文学（国語教育）の必要性を説いている。すなわち、「話す・聴く・読む・書く」だけではなく、「考え・感じ取り・精神文化を創り出す」ことの重要性を強調した。日本文学協会が、はじめて国語教育の部を設けた昭和二八（一九五三）年の「文学教育の問題点」と題する大会報告のなかで、益田は、国語教育の問題を次のようにまとめている。

1　話す・聴く・読む・書くの言語教育を、考え・感じとり、新しい精神文化を創り出す、新しい人間形成の教育に延長し、それが新しい文学教育へつらなることを期待する。

2　そして、それら諸段階にあっても文学作品は大いに素材として活用されねばならないが、同時にあまり文学的でありすぎてもいけない。われわれの目的は文学者をつくることでなく、新しい文学をその中から荷い出す「民衆」をつくるのである。新しい人間と、その新しい人間の新しい社会建設の実践による深い感動をぬきにして、新しい国民文学の誕生はない。

3　文学教育は、現実と対決させせつつ新しい文学教育を行う必要がある。古典作品のとりあげ方も同じ。単なる情操教育や教養教育としての文学教育は害の伴うことが多い。

新しい人間精神の形成をめざせば、文学教育の時間が食われるが、「急がば廻れ」といえようし、わが民族の精神文化の伝統を継承し、克服しようとする場としての学科が他にない以上、国語が他学科と連繋しつつも中心的にこの任務を荷わねばならないのではあるまいか。

4　こうした手続きの上で国民文学の確立をめざす。従って、ここでは歴史科学の道を自然科学の道とならべたが、芸術創造の道も大きく評価して、教育して行かねばならない。

〔益田　二〇〇六年、三四〜三五頁〕

この四点には、当時（一九五三年ころ）の国語教育に対する益田の思いが凝縮されている。昭和三〇（一九五五）年には、益田は、**「しあわせをつくり出す国語教育について」**という論文を『日本文学』七・八月号に掲載している〔益田　二〇〇六年、八八〜一四二頁〕。ここでは、教育基本法の精神をもとにしつつ、「人と人とを結ぶ言葉の本来的な機能を、さらに積極的におしすすめるのが文学教育の任務」であると位置づけている。

さて、益田がこの時期にこうした人間形成のための国語教育を志向した背景には、冷戦構造や日米安保条約の締結という当時の政治的な動向のなかで、日本人としての「民族」的な自覚を高め、新たな国民文学を形成していこうとする**国民文学論**がクローズアップされたことがある。こうした益田の取り組みに対しては、西郷信綱らにより、文学の深みをもっと探究させるべきではないかという批判もしばしば展開された〔幸田　二〇〇三年、一四〜一六頁〕。

一九六〇年代になると、益田は、その国語教育における姿勢を大きく変えていく。国語そのものの「ことばの持つ考える機能」「ことばの考えていく生きた力」に即した国語教育の大切さを強調するようになる。ことばのなかにもぐり込んでいる歴史性や社会性の発見を重要視し、下からの内発的な国語教育——「内なることばの国」の建設をめざす方向にシフトチェンジする。いわば、これは、上からの国語教育から下からの国語教育への方法論の転換を意味していた〔幸田　二〇〇三年、二二頁〕。

益田がこうした新たな国語教育をめざした背景には、きわめてシビアな現状認識があったと考えられる。益田自身は、次のように述べている。

> わたしが、いまわたしの学校でのそのころのわたしの状況を申したのは、具体的・個別的状況にちがいがあっても、教育をめぐる現実の反教育的・反民主的な環境との闘争に、教育の力を発展させる余裕さえ失っていく日本の青年教師たち、苦闘しつつ痩せていく国語教師が無数にあり、その事実を抜きにしては、国語教育のあり方を考えても、それは単なる理想図にとどまるからです。教師のなかまづくり→職場づくり→学校づくり（わたしの場合、→印は、かならずしもこうではないのですが、）を媒介させながら、若い世代の生徒たちの民主的な集団生活・集団学習の場が次

第にできてくる過程で、少しずつ、かれらの新しい思考力の形成、新しい批評精神の基礎固めができるのではないでしょうか。わたしは、社会科学的思考を国語教育において重要視する点では、今日も少しも変っていませんが、さらに、それ以前に、国語そのものの〈ことばの持つ考える機能〉〈ことばの考えていく生きた力〉に即して、国語教育を展開する必要がある、と反省するゆとりをごく少しずつ持ちはじめました。

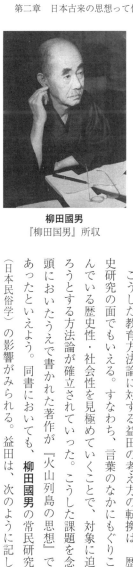

（益田　一九六一年、一二一〜一二二頁）

益田は、一九五〇年代の自身の実践に対して自己批判を展開するが、その背景には、六〇年安保闘争期の独特の雰囲気があったであろう。また、高度経済成長にともない基礎学力問題が浮上したことも影響していた。

柳田國男
『柳田国男』所収

こうした教育方法論に対する益田の考え方の転換は、歴史研究の面でもいえる。すなわち、言葉のなかにもぐりこんでいる歴史性・社会性を見極めていくことで、対象に迫ろうとする方法論が確立されていった。こうした課題を念頭においたうえで書かれた著作が『火山列島の思想』であったといえよう。同書においても、**柳田國男**の常民研究（日本民俗学）の影響がみられる。益田は、次のように記している。

日本人の物の考え方が歴史社会の発展の中でどんどん移り変りながら、一方、そういう新しい変動にさらされていないところは、ずっと後代まで古い形のものが残存する、後代によって逆に前代のもののそのまた祖型を考えうる、という倒立立証法が、この国の歴史の検討に有効な武器であることをもっともよく示したのは、柳田国男の樹立した日本民俗学であった。あのようなすぐれた方法が実験の中で磨かれていくためには、歴史の中でただ一回的に惹き起こされた事件を、常住不断にうちつづいてきた常民の生活の中の事実よりも重視する、文献史学に対する懐疑と批判が大きな力となっている。

〔益田　二〇一五年、七二頁〕

益田がいかに「常民の生活」に目を向けることの大切さを意識していたかが知られる。一方、益田が『火山列島の思想』に収録した論考が書かれた時期は、大きな出来事・事件が相次いで起きた頃でもある。ここで、簡単に整理しておこう。

昭和三一（一九五六）年『昭和史（初版）』（岩波新書、一九五五年）に対する亀井勝一郎の批判が『文芸春秋』に掲載され、いわゆる**「昭和史論争」**が起きる（**➡第一四章**）。

昭和三五（一九六〇）年　六〇年安保闘争が激化。全学連が警官隊と衝突。

昭和三六（一九六一）年　ケネディ大統領が就任。

昭和三九（一九六四）年　東海道新幹線が開業。

昭和四〇（一九六五）年　家永三郎が教科書検定は違憲として提訴（家永教科書裁判）。

昭和四一（一九六六）年　中国で文化大革命（～一九七七年）。

昭和四三（一九六八）年　川端康成がノーベル文学賞を受賞。

昭和四四（一九六九）年　人類初の月面着陸。

昭和四五（一九七〇）年　日本万国博覧会（大阪万博）開幕、三島由紀夫による「三島事件」。

昭和四六（一九七一）年　沖縄返還の協定調印式が開かれる。

昭和四七（一九七二）年　連合赤軍によるあさま山荘事件。

昭和四八（一九七三）年　活動火山対策特別措置法制定。

昭和五〇（一九七五）年　ベトナム戦争（一九五五～）終結。


とくに、安保闘争とベトナム戦争、文化大革命などの歴史的事件に重ねて、全共闘運動が活発となり、連合赤軍あさま山荘事件が起きた時期でもある。こうした社会状況の影響のなかで、益田が「常民の生活」にこだわった理由について考えていくべきであろう。

本書『火山列島の思想』について、最初に著者が想定した書名は、『日本陸封魚の思い』であった。

これは、当時の著者が、海からさかのぼり、日本各地の渓流に住みつくようになった陸封魚たちと、自身の気持ちとを重ね合わせたものであったという。本書の「あとがき」で、著者は次のように述べている。

陸封の生涯——とわたしがいうのは、国外へ旅する、しないの問題ではない。実に長い間この列島上に暮らしてきた日本人の子孫として、いやおうなしにわたしの精神が何をその歴史から受けとっているか、それに規制されているかのことであり、そして、自分の体内に眠りこけているさまざまな可能性に、どんなに気づこうとしていないかのことである。

〔益田　二〇一五年、二八四頁〕

では、右のような目的のもとで書かれた本書『火山列島の思想』が、一体、どのようなものであったか、当時の時代状況をどれだけ反映していたのか、そのような点に留意しつつ本書の内容をみていくことにする。

三　『火山列島の思想』の世界

では、本書『火山列島の思想』の内容についてみていくことにしよう。ここでは、二〇一五年に刊行された講談社学術文庫版をもとにみていくことにする。ちなみに、ここでは、できるだけ著者の表現力を借り、実際の著者の言葉を抜き出すことによって、その内容を説明していくことにしていきたい。

本書の章構成を一見すれば分かるように、本書は、書き下ろしではなく、いくつかの論考をまとめた論集形式となっている。そのため、各章ごとのつながりは、あまり明確ではない。益田自身も、この点について次のように述べている。

わたしは、日本の歴史の中に、自分に通じるものと、自分とはまるで違うものとを、探り出してみたかった。こんど集めた十一の文章は、われながらその脈絡を求め出すことも容易でないほど、バラバラであるが、それらの文章によってわたしがまさぐりつづけていたものは、巨視的にいえば、天皇制を中核とする日本的オヤカタ・コカタ制の問題といえよう。日本人が日本に生まれたがゆえに避けえなかったものとして、わたしは、まず、そ

目次

黎明——原始的想像力の日本的構造（一九六六年）
幻視——原始的想像力のゆくえ（書きおろし）
火山列島の思想——日本的固有神の性格（一九六五年）
廃王伝説——日本的権力の一源流（一九六六年）
王と子——古代専制の重み（一九五六年）
鄙に放たれた貴族（一九五八年・一九六六年）
心の極北——尋ねびと皇子・童子のこと（一九六二年）
日知りの裔の物語——『源氏物語』の発端の構造（一九五九年）
フダラク渡りの人びと（一九六二年）
偽悪の伝統（一九六四年）
飢えたる戦士——現実と文学的把握（一九六二年）

> れをめぐって考えあぐねてきた。ここで相手どっている原始・古代の日本に関していえば、それは何よりも、日本的古代支配と、その下で生じた精神の諸問題といえようか。
>
> 〔益田　二〇一五年、二八四頁〕

たしかに、本書は、一見すると何らの脈絡もなく、「バラバラ」な印象を受けるが、そのすべてが日本の原始的な思想、すなわち、「天皇制を中核とする日本的オヤカタ・コカタ制」の問題の解明に向けられているという。天皇制というものが何なのか、それが、本書全体を通して考えなくてはならないポイントとなる。

「黎明——原始的想像力の日本的構造」（初出一九六六年）「幻視——原始的想像力のゆくえ」（書きおろし）は、「黎明」という時間を対象に「原始の日本人の想像法」に迫る。すなわち、著者は次のように投げかける。

> わたしたち日本人の脳裏では、実に永い間、闇の夜と太陽の輝く朝との境に、なにか特別な、くっきりした変り目の一刻があった。異変が起きるのは、いつもその夜と朝のはざま、夜明けの頃でなければならなかった。
>
> 〔益田　二〇一五年、九頁〕

「夜明け」という時間は、夜と朝の間にある特別な時間であった。実際、昔話や説話などでは、「異変」が起きるのは、決まってこの時間である。これは、「こぶとり爺さん」のお話などによくあらわれている（『宇治拾遺物語』）。この場合も、「夜明け」になると、鬼たちは退場する。夜が神々の時間と観念されているからである。伝承の世界においては、「夜明け」は、鬼の退場の時刻であると同時に、鬼のやりかけた仕事も中断する時刻である。原始社会の時間様式における一日とは、神々の時間である「異質な夜」と朝の連続として観念されていた。つまり、『竹取物語』も、「夜の物語」だと考えられる。

「火山列島の思想——日本的固有神の性格」（初出一九六五年）は、神話に登場する「オオナモチの神」を、大きな穴をもつ神（＝「大穴持神」）であり、火山の神格化をあらわしたものと解釈した論考である。著者によれば、「オオナモチ」は、列島の各所に登場する共有名であり、「列島生えぬきの神々」であるという。それは、「火山神、もしくは火山神の発展した姿」であり、「湯の神」であった。そして、著者は、本章の末尾に次のように記している。

神の出生も、その名の由来も忘れることができる。人間社会の生産力の発展、自然との対抗力の増大が、それを可能にした。しかし、その忘却の過程において、人々は、生みつけられた土地の神の制圧下にその精神形成のコースを規制されてきた。火山神は忘れられても、日本の火山活動が活潑であった時代に、マグマの教えた思想、マグマの教えた生き方は、驚くほど鞏固にこの列島に残っていったらしいのである。

〔益田　二〇一五年、八一頁〕

「廃王伝説――日本的権力の一源流」（初出一九六六年）は、日本の神は誰にとっての神なのかという問題が検証されている。古出雲滅亡にかかわる「国譲り」の伝承、すなわち、廃王コトシロヌシの自決が、分析の対象とされる。益田は、ここで祀られる神に対して、祭る者が優位におかれていることに注目する。祭りは、厳格な秘密性・密室性のなかで執り行われる。つまり、日本においては、神が司祭者の手に捕えられていたのだという。

「王と子――古代専制の重み」（初出一九五六年）では、景行天皇についての叙述が、『古事記』と『日本書紀』において大きく異なる点に注目している。著者は次のように説明している。

記紀の間に流れた八年の歳月は、物理的時間としては八年であったかもしれないが、実は八年ではなかったのである。「景行記」と「景行紀」に向き合っているのは、一つ古い貴族社会の人々の意識と、八世紀の貴族社会の人々の意識なのである。倭建命という、悲劇的運命を生きた男に歴史をになわせることのできる人々の心と、天皇の治績以外に歴史を語ることのできない人々の心とが、向き合っているのである。

〔益田　二〇一五年、一二九～一三〇頁〕

この点に「律令的支配の性格」を読み取った著者は、さらに「日本の〈史学者〉たちは、司馬遷の『史記』を読みながら、人を描くことによって時代を描く方法は学び取らなかった。要するに、『書紀』の編者たちは、律令的官僚以外ではなかった」（益田　二〇一五年、一三〇頁）という。

「鄙に放たれた貴族」（初出一九五八年）では、「民衆の社会を蔑視し、みずからの特権を強調するために生み出した〈都誇り〉の思想」（益田　二〇一五年、一四一頁）、都鄙の差別感に苦しめられる貴族・大伴旅人の〈望郷〉の心情をつぶさに考察している。**「心の極北——尋ねびと皇子・童子のこと」（未発表・一九六二年）**は、『本朝皇胤紹運録《ほんちょうこういんじょううんろく》』にみられる醍醐天皇の三九番目の皇子「童子　号して嵯峨の隠君と云ふ　白髪にして童形、とうんぬん」（年老いて頭に白銀を頂きながらも、少年の姿をしている古代の皇子のこと）と書かれた人物について考察したものである。著者は、ここで次のような結論にいたっている。

> 成人しないから、正式のなまえさえない、「隠君」と呼ばれるだけの「童子」——みずからを一刻で清算する死や出家によってではない形の自己否定を、老いの坂を越えるまで持続しつづける執念さ。その心の境地を、わたしは、平安貴族社会における〈心の極北〉と呼ぶ外に、表現のすべを知らない。なんという荒涼！　なんという、それに耐えぬく努力！
>
> （益田　二〇一五年、一八五頁）

「日知りの裔の物語——『源氏物語』の発端の構造」（初出一九五九年）では、著者は、『源氏物語』における作者・紫式部の個性的な現実認識について深く分析している。とくに、「古代的に聖別された存在である天皇が、数々のタブーとの格闘に苦しみ抜く姿の想像において、人間の愛の問題をより切実に描きうるとする、フィクション設定のかげに潜む式部の認識」〔益田　二〇一五年、二一一頁〕に注目している。

「フダラク渡りの人々」（初出一九六二年）は、顕密諸宗の大寺院から離脱していく遁世者（「フダラク」）の姿とその信仰に注目した章である。著者によれば、次の通りである。

『元亨釈書』に収録された僧侶たちの、それぞれに終わりを全うし、薫香室内にただよって遷化したことを思い合わせても判然とするように、フダラク渡りの人々は、名僧知識でなく、寺院教団からはずれている異端者たちにすぎない。したがって、その伝承をささえていった人々もまた、寺院教団からはずれたところで、独自の信仰説話の伝承を共有していたのだろう、と考えられるのである。いいかえると、フダラク渡りの人々の背後には、そういう数少なくないフダラク渡り予備軍——その挙に踏みきれないまでも、そのこころねをひたひたと理解し、讃嘆する同調者群——がひかえ続けていたらしいのである。鴨長明もそのひとりといってよいであろう。

〔益田　二〇一五年、二二三頁〕

この文章からうかがえるように、「同調者群」の存在に注目すると、かつて「フダラク渡り」の異端者とされた人びとたちの別の顔がよみがえってくる。フダラク渡りの話には、「夢」があり、「〈死〉の意識と重なりながら、なお、それからはみ出す、強烈な〈生〉の意識」〔益田　二〇一五年、二三一頁〕があるという。すなわち、古代的仏教の既成の教理と信仰には身をゆだねられなくなった人びとの姿が、そこにみえてくるのである。

「偽悪の伝統」（初出一九六四年）は、古代末期の偽悪者たちに注目した章である。また、**「飢えたる戦士――現実と文学的把握」（初出一九六二年）**は、歴史学者・石母田正による『平家物語』などの成果を受けて執筆された『平家物語』論である。著者は、次のようにいう。

> 『平家物語』は史実そのままではない、ということは、これまでにもくりかえして言われて来たことである。しかし、大切なのは、どう史実そのままではないのか、ということであろう。腹のくちい作者は、戦争の中での人間の心のくずおれや不覚な行為を忘れてしまっていた。そこでは、戦争は、顔色土色の兵士たちがあえぎあえぎ進軍したり、糧食絶えて、勝利者が必死で戦場脱出をはかるものではなく、生気に満ち満ちていたのだった。人間の〈病〉であるはずの戦争は、作者の脳裏では健康であった。かれは、そこにさまざまな全身的・全力的な人間の行動と人間性の吐露を夢想したのである。
>
> 〔益田　二〇一五年、二六五頁〕

このように、本書『火山列島の思想』は、現実的な問題から出発し、深い分析によって古代の人びとの心情をとらえようと試みた著作といえるであろう。以下、本書の影響について考えていくことにしよう。

四．本書の影響

本書は、昭和四三（一九六八）年までの益田の研究が凝縮された著作であり、読みやすい語り口となっている。それは、本書（講談社学術文庫版）の解説を担当した現代詩作家の**荒川洋治**《あらかわようじ》（愛知淑徳大学教授）が、「『火山列島の思想』は、美しく、たしかなことばで、日本の昔の人たちの心の情景を伝える書物だ」（荒川　二〇一五年、二九五頁）と述べている通りである。

では、本書は後の研究にどのような影響を与えたのだろうか。本書に対する書評は、きわめて多い。たとえば、以下のようなものがある。

・神田秀雄「益田勝実『火山列島の思想』」（『国文学　解釈と鑑賞』第三四巻第一号、一九六九年）
・平野仁啓「益田勝実著『火山列島の思想』」（『日本文学』第一八巻第一号、一九六九年）
・三谷栄一「陸封魚と想像力——『火山列島の思想』と益田勝実氏の方法」（『国語と国文学』第四六巻第四号、一九六九年）

・難波喜造「益田勝実著『火山列島の思想』」（『國文學』第一四巻第六号、一九六九年）
・三木紀人「益田勝実著『火山列島の思想』」（『説話文学研究』第三巻、一九六九年）
・松田修「益田勝実『火山列島の思想』私論」（『日本史研究』第一〇四号、一九六九年）
・川鍋義一「益田勝実著・ちくま学芸文庫版『火山列島の思想』――たしかな思想の歩み」（『日本文学誌要』第四七巻、一九九三年）
・阿部好臣「益田勝実『火山列島の思想』をめぐって――『日文協とは何か』への答を模索する」（『日本文学』第五八巻第一号、二〇〇九年）

右のように、出版された直後の昭和四四（一九六九）年に集中して書評が登場していることからも、当時の各学会において、いかに本書が注目されていたかを知ることができる。

たとえば、国文学者の**松田修**《まつだおさむ》（一九二七〜二〇〇四）は、益田が指摘する「大穴持＝列島生えぬきの神々」説に対して根本的な批判を展開した。すなわち、次のように述べている。

「火山列島の思想」において、氏は日本固有の神、列島生えぬきの神を考えることで、「日本の神」を根源的にとらえ直そうとする。このばあい、氏の手がかりは、大穴持の神であった。しかし、私はこの論の出発点において、躓いてしまった。果たして大穴持は、「この日本でしか生まれなかった神々、この列島生えぬきの神々」であったのか。たしかに、複合神、フォークメモリーとして大穴持を理解するとき、それは勿論、一回的存在ではなく、従ってある現象の故に、その神性一般を規定することには危険性が伴なう。

　はたして、この複雑な神性を、在地神・土着神としてのみ割切ってよいだろうか。大穴持の性格・職能・行動・神統に、古代出雲における国家形成の過程の反映をみることは、たしかに常識にすぎない。しかし、ウルオオナモチの想定のためには、もっと複合オオナモチをにつめる手つづきが必要なのではないだろうか。

　何といっても本章の根幹は、大穴持＝火山神マグマを立証することにあった。「かれ（オオナモチ）には、〈マグマ（地底の岩漿）の神〉のおもかげは、かすかにしか残っていない」と認めつつ、むしろその微かな残像から本源の姿を暴力的に彫塑する、その幻術のきらびやかさに、氏は氏の学問を賭けているのであろう。

　しかし、私はあえて、俗物の目をもちつづけよう。氏は自覚的に語り残されたのであろうが、かの国譲りの日ののち、なぜ農業神熊野の大神を斎く出雲臣が、大穴持の祭祀権を肩替りしえたのか、古くから説き釈かれながら今日なお十全の解をみぬこの問題が、本書ではかなり軽く扱われているように思われる。

〔松田　一九六九年、六五五〜六五六頁〕

松田の指摘は、益田の議論の「根幹」にかかわる部分への批判である。すなわち、松田によれば、

「大穴持」に対する益田の分析は不十分であり、その神性の複雑さを単純化しすぎているという。

また、**三谷栄一**《みたにえいいち》（一九一一～二〇〇七）は、「『火山列島の思想』は、古代文学の零記号を読みとることによって、日本の社会・文化とは何かという問いに真摯に、しかも氏の方法の特色である奔放さを失わずに答えたものである」〔三谷　一九六九年、一五六頁〕と評価しつつも、益田の分析が「日本的なものを想像力という問題を通じて把え」〔同前掲、一五八頁〕ようとしているところにそもそも限界があると指摘している。

なお、益田の研究は、歴史学者らにも大きな影響を与えた。日本中世史学者の**保立道久**《ほたてみちひさ》（東京大学名誉教授）は、益田の『火山列島の思想』を批判的に継承し、かぐや姫は「原始の火山の女神」である点を指摘する。保立によれば、「かぐ（Kagu）」は、天の香具山、厳香来雷（イツカグツチ）のように「火」を意味するものであり、「かぐや姫」には、火山のもつ幻想的な美しさが反映されているという〔保立　二〇一〇年、一五～一六・八三～八四頁〕。保立の分析は、益田が本書『火山列島の思想』で指摘した理論を、歴史学研究の文脈のなかで捉えなおそうとする試みであったといえるであろう。

また、**三宅和朗**《みやけかずお》（慶應義塾大学教授）は、日本の「古代の夜」の心性を探るうえで、益田の考え方を援用している。三宅は、益田の論文を「最初に読んだのは三〇年ほど前であったろうか、その時の衝撃は今も忘れ難く、極めて印象的なものであった」とし、「今日でいえば心性史研究ということになるが、その先駆的論文として注目されてよい」と評価している〔三宅、二〇一〇年、七～九頁〕。

このように、益田の見解は、今日もなお歴史学研究のなかで引用・参照され続けている。益田が検討の対象としたのは、日本人の「原始的想像力」にかかわるものであり、それは、国文学研究の世界にとどまらず、歴史学研究にとっても重要な視点であった。

益田勝実は、一九七〇年代後半以降、日本中世史を中心に社会史研究が活発になるなか、『日本の社会史』（第八巻）の書評として次のように述べている。

この巻の構成は、［中略］外的な人間の社会生活の面から、人間の身体、さらに人間の内面の世界の歴史へと眼を転じていく構成も、歴史学の未来形を示唆して頼もしかった。手さぐりでまだ始まったばかりかもしれないが、確実になにかが始まっている。

〔益田　一九八七年、一八八頁〕

ここから、益田が、新しい歴史学（社会史）の潮流に大きな期待をしていたことが分かる。益田の国語・歴史研究は、その時代に強く規制されつつも、原始日本の精神構造を鋭く探究したものであった。敗戦後のアカデミズムの潮流や、歴史学と文学の接点などについての問題を考えるうえで重要な素材となるだろう。是非、本章を土台として、発展的に議論を深めてもらいたい。

参考文献（年代順）

益田勝実「播磨風土記は天平元年以後か」（『日本史研究』第六号、一九四七年）
益田勝実編『柳田国男』（筑摩書房、一九六五年）
益田勝実「一つの試み――十年目の報告」（『日本文学』第一〇巻第七号、一九六一年）
益田勝実『火山列島の思想』（筑摩書房、一九六八年）
松田修「益田勝実『火山列島の思想』私論」（『日本史研究』第一〇四号、一九六九年）
三谷栄一「陸封魚と想像力――『火山列島の思想』と益田勝実氏の方法」（『国語と国文学』第四六巻第四号、一九六九年）
益田勝実「私の卒業論文」（『国文学　解釈と鑑賞』第三六巻第一一号、一九七一年）
益田勝実「書評『日本の社会史』〈第八巻　生活感覚と社会〉朝尾直弘・網野善彦・山口啓二・吉田孝編」（『文学』第五五巻第一〇号、一九八七年）
益田勝実「天皇、昭和そして私」（『思想の科学』第七次第一一四号、一九八九年）
益田勝実「近藤忠義――歴史社会学的研究方法」（『国文学　解釈と鑑賞』第五七巻第八号、一九九二年）
幸田国広「益田勝実国語教育論の軌跡――文学教育における『戦後』」（『日本文学誌要』第六七号、二〇〇三年）
日外アソシエーツ編『二〇世紀日本人名事典』（日外アソシエーツ、二〇〇四年）
益田勝実著、鈴木日出男・天野紀代子監修『益田勝実の仕事』全五巻（ちくま学芸文庫、二〇〇六年）
益田勝実「文学教育の問題点」「益田勝実略年譜」（鈴木日出男・天野紀代子監修『益田勝実の仕事五　国語教育論集成』ちくま学芸文庫、二〇〇六年）
保立道久『かぐや姫と王権神話――『竹取物語』・天皇・火山神話』（洋泉社、二〇一〇年）

三宅和朗『時間の古代史——霊鬼の夜、秩序の昼』（吉川弘文館、二〇一〇年）
益田勝実『火山列島の思想』（講談社学術文庫、二〇一五年）
荒川洋治「解説　知ることの物語」（益田勝実『火山列島の思想』講談社現代文庫、二〇一五年）

第三章　「夢にも固有の歴史があった」のか？
——『古代人と夢』西郷信綱

一．西郷信綱とは

夢は、いつ頃から「夢」として認識されるようになったのだろうか。「夢」の歴史に注目し、そこに「古代人」の「心性」を読み取ろうと試みた著作がある。西郷信綱の『古代人と夢』だ。

西郷信綱《さいごうのぶつな》（一九一六〜二〇〇八）は、横浜市立大学で教授をつとめた国文学者である。大正五（一九一六）年一月三日、大分県津久見市に生まれた。西郷が「国文学者」としての道を歩むきっかけは、社家の家に生まれたことにあり、「日本的、余りに日本的な環境と、それに重なる時代の嵐のなかに生き、それへの激しい抵抗においてのみ青春を形成せねばならなかった」自分の「宿命」であったと述べている〔西郷　一九四八年、二七五頁〕。一九歳のころには、**斎藤茂吉**《さいとうもきち》（一八八二〜一九五三）の短歌に衝撃を受け、愛好していたが、戦時下に茂吉が書いた歌に対して失望し、「ガラクタ短歌」と批判するようになった。

西郷は、戦後、『古事記』や『万葉集』の研究の第一人者としてその名を轟かし、平成七（一九九五）年には文化功労者となった。歴史社会学派の代表的な学者である**風巻景次郎**《かざまきけいじろう》（一九〇二～一九六〇）に師事し、人類学・現象学の豊富な知識を背景に、『古事記』などの古典研究に大きな業績をのこした。

西郷は、昭和一四（一九三九）年、東京帝国大学文学部を卒業後、昭和一九（一九四四）年、清水高等商船学校教授に就任した。戦後は、鎌倉アカデミアの創設にかかわり、その教授となった。西郷は、マルクス主義国文学者として、反米・社会主義陣営のなかで日本文化をどのように位置づけるかを探究した。昭和四七（一九七二）年の横浜市立大学で起きた大学闘争に対して、**遠山茂樹**《とおやましげき》（**➡第一四章**）とともに当局の武力介入を痛烈に批判して辞職する。当時、同僚であった**田中正司**《たなかしょうじ》（横浜市立大学名誉教授）は、次のように述べている。

> 六八年以降、私たちが勤めていた大学も紛争の波に巻き込まれ、全共闘による教室封鎖に直面したとき、西郷さんは遠山茂樹氏と二人で大学の正門近くの構内に坐りこみ抗議をされたりしたが、紛争が一段落した七一年春にあっさり大学を退職されてしまったのであった。信頼関係の崩壊した大学と学問の現状に対する絶望から、古典の世界への沈潜を通して新たな再生の道を手探ろうとの決意に基づくものであったように思われる。以後、いくつかの大学からの誘いをすべて断り、研究・執筆に専念されてきた。

〔田中　二〇一二年、二〜三頁〕

大学を辞職してからの西郷は、研究に没頭する毎日だったという。本書『古代人と夢』も、こうした時期に刊行された作品の一つである。まずは、その背景についてみていくことにしよう。

二　本書の背景——「社会史」の影響

さて、西郷信綱の研究はどのような変遷を遂げていったのであろうか。意外なことに西郷は、卒業論文にて**佐藤春夫**《さとうはるお》（一八九二〜一九六四）の批評を行っている。佐藤春夫は、和歌山県出身の詩人・作家であり、評論家でもある。西郷は、論文「佐藤春夫論」の冒頭、次のように述べた。

私はこの一小論に於て、近代日本の智識人たちが等しく経験して来た、そして現になほ経験しつつある一事実を、佐藤春夫氏が歩いた精神史を辿ることによつて、描いてみようと思ふ。〔中略〕現象的にはこれが解決の仕方は、一見個人の恣意にまかせられてゐるかの如き観を呈する。各人は思ひ思ひの趣味嗜好よつて、各人各様に解決してゐるごとくに見える。だが我々は、ここに個人から独立した一定の歴史的な力が作用してゐることを見逃すわけにはゆかない。

〔西郷　一九四〇年、六六頁〕

本論文では、近代知識人である佐藤春夫のなかに、「中世隠者たちの閑雅な境地」に対する共感があったことの意味について分析されている。西郷は、佐藤の思想を出発点として、近代日本精神史を構想しようとしたのである。

一五年戦争がはじまると、文学界においても、「大東亜共栄圏」の建設と国威高揚に寄与するものが次第に求められるようになっていった。昭和一七（一九四二）年、文芸誌『文学界』の特集記事になった、いわゆる**「近代の超克」**は、そうした状況を如実に示している。これは、対英米決戦を前に、西洋文化の総括と超克をめざしたシンポジウムをもとにしたもので、司会をつとめた評論家の**河上徹《かわかみてつ》太郎《たろう》**（一九〇二～一九八〇）をはじめ、哲学者の**西谷啓治《にしたにけいじ》**（一九〇〇～一九九〇）、評論家の**津村秀夫《つむらひでお》**（一九〇七～一九八五）、**亀井勝一郎《かめいかついちろう》**（一九〇七～一九六六）などが参加した。主に評論家の**保田與重郎《やすだよじゅうろう》**（一九一〇～一九八一）を中心とした旧「日本浪漫派」や「京都学派」のメンバーがその名を連ねている（保田自身は、都合により座談会を欠席している）。このシンポジウム・特集記事は、昭和一八（一九四三）年に創元社から単行本『知的協力会議　近代の超克』として刊行された。戦後、文学者の**竹内好《たけうちよしみ》**（一九一〇～一九七七）が、このシンポジウムを批判的に検討し、日本思想史の問題として位置づけをおこなったことはよく知られている（竹内　一九八三年、五三～一一三頁）。

戦後の学界では、戦時下での状況を反省し、日本の後進性を素直に受け入れ、近代的な個人にもとづいた「国民」の建設が目標とされるようになった。その渦中で、西郷は、敗戦直後から精力的に著作を発表していく。

昭和二一（一九四六）年に丹波書林から刊行された『**貴族文学としての万葉集**』は、古代の庶民の歌であると考えられてきた防人歌などが、貴族歌人の仮託にすぎなかった点を明らかにしたものである。これをはじめとして、その後も『国学の批判』『日本古代文学』『日本古代文学史』など、古事記や万葉集の研究を中心に、多くの成果を世に送り出した（とくに、『日本古代文学』所収の「日本の古典と私」は、西郷の当時の問題関心が明示されており、彼の思想形成を知るうえで興味深い）。

この時期の西郷の研究と大きくかかわるのが、いわゆる「**英雄時代論争**」である。これは、国文学者の**高《たか》木《ぎ》市《いち》之《の》助《すけ》**（一八八八～一九七四）が、「日本文学における叙事詩時代」という論考において、神武東征神話の「久米歌」と呼ばれる歌謡が、神武天皇の強烈な個性を中核にして展開されていることに注目し、古代文学における英雄叙事詩の存在を主張したことに端を発す。これを受けて、**石母田正**は、ヘーゲルの著書（『美学講義』）に依拠しつつ、『古代貴族の英雄時代』を発表し、原始社会から古代国家が形成されていく過程のなかで、「英雄時代」を位置づけようと試みた。石母田によれば、「古代貴族階級が過去のなかにみずからの英雄を創造しようとする意欲は『古事記』の時代をもって終りをつげる。この時代までは貴族階級は、それがいかに彼らの階級の英雄の本来の姿とは異なったものであり、またその形象が本質において彼らの敗北の記録にすぎないものであったにせよ、まだ英雄時代を回想することに関心をしめしていたのである」（石母田　一九八九年（初出一九四八年）、九〇～九一頁）という。一方、西郷は、英雄時代とは、「幼稚な原始にもぞくさず、成熟した文明や法的国家秩序の時代にもぞくさず、原始から文明への一つの過渡期であったとか、父権制の確立期であったとかいう程度のこと」であり、社会段階とはいえず、「舞台の遠景」に過ぎないと主張した〔西郷　一九六三年、二二一〜二二三頁〕。

石母田がこの英雄時代論から出発して、**在地首長制論**にもとづく**古代国家論**を展開していくのに対し、西郷は、古代の政治構造を分節化する神話の論理構造に着目する方向へと議論を発展させた。**磯**《いそ》**前順一**《まえじゅんいち》（国際日本文化研究センター教授）は、これを「かつての英雄時代論がマルクス主義の旗印のもとに歴史学と国文学が結集しておこなった協同作業であったのに対して、その後の石母田と西郷が示す異なる軌跡は、歴史学が政治史へ、国文学が精神史へとふたたび袂を分かっていったことを物語っている」とまとめている〔磯前　二〇一二年、四三六頁〕。

本書『古代人と夢』について考えるには、一九六〇年代から注目を集め、一九八〇年代を中心に大きな流行となった**社会史**の潮流についても考えておく必要があるだろう。「社会史」とは、一般的に、伝統的な歴史学（政治史・経済史研究）において無視されてきた部分（マイノリティーなどの存在）に焦点をあてることによって、社会の全体像を明らかにしようと試みる手法のことをいう。いわゆるフランスの**アナール学派**による研究潮流に起点をもつもので、家族、衣食住、育児、貧困、心性などに注目する点に特徴がある。**マルク・ブロック**（一八八六〜一九四四）や**リュシアン・フェーベル**（一八七八〜一九五六）、**フェルナン・ブローデル**（一九〇二〜一九八五）、**フィリップ・アリエス**（一九一四〜一九八四）、**ジャック・ル・ゴフ**（一九二四〜二〇一四）などの存在が知られ、一九七〇〜八〇年代にかけての日本史研究にも大きな影響を与えた。そのなかでも、『文明化の過程』などの著作で知られる**ノ**

ルベルト・エリアス（一八九七〜一九九〇）に代表される日常的な人びとの感覚といった「心性」（マンタリテ）の問題にせまった心性史研究が、一九七〇年代には日本の歴史学研究にも影響を与えるようになっていた。「夢」に注目する西郷の視点は、まさにそれに通じるところがあった。すなわち、**酒《さか》井《い》紀《き》美《み》**（元茨城大学教授）が、「『人間の精神と歴史とのかかわりにおいて夢とは何かという問題を痛切に考察されねばならない』という西郷の問題意識と、『人間が生存の大半を過ごしてきた想像力をその歴史の中に返してやらねばならない』とするルゴフの方向性とは、共に重なりあい交差しながら、歴史学として夢を考える上での重要な指標をなしている」と指摘している通りである（酒井　二〇一七年、四頁）。

西郷自身は、本書『古代人と夢』の「あとがき」において、「もっとも、古代人の夢という問題に私が心をよせるようになったのは、十何年か前E・R・Doddsという人のThe Greeks and the Irrationalという本――これは名著だと思う――に接して以来で、『源氏物語の物の怪について』（『詩の発生』所収）という一文なども、この本に触発されるところがあって書いたのを覚えている」（西郷　一九九三年、二二九頁）と述べている。

E・R・ドッズ（一八九三〜一九七九）は、オックスフォード大学の教授で、ギリシア文化の専門家であり、著作のいくつかについては邦訳も刊行されている。右の引用文にみられる『ギリシァ人と非理性』も、みすず書房（岩田靖夫・水野一訳）から出されており、その内容を知ることができる。このなかで、ドッズは次のように述べている。

人間は、他の少数の高級な哺乳動物と同様に、二つの世界に住むという奇妙な特権をもっている。彼は、毎日、二つの異なった種類の経験を交る交るに享受する。この二つの経験は、ギリシァ語でὕπαρ〔うつつ〕とὄναρ〔夢〕だが、これらは夫々にそれ自身の論理とそれ自身の限界をもっている。そして、一方が他方より一層有意義であると考えるための明白な理由を、人間はもっていない。目覚めた世界は、堅実さと連続性というある優越点をもっているが、他面、この世界における社会的行動の可能性は、おそろしく制約されている。この世界では、普通、われわれは隣人に出遭うだけである。これに対して、夢の世界は、遠い所に居る友人や、死んだ友人、神々とさえ交わる機会を、どれほど儚くても、与えてくれるのである。普通の人間が、時間・空間という無礼で不可解な束縛を逃れるのは、ただ、夢という経験においてだけである。

〔ドッズ　一九七二年、一二六頁〕

ドッズのこうした理解は、西郷の本書『古代人と夢』と共鳴する部分がたしかにある。以下、本書『古代人と夢』の内容を読み解いていくことにしたい。

三　『古代人と夢』の世界

では、本書『古代人と夢』（平凡社、一九七二年。ほかに『西郷信綱著作集　第二巻』〈平凡社、二〇一二年〉または『古代人と夢　新装版』〈平凡社、一九九九年〉などの各版があるが、ここでは平凡社ライブラリー版〈一九九三年〉にもとづく〉の内容へと入って行こう。本書は、次のような印象的な文章からはじまる。

夢にも固有な歴史があった。ある個人の夢が当人の生活史と切りはなせない関係にあるのを考えれば、これはあたり前な話である。そしてその歴史の層は、古代においてもっとも厚かったといえる。古事記から今昔物語まで、あるいはもっと降って中世の諸作品に至るまで夢の記事は、それをふくまないのがむしろ例外と思えるくらい豊富である。それもたんに数が多いだけでなしに、夢を見たということが話全体の動機づけを決定している場合さえ少なしとしない。夢は、昔の文学にはなくてかなわぬ大事な構成要素の一つであったらしいのである。

目次

ところがわれわれは、昔の人のこうした夢、ならびにそれに対するかれらの態度が何を意味しているかについて、まだ一度もまともに問うということをしていない。意識的ではないにしても、それを常識で自明と見なしているか、ばかばかしい迷信と考えているかのどちらかということになるが、とにかくこの方面の探究はまだほとんど試みられていない有様で、したがって古人の夢についてのわれわれの知見は、おそろしく貧弱である。これは従来の古代研究のやりかた、ひいてはその根本によこたわる人間の理解のしかたのどこかに、夢の世界に対し方法的にみずからを閉ざすような欠陥か故障があることを暗示する。

〔西郷　一九九三年、九頁〕

「**第一章　夢を信じた人びと**」は、本書の序論として位置づけられるものである。著者の関心は、古代人の夢経験そのものではない。古代人にとって「夢もまた一つの『うつつ』」〔西郷　一九九三年、一二頁〕であった。著者の研究姿勢は、次の言葉からうかがえる。

夢の問題に私が近づいてゆかざるをえなくなったのは、おもに神話の問題としてであった。すでにハリソンのいっているように、夢は個人の神話である。神話という独特な文化形式の下部構造となり、それを精神的に基礎づけているのは、かかる個人の神話としての夢である。少なくとも、夢を神来のものとする心性が活動していないところには、神話という形式は成りたちにくいであろう。個人の夢を源泉または素材として直ちに神話が作られたというのではなく、文化の構造のことをいっているのだ。

〔西郷　一九九三年、一一七〜一一八頁〕

こう述べたうえで、「私は夢を信じた人々を、ここではかりに古代人と呼んでおく」という〔西郷一九九三年、二八頁〕。「夢」という心性の活動がなければ、神話という形式が成立しないという指摘は、まさに本書全体の問題関心をよく示している。

「第二章　夢殿」は、夢をみるための忌み籠り（incubation）に注目した章である。古代天皇の神託や聖徳太子の「夢殿」や親鸞の回心をもたらした六角堂での「霊夢」の具体的な分析が進められる。すなわち、聖所にこもり夢を乞うという手続きは、平安朝期まで伝承されていたという。

「第三章　長谷寺の夢」は、「霊夢」を求める聖所に対して考察したものである。著者は、長谷寺の山・岩・洞窟等の立地を検証していくなかで、そこに「母性原理」を見出していく。すなわち、次のような結論にいたる。

かくして、夢は夜にぞくするとともに大地にぞくするわけだが、さてこれまで説いてきたところをまとめ直してみると、山、岩、洞窟、水等はみな女性原理、いっそう正しくは母性原理を象徴する映像だということ、またこの原始の母性に観音というあたらしい母性形式が重なり、後者によって前者はとって代られ、前者は後者の地主神として多くは埋没、または後景に退いたこと、そしてこの観音は、夢という古い回路を通して人びとにさまざまな現世利益、つまり豊饒を授けたこと、またこの夢は自然発生的なものではなく、参籠によって、いいかえれば肝胆をくだく祈請によってえられるということ、などなどになろう。〔西郷　一九九三年、一〇一〜一〇二頁〕

「第四章　黄泉の国と根の国」は、イザナギが黄泉の国にイザナミを訪ね、そこから色々とあって、やっと逃げ帰ってきた黄泉比良坂についての考察からはじまり、根の国の物語の主人公であるオホナムジについて分析する。オホナムジは、根の国において、四つの試練を受けることになった。

根の国でオホナムヂはまず、蛇の室に寝かされる。次にはムカデと蜂の室に入れられる。次には大野のなかに射入れた鳴鏑をとりに行かされる。次には八田間の大室に喚びこまれスサノヲの頭の虱をとらされる。この四度の試練を彼は次々にうけるわけだが、ここで注目されるのは、四つのうち三つまでが「室」における懲らしめである点だ。どうしてこのような次第になるかといえば、それはこの話が、孤独な物忌屋、つまりムロヤにおける修業中に訪れた夢または幻想にもとづいているからであろう、と私は考える。

〔西郷　一九九三年、一二三頁〕

さらに、著者は考察を進め「夢と洞窟」の関係性についても検討していく。すなわち、「洞窟は、人がそこからもう一度生れてくるための母胎であり、修業者がそこを行場としてこもるのは、あらたな宗教的・霊的再生を期するためであった」〔西郷　一九九三年、一三〇頁〕という。「洞窟のなかでの長期にわたる修業生活、参籠生活は、必然的に人を夢幻の境に、つまり trance の状態に近づける」〔西郷　一九九三年、一三〇頁〕。「古代人のそういった経験」が、「幻想として根の国訪問の話を生み出すのだ」というのである〔西郷　一九九三年、一三三頁〕。

「第五章　古代人の眼」は、夢と死者の関係を「視覚」という点から論じた章である。著者は、本章で次のように語っている。

私は死者の魂の遊行を正目に視たであろう古代人の視覚の独自性を取り出してみようとしたまでである。彼らに、夜寝たときみる夢が一つの「うつつ」として受けいれられ、強い衝撃をあたえたのも、また彼らが神話という幻想的な文化形式を作り出したのも、視覚のこの独自性と関連しあっているであろう。そうかといって、たんに日常的平面にこれを還元してしまっていいわけではない。死者の魂が鳥となって行きかようのを彼らが視たのは、殯宮儀礼における特殊なエクスターシィを通してであった。そのかなたに、それと包みあいながら、映像としての神話の世界が漂渺とひろがっているはずである。祭式という行為は、神話的空想をはぐくみそれに形を与える母胎であった。

〔西郷　一九九三年、一七一～一七二頁〕

「第六章　蜻蛉日記、更級日記、源氏物語のこと」は、「夢にたいし独特の醒めた態度を持している」蜻蛉日記と、それとは対照的に、弥陀来迎の夢を最後のたのみとした更級日記、また「物語の重大な筋」が「夢告によって展開」されている一つの典型としての源氏物語の分析など、古典文学のなかに読み取れる夢のあり方を検証したものである。

なお、本書には「**補論一　夢を買う話**」「**補論二　夢あわせ**」という二つの補論が付けられている。この二つの論考が、本論での著者の主張を読み取る上で大きな手助けとなる。視覚や聴覚など、人間の五感から「夢」や神話のコスモロジーを考察していくところに、本書の面白さがあるといえるだろう。

四　本書の影響

本書『古代人と夢』は、平安末〜鎌倉初期までの夢の信じられ方、夢に対する人びと（古代人）の精神史を系統的に論じた著作である。本書の発表にやや遅れて、日本の学界では、「社会史」を意識した著作が多く発表されるようになるが、西郷の著作は、その先駆けとしての役割を果したといえるであろう。

本書の刊行後、西郷は、姉妹版ともいえる『**古代の声**』『**古代人と死**』を発表している。『古代の声』は、古代の文献からはみえてこない「声」を感じとることの重要性を提起した著作である。声の発せられる場を問題にし、「市と歌垣」などについても論じている。『古代人と死』は、古代の神話的観念を読み解いてきた著者の「死」に関する論考が体系的にまとめられている。総じて、西郷は、現代とは異なる古代の世界観を、心性（感性）のレヴェルからとらえなおすことによって浮き彫りにしようとしたといえるであろう。

ちなみに、『中世的世界の形成』の作者である**石母田正**（➡**第四章**）は、戦後すぐに発表された西郷の著書**『日本古代文学』**について次のように批評している。

最後に本書を通じて一般的には著者の方向に同感しながら、なお不安を感ずるのはさきにものべたように文学史の独自の方法と機能が本書で確立されておらないという点である。勿論方法の問題は具体的な研究と記述をはなれては存在し得ないが、本書の方法をもってすれば文学史の領域がひろく拡大されることによって他の歴史諸科学との聯関が明かにされる反面において、そのこと自身が文学史としての充実と迫力を稀薄にしてゆくという現象が不安に思われるのである。従来の印象主義的あるいは文芸学的方法がもはや学問的文学史の方法として不十分なことが反省されながら、新しい文学史の方法がまだ意識的に鍛えられていないこと、史的唯物論の体系における精神史の諸分野のそれぞれの独自の方法が確立されていないことが現在の文学史の危機の一つの重要な原因であり、津田左右吉、土屋光知、高木市之助の諸先学の業績を越えてゆかねばならないこれからの文学史にとっては方法的自覚を正しくもつことがまず必要な段階になってきたとおもう。この点でも私たちは古代文学史家のうちで西郷氏に期待したい。

〔石母田　一九四九年、一八三頁〕

右の文章から約二〇年後に発表された本書『古代人と夢』は、「文学史」をテーマとしたものではないが、西郷「独自の方法」による「精神史」としての意味をもったことは間違いない。第二節でも述べたように、本書からさらに約三〇年後、西郷は、『古代人と死』という著作を出版している。この「あとがき」で、彼は次のように述べている。

三十年も昔の話になるが、『古代人と夢』という本を執筆中、地下世界に通じる洞窟がどんな意味を神話上もつかにつきあれこれ考えあぐねていたさい、もしかしたら近いうち「古代人と死」といった風の問題に出くわすかもしれぬ、とほんの一瞬、予感したことがある。その折はそれっきりで、何も始まらなかった。ところがその二十数年後、「ノミノスクネ考」という一文をたまたま草するに及んで、いつしか自分が主題としてこれに向かいあっているらしいのに、ふと気づいた。うかつといえば、確かにそうである。

〔西郷　一九九九年、三四八〜三四九頁〕

『古代人と夢』において、「私は夢を信じた人々を、ここではかりに古代人と呼んでおく」〔西郷　一九九三年、一八頁〕と述べた著者は、こののち「近代人」と対置する「古代人」という言葉を題名にした書籍を刊行していく。本書『古代人と夢』は、著者のなかでも研究の一つの大きなターニングポイントとなった作品ということができるであろう。

さて、西郷は、雑誌『歴史評論』（第六三七号、二〇〇三年）のインタビューに対して、次のようなコメントを述べている。


国文学と歴史学についていうと、いろいろと貴重な発見をふくむ本は、あれこれ出ているけど、「読める本」がほとんどなく、つまり辞書を引くみたいに、ある項目についてちらっと参照するに役立つだけの本が多いのではないかしら。これではいけないと思う。

面白いのは、たとえばイギリスなどは、ドイツ研究とかロシア研究とか、地域研究になっている領域がある。そして三人いるとすると、あなたは今年はドイツの政治史を、あなたはドイツの文学史をやって下さいというのが、次の年には今度はあなたが文学史を、政治史をといって動いていく。エリア研究のこうしたやりかたは、面白いと思う。

その中でも自分の専門はこれだということができる基盤がしっかりしているらしい。そういう仕掛けが日本にはあまりにもなさすぎて、すぐ小さく固まってしまい分業化する。

〔木村・戸川ほか　二〇〇三年、九頁〕

マルクス主義国文学者として確固な思想をもちつつも、幅広い教養を背景に研究を進めた西郷らしい発言といえるであろう。歴史学と文学との関係性については、今なお大きな議論を呼ぶものである。西郷の著作を通じて、この問題についてあらためて議論してみるのもよいかもしれない。

参考文献（年代順）

西郷信綱「佐藤春夫論」（『国語と国文学』第一七巻第八号〈通巻一九六号〉、一九四〇年）
河上徹太郎・亀井勝一郎ほか著『近代の超克　知的協力会議』（創元社、一九四三年）
西郷信綱『貴族文学としての万葉集』（丹波書林、一九四六年）
西郷信綱『日本古代文学――古代の超克』（中央公論社、一九四八年）
西郷信綱『国学の批判――封建イデオローグの世界』（青山書院、一九四八年）
石母田正「書評　西郷信綱著『日本古代文学』」（『文学』第一七巻第三号、一九四九年）
西郷信綱『日本古代文学史』（岩波書店、一九五一年）
西郷信綱『詩の発生――文学における原始・古代の意味』（未來社、一九六〇年）
西郷信綱『日本古代文学史　改稿版』（岩波書店、一九六三年）
ドッズ、E．R．著、岩田靖夫・水野一訳『ギリシァ人と非理性』（みすず書房、一九七二年）
高木市之助「日本文学における叙事詩時代」（日本文学研究資料刊行会編『日本文学研究の方法　古典編』有精堂出版、一九七七年）
竹内好『近代の超克』（筑摩書房、一九八三年）
西郷信綱『古代の声――うた・踊り・市・ことば・神話』（朝日新聞社、一九八五年）
石母田正「古代貴族の英雄時代」（青木和夫・永原慶二ほか編『石母田正著作集』第一〇巻、岩波書店、一九八九年）
西郷信綱『古代人と夢』（平凡社ライブラリー、一九九三年）
西郷信綱『古代人と死――大地・葬り・魂・王権』（平凡社、一九九九年）
木村茂光・戸川点ほか「文学研究と歴史研究――西郷信綱氏に聞く」（『歴史評論』第六三七号、二〇〇三年）

田中正司「西郷さんの真髄に触れて」(秋山虔・市村弘正ほか編『西郷信綱著作集』第二巻、平凡社、二〇一二年)
磯前順一「解説」(秋山虔・市村弘正ほか編『西郷信綱著作集』第二巻、平凡社、二〇一二年)
酒井紀美『夢の日本史』(勉誠出版、二〇一七年)

第二部　日本社会史の名著——中世篇

第二部では、日本中世史を論じた四冊を紹介する。敗戦後の歴史学のなかでも、「日本中世史」はとくに活況をきわめた分野である。度重なる論争によって、新しい研究成果が次々に生まれ、「社会史」の隆盛などと相まって広く学界以外の一般の人びとにまでその成果が行きわたることになった。そのそもそもの源流をつくった一冊が、第四章で取り上げる**石母田正『中世的世界の形成』**である。本書は、戦後に活躍していく多くの若手研究者たちを、日本中世史へと誘った「名著」である。この著作を読んで、歴史学を志した若者は多かった。石母田がこの著作を執筆したのは、アジア太平洋戦争の真っただ中の昭和一九（一九四四）年七月のことであった。当時の時代状況を勘案したうえで本書を読んだとき、また別の世界が広がってくるだろう。

第五章の**井上鋭夫《いのうえとしお》『山の民・川の民』**は、若くして病に倒れた井上鋭夫の論考を門下生たちがまとめあげた一冊である。井上は、上越地方をフィールドに持ち前の「発想」を武器に次々と新しい中世社会像を提起した。その学問は、後身の研究者に大きな影響を与えた。その独自の方法論に注目して、本章を読んでいただきたい。

第六章の**平泉澄《ひらいずみきよし》『中世に於ける社寺と社会との関係』**は、後に皇国史観の主唱者として有名になる平泉澄の初期の業績である。西洋の最先端の学問潮流を積極的に取り入れ、大胆に日本史に切り込むその視点は、後の網野善彦の研究にも影響を与えている。また、本書の内容とその背景を知るとともに、平泉澄という歴史家についても色々と検証し、議論を交わしていただきたい。

第七章の**網野善彦『無縁・公界・楽』**は、「網野史学」と称される一連の網野の著作のなかでも、ひときわ注目される一冊である。平泉が網野の約五〇年前に論じた中世におけるアジールの問題に再び着目しつつ、独自の無縁論を提唱したものである。本章では、日本中世の新しい社会像を描き出した、一連の「網野史学」について、様々な角度からあらためて考えていただきたい。

以上、本篇では、それぞれ異質な著作をそろえた。さまざまな角度から「日本中世史」という荒野に挑んでいった歴史学者たちの知識とその生涯について、本篇を通じて深く考えてみてもらいたい。

第四章　「古代的」なるものへの反逆

——『中世的世界の形成』石母田正

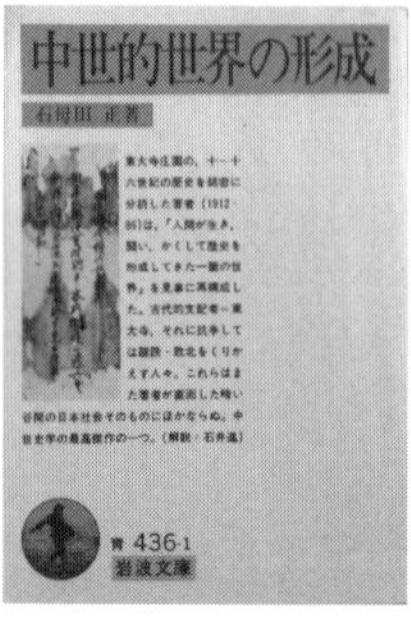

一　石母田正とは

「戦後歴史学」を考えたとき、欠かすことができない学者の一人が、**石母田《いしもだ》正《しょう》**（一九一二〜一九八六）である。もちろん、ほかにも「戦後歴史学」を象徴するような有名な歴史学者はたくさんいる。しかし、その後の研究者に対して与えた影響などを考えた場合、石母田の右に出る者はいないだろう。

石母田は、大正元（一九一二）年九月九日、北海道札幌市に生まれた。宮城県立石巻中学校、第二高等学校文科甲類へと進んだが、高校時代の石母田は、ロシア文学にはまり**アントン・チェーホフ**（Антон Павлович Чехов　一八六〇〜一九〇四）の著作をよく読み、**三木《みき》清《きよし》**（一八九七〜一九四五）や**羽仁《はに》五郎《ごろう》**（一九〇一〜一九八三）の著作に大きな影響を受けたという。また、**カール・マルクス**（Karl Heinrich Marx　一八一八〜一八八三）や**フリードリヒ・エンゲルス**（Friedrich Engels　一八二〇〜一八九五）にも深い関心を持ち、治安維持法によって検挙され、二高を停学になった経験をもつ。ちなみに、歴史学者の**保立道久**は、「この本（『中世的世界の形成』：筆者注）を読むために断片的な歴史知識は必要ない。むしろ、古典的な哲学や社会科学の勉強をしてあることの方が大事だろう」「三木の文体を読み慣れれば、石母田のものは読みやすくなる」（保立　二〇一五年、一六八頁）などと述べているが、それはまさしく、石母田自身が幼少期・青年期にそうした哲学の研鑽を積んできたからにほかならない。

　高校卒業後、石母田は、東京帝国大学文学部西洋哲学科を経て、昭和一二（一九三七）年、同大学文学部国史学科を卒業した。卒業論文のテーマは、「中世寺院に於ける集会制度の研究――中世寺院史の一齣」であったという。

　このころの東大国史学科の教員には、**辻善之助**《つじぜんのすけ》（→**第九章**）や**平泉澄**（→**第六章**）らがおり、同窓生に、後に石母田とともに「戦後歴史学」の一時代を築く、**遠山茂樹**（→**第一三章**）、**松本新八郎**《まつもとしんぱちろう》（一九一三〜二〇〇五）、**家永三郎**《いえながさぶろう》（一九一三〜二〇〇二）らがいた。

石母田正
『石母田正著作集』第16巻所収

　東大卒業後の石母田は、まず、出版社である冨山房に入社した。その後、日本出版会、朝日新聞東京本社などに勤務している。石母田は、編集者として働く一方で、歴史研究も精力的におこなっていた。とくに戦時下で活動を停止されることになる歴史学研究会の幹事などもつとめた。そして、昭和一九（一九四四）年九月、仕事を一か月休職し、本書『中世的世界の形成』を書き上げたという。しかし、これは、空襲により原稿が焼失し、戦後になるまで刊行されることはなかった。

敗戦後の昭和二一（一九四六）年、石母田は、本書『中世的世界の形成』を刊行した。そして、翌二二（一九四七）年には法政大学法学部講師に就任し、その翌年には、教授に昇進した。その後は、同大学の法学部長、附属図書館長などを歴任し、昭和五六（一九八一）年に定年退職し、名誉教授となった。一九五〇年代には、日本共産党（所感派）を支持し、**松本新八郎**らとともに国民的歴史学運動を推進した（国民的歴史学運動については、次節で詳述する）。後に石母田は、国民的歴史学運動について自己批判していくことになるが、この実践が、「地域青年層」の主体的な活動と結びつき大きな役割を果したことも事実である〔高田　二〇一七年、三六頁〕。

そうした社会的な活動の一方で、石母田は、古代の神話や政治史についての実証・理論研究を深め、戦後の歴史学を常にけん引した。昭和六一（一九八六）年に病気のため亡くなるまでの間、日本古代国家論研究の第一人者としてその名を轟かせた。ここで取り上げるのは、そのなかでもとくに著名な一冊である。早速その背景についてみていくことにしよう。

二　本書の背景——「戦後歴史学」への出発

それでは、本書『中世的世界の形成』が書かれるまでの経緯と、その後の石母田の研究についてここで少し触れておきたい。本書の背景としては、①本書が書かれた当時の時代状況、②当時の荘園史研究の流れ、③著者の社会的活動についての三つの視点からアプローチする必要がある。
まず、①について考えてみよう。この点については、石井進《いしいすすむ》（一九三一～二〇〇一）による本書の「解説」に詳しい。

「初版序」の日付は「昭和十九年十月」、太平洋戦争の敗北の一ヵ月前であった。その翌月十一月からはアメリカ軍のＢ29爆撃機による東京地方の空襲が本格的に開始され、戦局の決定的な不利はもはや誰の目にも明白となっていく頃である。著者の直話によれば、この十月、ほぼ一ヵ月をついやして東京の西郊、空襲に備えて暗幕をおろした自宅の一室で本書が執筆されたという。四百字詰め原稿用紙に換算して七百枚余の、緻密な論理と弁証に貫かれた大作がわずか一ヵ月間に書き下されたものだとは、まことに驚くべきことであり、それを可能とした著者の才能と努力、そして情熱とに感嘆せずにはいられない。

〔石井　一九八五年、四五四～四五五頁〕

この記録からも分かるように、本書は、敗戦間際の頃に、一か月で書き下ろされた著者による渾身の著作である。この話は、歴史学を志す学生のなかでは有名であり、なかば「伝説」となっている。また、本書を読むうえでも、この著作が昭和一九（一九四四）年に書かれたという事実は、きわめて重要である。それは、本書のあちこちに、当時の社会状況が色濃く反映されているからである。

昭和一九（一九四四）年一〇月というのは、**石井進**が述べているように、東京に本格的な空襲が始まる時期である。もちろん、本書は、一次史料にもとづき中世の黒田荘の歴史を具体的に明らかにした学術書であるが、その背景には戦時下という特殊な状況のなかにあった筆者のメッセージが込められていると考えるべきであり、だからこそ、敗戦直後多くの読者を得ることにつながったのであろう。

②の石母田以前の中世荘園史研究の状況としては、東京帝国大学文科大学教授などを歴任した**栗田《くりた》寛《ひろし》**（一八三五〜一八九九）の『荘園考』を皮切りにし、法政大学教授をつとめた**細川亀市《ほそかわかめいち》**（一九〇五〜一九六二）の『日本寺領庄園経済史』、**今井林太郎《いまいりんたろう》**（一九一〇〜二〇〇三）の『日本荘園制論』、**中村直《なかむらなお》勝《かつ》**（一八九〇〜一九七六）の『荘園の研究』、**江頭恒治《えがしらつねはる》**（一九〇〇〜一九七八）の『日本荘園経済史論』などがすでに存在していた。なかでも、注目されるのが、**竹内理三《たけうちりぞう》**（一九〇七〜一九九七）の存在である。竹内は、東京大学史料編纂所で教授をつとめた日本史学者で、中世寺院史を専門とした。『日本上代寺院経済史の研究』『寺領荘園の研究』などの著作を発表するが、とくに**『平安遺文』**や**『鎌倉遺文』**という古代・中世史研究のベースとなる史料集を編集したことで知られている。そして、また、石母田と同じく東大寺領黒田荘をフィールドとして研究を進めた。**佐藤和彦《さとうかずひこ》**（一九三七〜二〇〇六）は、石母田と竹内の関係について、次のように述べている。

> 竹内先生が史料集の刊行を思い立たれた動機として、『中世的世界の形成』があまりにもすばらしく、自らの論文の果無さ、空しさを悟ったからであるとの逸話はよく知られている。そのよ

うな要因もあったではあろうが、「戦争中、皇国史観の連中が出した史料集は、自分に都合のいい文書だけを集めて、都合のわるいのは入れてないんだ。事実の一方をかくして、歴史を書いたって、そんなの歴史じゃない。自分に都合のいいのも、わるいのも、全部、文書として存在するかぎりはそれを解明しなきゃ」（「余白を語る」一九九一年四月二六日『朝日新聞夕刊』）との反骨の精神にうらづけられた研究姿勢と深くかかわっていたのではなかろうか。

〔佐藤　一九九八年、二〇九〜二一〇頁〕

③について、石母田は、敗戦後は荘園制の問題から離れ、古代国家論、政治史、それから国文学研究を進めていった。その一方で、**国民的歴史学運動**という社会運動を推進していくことになる。まずは、後者の方をみていくことにしよう。

一九五〇年代、石母田は、「歴史学を国民のもとに」という合言葉のもと国民的歴史学運動を推進した。これは、民主主義科学者協会（民科）が発表した「国民的科学の創造と普及」（昭和二七〈一九五二〉年）にもとづき、民科歴史部会によって推進された運動で、「歴史学の革命」「歴史学を国民のもとに」などのスローガンのもと、「村の歴史」や「母の歴史」など新しい歴史像の推進がはかられた。

なお、石母田の理念は、彼の著書『**歴史と民族の発見**』『**歴史と民族の発見　続**』のなかに現出されている。この著書を「バイブル」として、国民的歴史学運動は力強く進められることになった。しかし、運動自体は、さまざまな問題が露呈するかたちとなり、急速に解体していった。

　さて、次に石母田自身の戦後の研究をみていくことにしよう。まず、石母田は、論文**「古代貴族の英雄時代」**（初出一九四八年）を発表する。これは、ヘーゲルの英雄時代論をふまえ、日本列島の四～五世紀に叙事的英雄時代があったと想定するものであった。これをもとに、**英雄時代論争**が巻き起こった。

　また、石母田は、『平家物語』の研究も進めた。石母田によれば、「平家物語の価値は、現世と生の無意味さを説く宗教的な精神が強まってきているなかで、現世と生の面白さ、豊富さ、複雑さを教えた点にあること、平家物語に一貫する悲観的な精神や宿命観も、右の事実をぬきにしては正しく理解できない」という〔石母田　一九五七年、二一一頁〕。石母田の『平家物語』論は、**西郷信綱**（➡**第3章**）ら多くの研究者に大きな影響を与えていくことになった〔木村・竹内ほか　二〇〇二年、一一～四頁〕。

　さらに、石母田は日本の古代国家についての見解を深めていく。まず、石母田は、大化の改新を王民制から公民制への転換として把握し、律令国家成立の起点におく考えを示した（**大化の改新論**）。とりわけ注目されるのは、日本古代の社会と国家のありかたを総合的にとらえる**首長制論**〔昭和四六〈一九七一〉年〕の提示である。これは、マルクス、エンゲルスの『資本主義の諸形態』にみられるアジア的共同体論をもとにした議論で、日本の古代国家が「民会」ではなく、「首長」によって成立していることに注目したものである。首長によって国際交通は独占され、階級的優位性が体制化していた。在地首長の法的・軍事的自立性が確立しており、「自立的主体」としての農民は未成立であった。

日本社会の「未開性」の根幹はこうした点に起源を持つというのがその主旨である。この考え方は、古代史研究者に大きな影響を与え、**吉田晶**《よしだあきら》（一九二五〜二〇一三）らの**村落首長制論**や**吉田孝**《よしだたかし》（一九三三〜二〇一六）による**「未開」論**などの研究潮流を導いた（坂江 二〇一二年、七八〜七九頁）。

さて、このように、石母田は、幅広い時代をカバーする総合的な議論を次々と提示した。しかし、その出発点は、やはり、本書『中世的世界の形成』である。以下、その内容をみていくことにしよう。

三 『中世的世界の形成』の世界

石母田の「名著」である本書『中世的世界の形成』（伊藤書店、一九四六年。ここでは岩波文庫版〈一九八五年〉を使用）は、次のような「序」によって書き始められている。

> 本書はかつて伊賀国南部の山間地に存在した庄園の歴史である。一つの庄園の歴史をたどりながらそこに大きな歴史の潮流をさぐりたいということは、久しい間の私の念願であった。日本の歴史の大きな流れをその全体性において把握し叙述するということは

目次

第一章 藤原実遠
　第一節 所領の成立
　第二節 経営と没落
　第三節 領主と東大寺
第二章 東大寺
　第一節 黒田庄の成立
　第二節 古代的論理
　第三節 二つの法
第三章 源俊方
　第一節 家系
　第二節 武士団の成立
　第三節 中世の敗北
第四章 黒田悪党
　第一節 古代の再建
　第二節 中世的世界
　第三節 終末

いうまでもなく、その発展の諸特質についてさえ明確な観念をもつにいたらなかった私には、まず一つの狭い土地に起った歴史を丹念に調べることよりほかに全体に近づく方法はないように思われた。この場合無数の庄園のなかで関係古文書のもっとも豊富な庄園の一つであり、かつ平安時代から室町時代までの長い時代を生きつづけた東大寺領伊賀国黒田庄はもっとも適当な研究対象であった。しかし本書において庄園の第一義的問題は地代や法の問題ではない。庄園の歴史は私にとって何よりもまず人間が生き、闘い、かくして歴史を形成してきた一箇の世界でなければならなかった。いかに関係古文書が豊富であっても、所詮それは断片的な記録にすぎず、庄園の歴史を一箇の人間的世界の歴史として組立てるためには、遺された歯の一片から死滅した過去の動物の全体を復元して見せる古生物学者の大胆さが必要である。この大胆さは歴史学に必須の精神である。しかしこの大胆さを学問上の単なる冒険から救うものは、資料の導くところにしたがって事物の連関を忠実にたどってゆく対象への沈潜と従来の学問上の達成に対する尊敬以外にはない。本書もそれが学問上の著作たろうと期する以上、この二つの精神をうしなわないように努めたつもりである。

〔石母田　一九八五年、一三〜一四頁〕

「第一章　藤原実遠」は、一一世紀半ばまで伊賀国に広大な散在所領を持ち、「当国の猛者」といわれた藤原実遠を主人公としたものである。本章では、実遠の経営について具体的に考察される。すなわち、彼は、公領百姓らを雇用し、農民たちを直接的に支配するいわゆる私営田領主（私領主）であったが、この時期になると、東大寺がこの地方に進出をはじめ、藤原実遠の所領を脅かすようになる。藤原実遠は、「住民を従者として私営田に駆使するという古い経営形態」〔石母田　一九八五年、七三頁〕を維持しようとすればするほど、東大寺が住民の庄民化に成功していく足がかりになってしまったという。そしてやがて、藤原実遠は、東大寺の戦略（領主制の確立）によって敗北していく。

筆者は、この様子を次のようにも述べている。

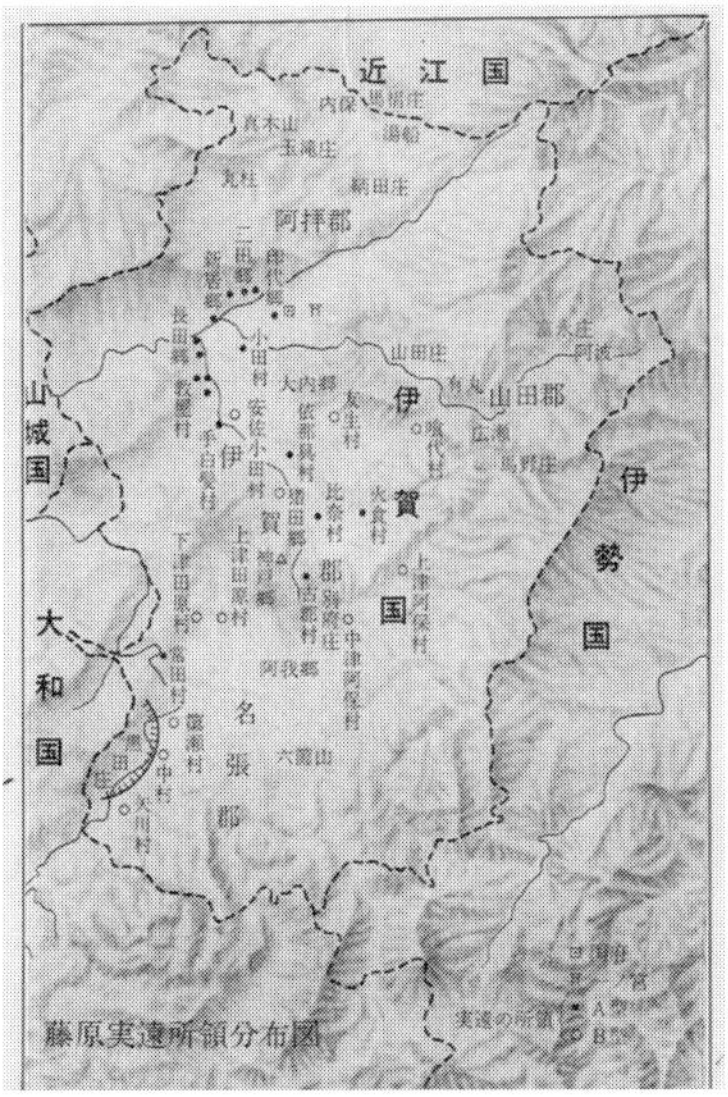

藤原実遠所領分布図
『中世的世界の形成』所収

実遠の前にはとるべき二つの道があった。加地子領主に全面的に転化するか、または直接経営を維持するかの二つの道である。第一の道は彼の所領の多くの部分がすでに採用していたところであり、時代の傾向でもあった。それは安全な道ではあるが、国衙《こくが》の法のままに段別一斗の加持子取得に甘んずることである。第二の道は父清廉以来の経営様式を墨守することであり、困難であり破綻を予想せねばならないが古代の祖先の伝統に通ずる道である。彼が後者の道を選んだことには恐らく「猛者」実遠の血と個性も働いていたのであろう。家人・奴婢の解放及び農民の田堵名主への成長と古い経営形態との矛盾、国衙と領主制との対立、不在地主的生き方と在地的な生き方との争剋等、古いものと新しいものとが深刻に錯綜しつつ動いていた平安中期この地方の農村社会において、実遠は古代領主の伝統につながる最後の領主として没落したのである。彼が広大な所領を列挙した譲状の末文に記した「然るに年老乱の間、或いは荒廃、或いは牢籠」という言葉は平凡で短いが、当国の猛者として鋭意経営に努めた先祖相伝の所領が荒廃してゆくのを見る傲岸な老人の晩年の感懐がそこにこめられているように思う。

〔石母田　一九八五年、六三頁〕

「第二章　東大寺」では、東大寺に視点を移し、荘園の形成過程が考察されている。東大寺は、一〇世紀後半に奈良時代以来の初期荘園を失ったが、長元六（一〇三三）年、雑役を免除されていた伊賀国板蠅杣を拠点として荘園化に成功。広大な不輸不入の黒田庄の形成へと進んだ。ここで、東大寺が荘園化を進めていくうえで用いた古代的論理（**＝寺奴の論理**）が注目される。すなわち、当時の黒田庄では、住民たちが自力で家宅や田畠を保有し、共同体によってそれを補完する中世的村落の形成へと向けた動きがあった。これは名主経営や領主制の形成を促す国衙の法理（領地の法理、中世法）にもとづくものであったという。しかし、これに対して、東大寺の主張は、同寺の領地に暮らす人びとは、古代律令制下の寺院に与えられた奴隷（寺奴）であり、寺奴の家宅・田畠はすべて東大寺のものという論理である。最終的には、東大寺がこの争いに勝利し、承安四（一一七四）年、大規模な不輸不入荘園を形成させることに成功していった。

「第三章　源俊方」は、名張郡内の簗瀬村という村落を基盤として郡司の地位を得た源俊方（武士＝在地領主）一族に注目したものである。源氏は、名主をはじめとした中世村落に深く根をおろし、国衙と結託して東大寺の勢力に対抗しようとする。とくに、一二世紀末の源平内乱において、黒田荘民らとともに東大寺の支配を打破しようと試みるが果たせず、やがて、源俊方一族は没落していく。これは、征夷大将軍となる源頼朝が朝廷や寺社などの古代的権威を否定できなかったことによるという。その意味で、源一族の没落は、「中世の敗北」を意味したのだ、と著者は論じる。

「第四章　黒田悪党」は、なぜ黒田庄にて「中世的世界」が「形成」されなかったのか、という問題を考察した章である。著者によれば、黒田庄住民らは、自分たちの生活を自らの力で守り、発展させる自治を築く基盤をもっていなかったという。ほかの荘園では、荘園領主たちが、自己の支配機構のなかに配下の荘園住民を組み込んでいったのに対して、黒田庄は、最後まで東大寺の荘園支配機構に入ることができなかった。一方、黒田庄の外では、古代の専制法が、在地の慣習を摂取した国衙法へと展開し、やがて貞永式目のなかに体系化されていく。また仏教は、古代国家への帰属意識を失い、個人的体験や内省によって新しい仏教へと展開していった。そうした「蹉跌と退廃」のなかで、鎌倉後期には、「悪党」が登場し、住民と連携して非法の限りを尽くすようになった。これは、古代的支配を打破できない人びとの挫折と退廃が現出したものであるという。しかし、その黒田悪党たちも東大寺の支配を根底から覆すことはできなかった。著者は次のように述べる。

黒田悪党はけっして東大寺のために敗北したのではない。東大寺は自己の力では悪党に一指も染めることが出来なかった。黒田悪党は守護の武力に敗北したのではない。この守護こそ悪党を東大寺から引離して被官として組織したかったのである。黒田悪党は自分自身に敗北したのである。

〔石母田　一九八五年、四一七頁〕

黒田悪党たちは何に敗北していったのか。著者はその原因を彼ら自身のなかに求めたのである。そして、著者は、本書の最後を次のように締めくくる。

われわれはもはや蹉跌と敗北の歴史を閉じねばならない。戸外では中世はすでに終り、西国には西欧の商業資本が訪れて来たのである。

〔石母田　一九八五年、四一七頁〕

四　本書の影響

それでは、本書の影響についてあらためて考えてみよう。本書で提示された石母田の一連の研究は、領主制論として後進の歴史研究者たちに大きな影響を与えた。戦後の歴史学が隆盛する一つの試金石となったといってよい。石母田の影響を受けつつも、後に独自の中世社会史像を打ち立てた**網野善彦**《あみのよしひこ》（➡**第七章**）も、本書について次のように述べている。

決定的だったのは、やはり石母田さんの『中世的世界の形成』（現在、岩波文庫）でした。これは衝撃的というしかなく、その記憶はいまでも鮮烈です。このとき歴史研究の魅力にとらわれたといっていいでしょう。日本中世史を専攻する方向が決まったのもこれが契機です。
〔網野　二〇〇〇年、一三頁〕

右の文章に典型的にみられるように、本書は、網野ら戦後になって日本中世史研究をリードしていく歴史学者にとって「決定的」な影響を与えた。しかし、その一方で、本書は戦時下という制約された研究条件のもとで書かれた先駆的な業績であることもあり、戦後になって実証・理論の両側面で批判も出た。その一つが、**鈴木良一**《すずきりょういち》（一九〇九〜二〇〇一）によるものである。鈴木は、石母田が古代

＝東大寺、中世＝領主制（武士団）とした図式に対して、被支配階級である人民の姿が描かれていない、支配—被支配の階級的対抗に注目すべきではないか、という批判を展開した〔鈴木　一九四九年、四四〜四五頁〕（**鈴木—石母田論争**）。このほかにも、**竹内理三**や**佐藤進一**《さとうしんいち》（中央大学名誉教授）、**禰津正志**《ねずまさし》（一九〇八〜一九八六）が石母田の同書に対して、実証と理論の両側面から批判を展開したが〔今谷　一九九七年、二六七〜二七〇頁〕、こうした批判は、いずれも本書が戦後の歴史研究のうえで重要な出発点であったことを物語っている。それは、後に「**権門体制論**」を提唱する中世史家の**黒田俊雄**《くろだとしお》（一九二六〜一九九三）が、次のように整理していることが、事の本質をよく言い当てている。

『中世的世界の形成』は、叙述の文学的魅力ともあいまって多くの研究者に決定的な影響を与え、以後、中世の社会と歴史を構造的に把握しようとする研究者に一定の方向を示す理論となった。実際それは多数の研究者に研究の展望を与え、領主制として把握するにふさわしい数多の事実がひろく見出され、さらに政治・文化の諸現象の理解にも適用されて、中世史研究は著しい進展をみせた。その結果、具体的な中世史像としては、まず地頭的領主制を代表とする鎌倉時代の領主制から室町時代の守護領国制へという展望が、中世史の基軸に設定された。のち室町・戦国期については守護領国制でなく国人領主制あるいは大名領国制が基本とみなされるようになったが、いずれにしても、このような領主制の発展を土台とみる立場が確立した。この立場からすれば、中世史像はそのようなどちらかといえば武士階級の発展史という色彩を濃厚にもつものとして、構成されることになった。

〔黒田　一九九五年、三四八頁〕

このように、石母田の理解は、領主制論として黒田をはじめ、戸《と》田《だ》芳《よし》実《み》（一九二九〜一九九一）、永《なが》原《はら》慶《けい》二《じ》（一九二二〜二〇〇四）らによってさらに深化されていくことになった。後身の中世史研究者にとって、一つの大きなモデルとしての位置を果たしたといえるだろう。戸田は、次のように回想している。

私自身、かつて自分の勉強を始めるときに本書を出発点にした。本書に魅入られながらなおかつわからないところをたしかめたくて、この黒田庄の個別研究から歴史学にはいった。それいらい本書は私を駆り立てる力でもあり、また私をおさえつける重圧でもあった。主観的ないい方をすれば、私自身の研究過程は本書の仕事の重みから解放されるためのあがきのようなものであったと思う。本書には敬服するほかなかったが、しかしそれでよいとはどうしても思えなかった。

〔戸田　一九六七年、四七頁〕

石母田を通じて日本史研究者となったのは、何も日本中世史家にとどまらない。日本近現代史を専攻した**藤原彰**《ふじわらあきら》（➡**第一四章**）も、次のように回想している。

何回目かのとき、私は専攻テーマについて助言を求めた。それにたいし石母田氏は、つぎのように語られたのである。「われわれの時代は、歴史を学ぶことによってわずかに自己を支えてきた。しかし君たちの時代は、自らの手で歴史を作ることができるし、またつくらなければならない。今私が君の年なら、中世史ではなく現代史を選ぶだろう」と。弾圧下に中世史研究の中に歴史への確信を託した氏は、次の世代には、もっと積極的なかたちでこれが継承されることを期待されたのであろう。

このひとことで、私は中世史をきっぱりあきらめ、その後三五年間現代史を学ぶことになったのである。

〔藤原　一九八六年、三三五頁〕

若い頃、『中世的世界の形成』に感銘を受けて日本中世史を専攻していた藤原彰が、日本現代史の問題に取り組んでいくことになる背景の一つに、石母田のアドバイスがあったことは興味をひかれる。また、**安丸良夫**《やすまるよしお》（➡**第一三章**）は、本書『中世的世界の形成』が生まれた背景について、次のように述べている。

戦後日本の歴史学は、緊張にみちた論争的な知として出発した。そこでは、戦争体験への反省と未来への希望とが結びついていて、今にして思えば不思議なほどに、知的な若者に人気のある学問だった。新しい史料と事実が発見されたが、しかしそうした発見性には、私たちの平板な通念へのきびしい批判・批評が含意されていた。

〔安丸　二〇一六年（初出二〇一四年）、五頁〕

さらに、安丸は、本書で述べられている悪党（黒田庄）の「頽廃」という文言に注目し、「『頽廃』は本書のキーワードで、歴史を別の可能性においても捉える言葉だが、言葉への負荷が重すぎて、その時代の石母田さんにしか使えない、特殊な用語法だったのではなかろうか。戦後日本の歴史研究者たちは、こうした用語を避けて、歴史に別のリアリティを求めざるをえなかったのだと思われる」と述べている〔安丸　二〇一六年、一〇頁〕。

昭和六一（一九八六）年一月一八日、石母田は、七三歳で死去した。友人であった**西郷信綱**（⬇**第三章**）は、告別式の弔辞で次のように述べた。

私の申したいのは、歴史家も、たんに事実の次元にとどまらず、人間の精神をまさに歴史的に分析し洞察する能力をもたねばならぬこと。そして精神にかんするそういう洞察力のゆたかさと分析力の鋭さにかけて、あなたが類いまれな方であったということにつきるのです。私たち門外漢が、また一般の読者があなたのお仕事に強い感銘を覚えるのも、ひとえにそのせいであり、だからそういう石母田さんがいなくなり、ひどく無念であるとともに、この日本で学問上の寂寞がいよいよ危機的にひろがり、かつ深まってゆくのではないかという気配がしてならないのです。

〔西郷　一九八六年、七六頁〕

歴史学研究の「必読書」とまでいわれた石母田の『中世的世界の形成』も、発表後七〇年が経過した現在では、ほとんど読まれなくなった。それは、今の若者たちが不勉強になったというよりも、ジェネレーション・ギャップの問題が大きいであろう。戦時下にありながら、強烈な社会的責任感のなかで研究した（せざるをえなかった）当時の時代的な状況は、若い世代にはなかなか理解しにくい。しかしながら、テクストが書かれた時代状況・社会的背景を吟味しつつ文献をとらえていくのが、歴史学研究の基本的姿勢である。本書が書かれ、発表された当時の状況を鑑みなければ、本書の意義は自ずと理解できてくるだろう。本書の内容を正確に読み込むことも、もちろん大切ではあるが、発表当時の時代状況のこと、またその後の研究に本書が与えた影響などもすべて含めたうえで、本書について考えるべきであろう。

参考文献（年代順）

栗田寛『荘園考』（大八州学会、一八八八年）
細川亀市『日本寺領庄園経済史――王朝時代に於ける寺領庄園の研究』（白楊社、一九三一年）
竹内理三『日本上代寺院経済史の研究』（大岡山書店、一九三四年）
今井林太郎『日本荘園制論』（三笠書房、一九三九年）
中村直勝『荘園の研究』（星野書店、一九三九年）
江頭恒治『日本荘園経済史論――日本荘園の研究』第一輯（有斐閣、一九四二年）
竹内理三『寺領荘園の研究』（畝傍書房、一九四二年）
鈴木良一「敗戦後の歴史学における一傾向」（『思想』第二九五号、一九四九年）
石母田正『歴史と民族の発見――歴史学の課題と方法』（東京大学出版会、一九五二年）
石母田正『古代末期政治史序説』上・下（未來社、一九五六年）
石母田正『平家物語』（岩波新書、一九五七年）
戸田芳実「石母田正『中世的世界の形成』」（『歴史評論』第二〇五号、一九六七年）
石母田正『日本の古代国家』（岩波書店、一九七一年）
石母田正『戦後歴史学の思想』（法政大学出版局、一九七七年）
石母田正『中世的世界の形成』（岩波文庫、一九八五年）
石井進「解説」（石母田正『中世的世界の形成』岩波文庫、一九八五年）
藤原彰「石母田さんとの『めぐりあい』」（『歴史評論』第四三六号、一九八六年）
西郷信綱「石母田正氏告別式弔辞」（『歴史評論』第四三六号、一九八六年）

石母田正「古代貴族の英雄時代」青木和夫・永原慶二ほか編『石母田正著作集』第一〇巻（古代貴族の英雄時代）（岩波書店、一九八九年）
青木和夫・永原慶二ほか編『石母田正著作集』第一六巻（学問と生涯）（岩波書店、一九九〇年）
黒田俊雄「『中世』の意味」（井ヶ田良治ほか編『黒田俊雄著作集』第五巻〈中世荘園制論〉法藏館、一九九五年）
今谷明「石母田正」（今谷明・大濱徹也ほか編『二〇世紀の歴史家たち』一（日本編　上）刀水書房、一九九七年）
佐藤和彦「史料に問いかけ、史料に学ぶ」（「竹内理三　人と学問」編集委員会編『竹内理三　人と学問』東京堂出版、一九九八年）
網野善彦「人生とともにある読書」（『歴史と出会う』洋泉社、二〇〇〇年）
木村茂光・竹内光浩ほか「文学研究と歴史研究——西郷信綱氏に聞く」（『歴史評論』第六三七号、二〇〇三年）
永原慶二『二〇世紀日本の歴史学』（吉川弘文館、二〇〇三年）
坂江渉「首長制」（木村茂光監修、歴史科学協議会編『戦後歴史学用語辞典』東京堂出版、二〇一二年）
保立道久『日本史学』（人文書院、二〇一五年）
安丸良夫「石母田正と歴史学的想像力」（『戦後歴史学という経験』岩波書店、二〇一六年）
高田雅士「一九五〇年代前半における地域青年層の戦後意識と国民的歴史学運動」（『日本史研究』第六六一号、二〇一七年）

第五章　中世社会の発見
――『山の民・川の民』　井上鋭夫

一．井上鋭夫とは

井上鋭夫《いのうえとしお》（一九二三～一九七四）は、金沢大学法文学部の教授をつとめた歴史学者であり、とくに一向一揆の研究で知られている。石川県江沼郡大聖寺町（現在の加賀市）の出身であり、石川県立大聖寺中学校、第四高等学校を卒業した。吉崎御坊に近い地域に生まれたことが、真宗へ関心を向けるきっかけとなったという。実際、卒業論文のテーマは、「近世社会生成の一過程――加賀一向一揆の政治形態とその農村との関係」であった。

昭和二三（一九四八）年に東京大学文学部国史学科を卒業後、新潟大学人文学部助手・助教授を経て、故郷である金沢大学法文学部教授に就任した。

井上は、新潟大学・金沢大学で多くの日本史研究者を育てた。そのなかには、後に立教大学教授となり、物無事令論などを発表する**藤木久志**《ふじきひさし》（➡**第九章**）をはじめ、**田中圭一**《たなかけいいち》（元群馬県立女子大学教授）、

版示石の傍らに立つ井上鋭夫氏
『山の民・川の民』所収

桑山浩然《くわやまこうねん》（一九三七〜二〇〇六）、**井上慶隆**《いのうえよしたか》（元新潟大学教授）らがいる。

井上について、弟子たちは次のように話している（引用文中の「田中」は、田中圭一〈座談会当時、佐渡高校教諭〉、「中野（三）」は、中野三義〈座談会当時、新潟市立宮浦中学校教諭〉、「阿部」は阿部洋輔〈座談会当時、中条工業高校教諭〉のことである）。

田中　井上先生の調査方法や問題意識は学ぶ点が多かった。主張が通らないと、サッサと引き上げる点は偉かったな。

中野（三）　東京で自分の考えをのべて、通らないと、考えを変えて出してこられましたね。

田中　またヒラメキがすごかったね。我々が素材を提供すると、井上先生はヒラメイて、論理整然とまとめて発表されるという具合だったね。

阿部　総合と飛躍がうまく調和がとれていたと思う。

中野（三）　ヒラメクとしゃべりたくなるらしいね。

阿部　奥さんが台所で仕事をしていると、後に来て、いろいろと思いつきをしゃべられたそうですし、私の所へも「上杉謙信」の前半を電話して来たんです。

〔かみくひむしの会　一九七五年、二四頁〕

後で詳しく述べるように、井上の地域史研究は、フィールドに入り込んで、総合的にその地域を明らかにしていく手法である。これにより、文献中心主義だけではみえてこない、それ以外の部分についての解明をめざすものであった。

井上の没後、弟子たちによって、本書**『山の民・川の民』**（平凡社、初出一九八一年）がまとめられた。そして本書は、二〇〇七年にちくま学芸文庫となったことによって、さらに手軽に読めるようになった。また、本書には、**石井進**による「解説　中世の山・川の民と境界」と、**田中圭一**による各章ごとの解説「解題　井上鋭夫氏の足跡」があり、さらにちくま学芸文庫版には、**赤坂憲雄**《あかさかのりお》（学習院大学教授）による「文庫版解説　偉大なる未完成、それゆえに希望がある」が付録されており、理解を深めやすい。

では、早速、本書の背景について、井上鋭夫がその生涯をついやした歴史研究の足跡を追っていこう。

二　本書の背景——文献中心主義史学への挑戦

まず、井上の研究が発表される以前の一向一揆研究の動向をみていくことにしよう。江戸時代以来、一向一揆を逆賊としてみる一向一揆逆賊観が主流であったが、昭和初期になって社会経済史学が発達してくると、科学的な視点から一向一揆を分析しようという向きが強まる。

農民運動家の**稲村隆一**《いなむらりゅういち》（一八九八〜一九九〇）は、昭和一二（一九三七）年、エンゲルスの『ドイツ農民戦争』にみられる理論を参考にしつつ、日本の農民戦争を分析した『宗教改革と日本農民戦争』（初出一九三七年）を発表した。ここでは、南都北嶺（奈良興福寺と比叡山延暦寺）を特権階級の御用宗教（「貴族的富者的宗教」〔稲村　一九三七年、八六頁〕）と規定し、それに対して「一向宗の教義は、農民が彼等を搾取する領主に対する闘争の有力なる理論的武器となつたことは、恰もルーテルの宗教革命がドイツ農民戦争と結合したのと同一意義を有するものである」〔稲村　一九三七年、八八頁〕と述べた。一向宗僧侶を民衆の指導者とするその図式は、公式論的ではあったが、戦後の研究を導くことになった。

なお、井上の一向一揆研究の主要な先行研究となったのは、**笠原一男**《かさはらかずお》（一九一六〜二〇〇六）の見解である。興福寺領河口・坪江庄の崩壊過程における真宗の伝播に注目した笠原は、本願寺教団の発展の理由を講・組による農民の組織化と一家衆の統制にみる（**惣講一致論**）。すなわち、惣村ぐるみの本願寺門徒化にその発展の大きな要因があるとし、門徒から上納される「志」の義務化・年貢化を確実なものにしていったとする〔笠原　一九四二年、二四七〜二九一、三五四〜三五六頁〕。

一方、井上は『一向一揆の研究』の「はしがき」で、次のように述べている。

真宗本願寺教団についての歴史上顕著な現象は、中世末期に異常な発展を示して日本人の半数近くを門末化したということと、北陸・東海・近畿の広範な地域に一向一揆の発生を見たということであろう。ここに中世末期というのは十五・十六世紀のことである。この時期が、政治・社会・文化の各方面から見て、日本の激動期であり、真宗の伝播・一向一揆の発生がこの時代の風潮と密接に関係することは、つとに論ぜられたところであった。

この点から一向一揆は国一揆と同様に、もともと政治史や社会史の対象であるといえるが、また庄園制の崩壊という点からすれば経済史学の問題でもある。さらに真宗が民間信仰の色彩をもつところから民俗学の問題ともなり得るし、日本仏教史の面から研究されるべきことはいうまでもない。つまり一向一揆の研究は、現代科学の分野では、かなり多方面からアプローチされねばならない複雑な問題なのである。

〔井上　一九六八年、一頁〕

この文章から、井上の問題意識や研究のねらいが明らかになる。真宗本願寺教団は、戦国期に「異常な発展」を遂げた特異なものであるが、それはその時代の風潮と密接に関連するという。そして、井上は、政治史・社会史などといった分野をこえて「多方面からアプローチ」をすることによって、一向一揆の性質を解明しようと試みたのである。

井上が研究を進めていくにあたって、先述した笠原の惣講一致論が乗り越えるべき大きな壁であった。実際、井上は、笠原の大著『一向一揆の研究』を次のように評している。

本書の本質的価値は、何といっても一向一揆史の体系的把握をなしとげたことであり、一向一揆を宗界や軍記の世界から学界の檜舞台へと導いたことである。日本仏教に宗派は多いが、歴史研究の面では真宗が断然他の宗派を引き離している。本書の出現によってそれはまた一大飛躍をなすことができた。真宗史学はこれを出発点として個別研究に向かい、日本仏教諸宗派の社会史的研究はこれにならっていよいよ深められることであろう。日本仏教の衰頽が嘆かれる今日、仏教史学界がこの大著を手にしたことはまことに意義深いことと言わねばならない。

〔井上　一九六四年b、九二頁〕

このように、井上は笠原の研究を高く評価したうえで、全く新しい方法論から一向衆の広がりを説明した。すなわち、真宗教団には、一般農民のほかに「ワタリ」「タイシ」などと呼ばれる卑賤視される非農業民が多数含まれており、彼らの存在があったからこそ真宗教団の飛躍的な広がりがみられたというのである。農業民たちは排他的で封鎖的であるのに対し、「ワタリ」ら「山の民」「川の民」は、開放的である。その点こそが、真宗教団が急速に広まった本当の理由であるという。

ちなみに、井上の研究は、本書『山の民・川の民』の編集に携わった井上の門下生の一人である**田中圭一**が、次のようにまとめている。

井上氏が、かつて白山の峰の出岬である吉崎で考え、九頭龍川の川尻の村で考えたこと、それは従来、内容の解釈と解読にしか利用されなかった中世の庄園史料を、史料の作成されない諸分野、港や街道や、山越の道を考えることによって、逆に人間の生活、生産のあり方、人間の移動、中世のその地域社会の実像にせまろうとしたのであった。

文献史料がないところにも歴史は存在するし土地に歴史がある限り、文献史料がなくとも、その地域の中世像をえがくことはできるはずだ、と井上氏はつねに口にした。氏の手法はまず像の輪郭をえがき、これにこまやかな陰影をほどこし、次第に色彩を加えて全体像をうかびあがらせようとしたのであった。そして輪郭は考古学・民俗学などの手法や成果を用いて、文献史学にながった大きさをもっていた。それが井上史学の方法の軸になるものであった。

〔田中　二〇〇七年、二八四頁〕

つまり、井上の研究は、いわゆる文献中心主義的な歴史学に対するアンチテーゼとしての側面を強くもっていた。**「文書はなくても歴史はある」**とよく口にしていたというが、東大史料編纂所を中心とした官学アカデミズム的な姿勢に強い対抗意識をみせていた〔かみくひむしの会、一九七五年、七頁〕。いわば、地域からみた全体史を構想していたといえるだろう。それは、門下生の一人である**井上慶隆**が、井上鋭夫の次のような言葉を述懐していることからも知られる。

中世をやっているんだけども、史料なんて東京にある訳なんで、その文書を中心にしてやっているんだったら、新潟にいる自分なんてのは、もう到底かなわなくなってしまうんだ。田舎にいる人間はそうではなくて、小国なんかに行った場合、中央の学者の論文のようなやり方ではなくて、検地帳の一筆一筆の田圃がどこにあって、それが村の階層なりなんなりとどういうふうな構成になっており、現場へ行って一枚一枚の田圃のあり方を見て、それによってさらに古い時代を復元していくという、自分はまあそういうやり方でやっているんで、君達みなそれぞれ卒業すれば田舎へ散らばって行くけれども、どこへ行ったってそういうことは出来るんだから、どんな僻地へ行っても諦めないでやれというようなことを言われたことがありますけどね。

〔かみくひむしの会　一九七五年、八〜九頁〕

実際、井上は、フィールドワーク調査を得意としていたようで、同じく門下生の**中野豈任**《なかのやすひで》（一九三九〜一九八八）は、次のように述べている。

中野（ヤ）　井上先生は調査に出られると、土地の人から話をひき出されるのが上手でしたね。ほかの人には言わんけれども、井上先生にはあんただから、こっそり言うというふうな話なんかも大部耳にはさまれたらしくて、俺がそういう話を聞いて来たから、お前行ってみろ、あるはずだからなんてことがあったりしましてね。一般の人から引き出すのが上手だったようですね。

〔かみくひむしの会　一九七五年、一九頁〕

井上のような研究手法は、「日本民俗学」に近いと見做され、歴史学者からは批判されるケースも多かったと考えられる。もちろん、**網野善彦**（**➡第七章**）らを中心に社会史研究が市民権を得てくると、民俗学と歴史学の成果の融合した成果が重視されるようになるが、井上の研究は、その先駆けとして位置づくであろう。それは、田中圭一が、「井上先生に、貴方は何時代の専門ですかと聞けば先生はあの世から例のように『そんなもんあるはずないじゃないか、「何でもやれよ」と温顔で笑いとばすことうけあいである」（田中　一九七五年、二頁）と述べていることもかかわる。次節では、そうした性格がよく表出されている本書『山の民・川の民』の内容についてみていくことにしたい。

三　『山の民・川の民』の世界

早速、本書『山の民・川の民』（ここでは、ちくま学芸文庫版、二〇〇七年を使用する）をみていくことにしよう。この著作は、昭和四九（一九七四）年に急逝した井上鋭夫のそれまでの研究を、没後八年を経て、門下生たちがまとめて刊行した著作である。刊行の経緯は、次のようなものであった。

目次

さて本書は、上にその一端をかいまみてきたような井上氏のすぐれた業績のうち、山の民・川の民や、かれらの生きた境涯、そしてかれらの生活空間がまた定住民の側からすれば境界として現れてくる事実などを扱った諸論文をえりぬいて集成した、いわば井上氏の一巻本選集である。一九七四年一月突如、急逝された井上氏にとって、大著『一向一揆の研究』は、まさにそのライフワークとも称すべき業績であり、それまでに発表された個別の研究論文のかなりの部分は、この大著のなかに吸収され、再編成されている。しかし氏の研究のスケールは、さらにひろく、大きかった。そのため、この大著に吸収されずに残された部分も少なくなく、また再編される以前の氏の主張の原型・核心が直截に表現されていて、かえって捨てがたい好論文も残されている。それらの珠玉ともいうべき諸論考を集成した本書の中には、氏の壮大な研究テーマの全貌と、すぐれた業績の精粋が凝集しているといってよい。

〔石井　二〇〇七年、二一〇～二一二頁〕

では、こうしてまとめられた著作の内容についてみていくことにしたい。

「第一章　白山への道」では、堂舎などの信仰遺物「点」を結びつける「線」としての山と川などの交通路（＝行者たちの道）の存在や、信仰と経済の側面に着目し、白山信仰の全容を描写しようと試みている。本章のなかでは、白山信仰の多様性が、さまざまな事例をもとに描き出されている。これによって、白山信仰の担い手として**「山・川の民」**の全体像が提示される。

「第二章　妙高信仰から一向宗へ」は、著者らが昭和三九（一九六四）年に実施した直江津付近での総合調査による成果である。具体的には、越後西南部にそびえたつ妙高山の山岳信仰と善光寺信仰の結節点にある、板倉町（上越市）の山寺薬師の信仰圏を解明している。山寺薬師は、法華経の功徳をとく猿供養伝説にもとづくものであるが、著者は、ここに親鸞と妻恵信尼の結びつきによる真宗の発祥を読み解いた。すなわち、妙高山を頂点とする聖・修験者の民俗的信仰と親鸞の阿弥陀信仰が結びついたことによって、「原真宗」が形成されたと解釈している。

「第三章　中世鉱業と太子信仰」は、奥山庄・荒川保の非人に関する史料をもとに検証した成果である。真宗教団が、天台・真言の山岳仏教とその信者を取り込み発展していったものであることを示す例証として、「タイシ」と呼ばれた山の民（鉱業従事者）の存在に注目した。すなわち、著者は次のように述べる。

鎌倉時代の奥山庄・荒川保で、非人と呼ばれたものは、実は「金掘り」を中心とする山の民であり、過重な労働や猪・熊・蛇その他の動物を蛋白給源とする食習慣などから、卑賤視されていたものである。こうした山間の賤民は日本列島に広汎に分布していたと考えられるが、同時に水路によって、金屋・鍛冶に、そして里人から海辺の海人に結びついていた。しかしかれらは、卑賤視されているために、仏菩薩の救いに恵まれることなく、太子信仰が心の支えであり、南都北嶺の系統の高僧たちの眼中に置かれることもなかった。

〔井上　二〇〇七年、一五三〜一五四頁〕

こうしたなか、本願寺によって太子信仰が阿弥陀信仰へと引き上げられたことにより、「賤民の解放への欲求」とも結びつき、山の民を介して真宗が広まっていった。著者は、次のようにいう。

勿論私は真宗に農民門徒が数多存在したことを否定しようとするのではない。ただ農民の村落は封鎖的・孤立的であって、農民を基本として全国的な教団が、室町期に成立したと言うことは困難であると思うのである。数の多少は問わず、賤視された行商人や山の民が、南北朝期から室町期にかけての真宗弘通の主役であり、それが農村部に及んだとき、経済的に富裕な地域の村々が本願寺教団の主流となるのである。この場合も越中五ケ山や加賀白山山内庄のように、一向一揆の武力的要素として、山の民の活躍が見られるが、それもやがて忘れられて、真宗王国は農村門徒で構成されたようになってしまうのである。山より里への真宗の展開は、また別箇の問題として追究される必要があろう。

〔井上　二〇〇七年、一五四〜一五五頁〕

この考え方が、本書の骨格であり、従来の真宗の浸透過程に関する考え方を一変させる問題提起となった。

「第四章　奥山庄の復元」は、昭和三五（一九六〇）年におこなわれた奥山庄の総合調査をもとにした論考である。フィールドワーク調査の方法、歴史地理学的なアプローチの仕方など興味深い視点から考察されている。著者は、江戸時代の古文書や村のさまざまな伝承・聞き書きなどをおこない、地籍図・検地帳を用いるなど、総合的な地域史の手法を用いて庄園の復元をめざした。また、宗教遺跡や遺物に注目し、「牓示石」を発見、「庄境」にも着目している。「庄園の境界は、このように特殊個別的な場合のほかは、アプリオリに与えられたものが用いられ、陸路・水路と深く関係している」（井上　二〇〇七年、一七九頁）と、著者はここでも修験者らの足跡に注目している。

「第五章　近世農村への変動」は、中世地名を地籍図や絵図、文献史料と照らし合わせることにより復元し、中世から近世村落への移行を景観的に読み取ろうと試みた論考である。本章の冒頭で、著者は次のように述べている。

日本の封建社会は前期＝中世（庄園制＝守護・地頭制）と後期＝近世（郷村制＝幕藩制）との二つに分けて考察され、庄園制の崩壊＝郷村制の形成ということでその推移の説明がなされるのが常であった。しかしこの両者の間には庄園文書と地方史料との異質性が介在し、中世史家と近世史家とは異なった専攻分野をもつものと観念せられ、それぞれの構造的特質をどのように規定するにせよ、前者より後者への展開の必要性ないし内的連関が明確に把握されず、そこに大きな断層

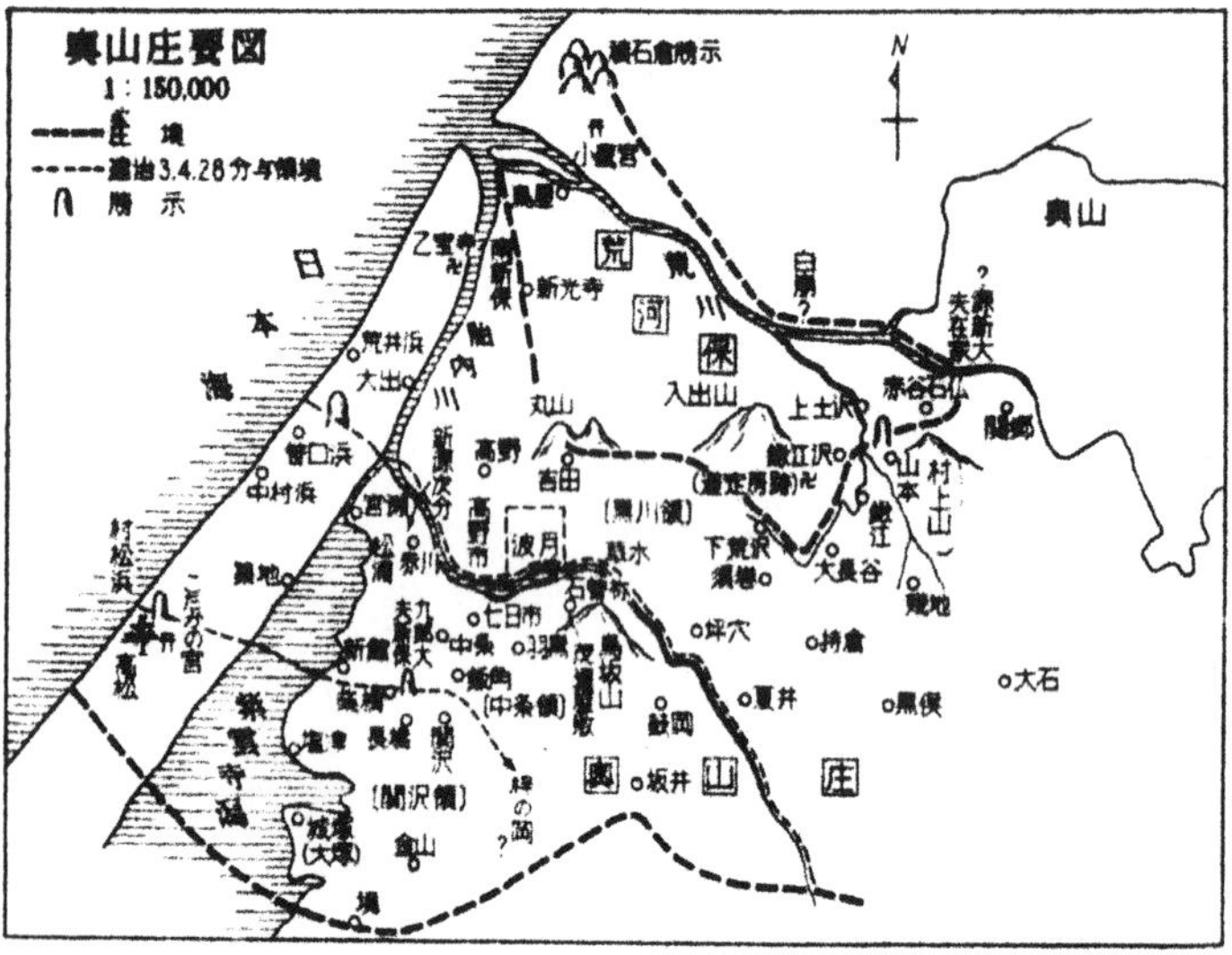

井上氏作成の奥山庄図
「越後国奥山庄の牓示について」（『日本歴史』第163号）所収

を残して来たことも事実である。
〔井上　二〇〇七年、二一五頁〕

本章の初出は、「中世末期における農村構造の変動について」（『新潟大学法経論集』第九巻第三・四号、一九六〇年）であるが、著者は中世から近世への移行期の問題——これは、後に中近世移行期論として議論が活発となる——に独自の研究手法でアプローチしていたことが分かる。

さて、本書により、著者が大著『**一向一揆の研究**』のなかですでに示していた著者の一向一揆論（すなわち、真宗教団の起点を「タイシ」「ワタリ」という非農業民に求める学説）が、より鮮明になったといえるだろう。井上の学説をよく知る中世史家の**石井進**らによる本書の解説が付されていることも読者にとってはありがたい。

では、本書で示された考えが、後の研究にどのような影響を与えたのか。詳しくみていきたい。

四　本書の影響

井上鋭夫の業績は、本願寺・一向一揆に関する研究、上杉氏を中心とする戦国大名研究、そして中世の北陸地域史研究の三つに分けられる。いずれも、文献至上主義に陥らず、フィールドワーク調査などを踏襲してより幅広い視野から地域史を描こうとする視点であり、それは一九八〇年代以降の社会史研究、地域史研究の素地となったと評価することもできるであろう。

すでに触れたように、井上の研究は、多くの弟子たちに影響を与えていった。たとえば、**中野豈任**の著書『忘れられた霊場――中世心性史の試み』（平凡社、一九八八年）、『祝義・吉書・呪符――中世村落の祈りと呪術』（吉川弘文館、一九八八年）なども、井上の影響を受けた作品の一つに数えられるだろう。

また、**藤木久志**（**➡第九章**）は、井上の一向一揆論は、それ以前の農民一元論（惣村＝一向一揆論）に対する重大な批判であり、海・山から里へという新しい筋道で一向宗の本質に迫った画期的な業績として高く評価している。のちに藤木は、織豊政権論や「自力の村」論など、民衆の活動から戦国社会を考える独自の戦国社会史研究を打ち立てていくが、そこには師である井上の影響があった。

新潟大学を卒業後、高校教諭をつとめながら、佐渡金銀山の研究を精力的に進めた**田中圭一**も、井上の弟子の一人である。『佐渡金銀山の史的研究』（刀水書房、一九八六年）で第九回角川源義賞を受賞した田中は、江戸時代の百姓の視点に即した研究成果を数々と発表したが（田中　二〇〇〇、二〇〇二年）、その研究の背景には、井上史学の影響があったであろう。

また、第七章でみる**網野善彦**（**➡第七章**）の非農業民研究に大きな影響を与えたと考えられる。網野は、『無縁・公界・楽』（初出一九七八年）のなかで、次のように述べている。

「太子」ともいわれる「渡り」たち、漂泊・遍歴する海民、山民、商工業者を、一向一揆の主軸とする主張を、完成することなく世を去った井上鋭夫氏の説は、一向一揆と「公界者」との切り離し難い関係を示唆しており、一揆の組織原理についてのさきの勝俣氏の所説をこれにあわせ考えれば、一向一揆と寺内町に、「公界」「無縁」の原理が強靭な生命力をもって働いていたことは疑うべくもない。とすれば、金龍氏の説く主従関係の浸透と、こうした側面との、恐らく矛盾にみちた実態をどのようにときほどきつつ、一向一揆の歴史的な役割を明らかにしていくかが、今後の一向一揆論の否応ない課題となるであろう。そして、それは自治都市長崎をもつキリシタンと島原の乱にも通ずる問題であり、「公界」「無縁」の原理と、こうした宗教思想との関係も、やはり今後解明さるべき課題の一つ、といえよう。

〔網野　一九九六年、一〇〇頁〕

ちなみに、井上が、本書『山の民・川の民』で示した見解のなかには、いくつか矛盾もある（石井二〇〇七年、二九～四四頁）。たとえば、絶対年代のなかでの位置づけ（歴史的な段階）が不明であったり、非農業民＝ワタリ・タイシという等号が成立するのか、あるいは農民と「山の民」は区分できるのか、などといった問題が必ずしも明瞭ではなかったり、さらには、被差別部落が形成されていく過程にもあいまいな点があるなど、さまざまな課題が残されている。井上史学が最も得意とした、地名に対する考証についても、恣意的な部分があったという。

『山の民・川の民』に先立つ大著『一向一揆の研究』の発表当初に、**北西弘**《きたにしひろむ》（元大谷大学学長）が次のような指摘をしている。

しかしこの場合問題となるのはまず第一に、太子信仰を有するのは真宗に限らず、天台・真言・禅等の各宗もそれぞれの立場で太子信仰を強調している。にもかかわらず何故真宗が太子・渡りを吸収しえたのか、第二に渡り太子がたとえ真宗教団においてみられたとしても、それは他宗において全くみられなかったのかどうか、若しみられるとしたら、その宗派と真宗の差がどうしておこってくるのかということである。この点に関して井上氏は、必ずしも明快な解答をよせているとはいわれない。したがって渡り、太子→教団の発展→一向一揆を関係づけ、これをオーガニックに説明しようという井上氏のプロットはわかるが、分析や実証のあまさによって、若干の強引さを感じないわけにはいかない。周知の如く一向一揆は、真宗の教学的原理によって発生したのか、あるいは政治経済的な原因によるものかという基礎的な問題が、今なお解決されていない。巻頭にかかげた井上氏の言葉は、それを示すものであった。渡り・太子と真宗の関係を問題にするときにも、まずこの基本線にそって究明されるべきであったろう。

〔北西　一九六九年、八八〜八九頁〕

北西によれば、「一向一揆は、真宗の教学的原理によって発生したのか、あるいは政治経済的な原因によるものかという基礎的な問題」が、井上の著書においては棚上げされているという。実際、井上の示した仮説は、説明が不十分な点も多い。

しかしながら、井上が、網野らに先駆けて非農業民の問題にアプローチしていた先見性は高く評価されるべきであろう。そこには、文献中心主義に止まることなく、フィールドワーク調査をも重視した井上の研究姿勢が大きくかかわる。それは、ちくま学芸文庫版の解説「偉大なる未完成、それゆえに希望がある」のなかで、**赤坂憲雄**が、次のようにまとめているのが、問題の本質を簡潔に説明している。

くりかえすが、地域史というフィールドにあっては、井上氏のたどった方法的道行きこそが王道である。そう、文献史料がないところにも歴史は存在するのだ。それぞれの土地に歴史があるかぎり、文献史料がなくとも、その地域の歴史像を描くことはできるはずだ。そんないわれなき確信を共有することはできるか。ともあれ、だから、わたしたちは『山の民・川の民』をたいせつに受け継がねばならないのだ、とあらためて思う。

〔赤坂　二〇〇七年、二九八頁〕

以上、未完に終わった井上史学の概略について説明してきた。最後に、『山の民・川の民』にも抄録された「中世は生きている」という文章を紹介し、本章を閉じることにしたい。

世界のどの国の歴史でも、中世史がいちばん楽しめるような気がする。ここには騎士道物語や牧場の風景、さては聖なる寺院など、ピラミッドやトロヤの遺跡に劣らないりっぱな素材が豊富にある。日本の場合は、古代史のように、頭を駆使する必要はなく、近世・近代史のように、無数の史料を処理する体力もいらない。おまけに外国語が無用で、中世史研究者は、有名人の名筆に接して眼の保養をし、遺跡調査に名を借りて散歩にでかけることができる。歴史を勉強するなら日本の中世史を、というのは、けっして我田引水ではないつもりである。

〔井上　二〇〇七年、二一二頁〕

参考文献（年代順）

稲村隆一『宗教改革と日本農民戦争』（改造社、一九三七年）
笠原一男『真宗教団開展史』（畝傍書房、一九四二年）
井上鋭夫「中世末期における農村構造の変動について」（『新潟大学法経論集』第九巻第三・四号、一九六〇年）
井上鋭夫『本願寺』（至文堂、一九六二年）
井上鋭夫「越後国奥山庄の牓示について」（『日本歴史』第一六三号、一九六二年）
井上鋭夫『謙信と信玄』（至文堂、一九六四年a）
井上鋭夫「書評　笠原一男著『一向一揆の研究』」（『史学雑誌』第七三巻第一号、一九六四年b）
井上鋭夫『上杉謙信』（人物往来社、一九六六年）
井上鋭夫『一向一揆の研究』（吉川弘文館、一九六八年）
北西弘「書評　井上鋭夫著『一向一揆の研究』」（『史学雑誌』第七八巻第二号、一九六九年）
かみくひむしの会「座談会　新潟県中世史研究における井上史学の位置づけ」（『かみくひむし』第一七号、一九七五年）
田中圭一『佐渡金銀山の史的研究』（刀水書房、一九八六年）
中野豈任『祝儀・吉書・呪符――中世村落の祈りと呪術』（吉川弘文館、一九八八年）
中野豈任『忘れられた霊場――中世心性史の試み』（平凡社、一九八八年）
網野善彦『〔増補〕無縁・公界・楽――日本中世の自由と平和』（平凡社、一九九六年）
田中圭一『百姓の江戸時代』（ちくま新書、二〇〇〇年）
田中圭一『村からみた日本史』（ちくま新書、二〇〇二年）

井上鋭夫『山の民・川の民――日本中世の生活と信仰』（ちくま学芸文庫、二〇〇七年）
石井進「解説　中世の山・川の民と境界」（井上鋭夫『山の民・川の民――日本中世の生活信仰』ちくま学芸文庫、二〇〇七年）
赤坂憲雄「解説　偉大なる未完成、それゆえに希望がある」（井上鋭夫『山の民・川の民』ちくま学芸文庫、二〇〇七年）
田中圭一「解題　井上鋭夫氏の足跡」（井上鋭夫『山の民・川の民――日本中世の生活信仰』ちくま学芸文庫、二〇〇七年）

第六章　日本社会の「特殊」と「普遍」

――『中世に於ける社寺と社会との関係』平泉澄

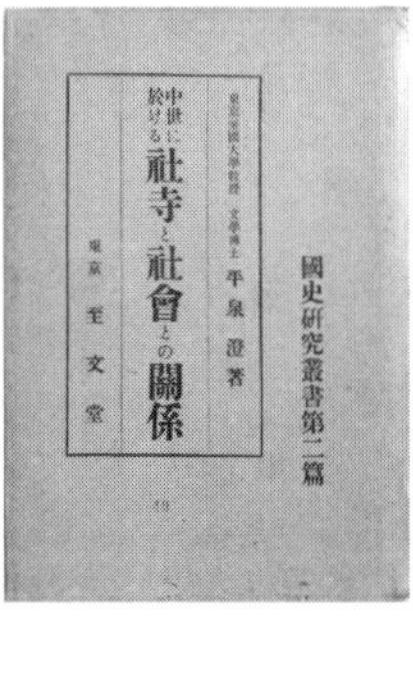

一．平泉澄とは

戦前から戦中にかけて、日本では、万世一系の天皇を中心とする歴史観が幅を利かせていたことは周知の事実である。とくに後醍醐天皇を中心とした南朝の功績が過剰に称揚され、全国各地で顕彰運動が活発におこなわれた。その一方で、天皇に反逆した足利尊氏は「逆賊」とされ、尊氏を評価した大臣が辞職に追い込まれるという政治問題が起きることさえあった。学界のなかにもこうした思想が広がり、とくに後醍醐天皇とその忠臣たちの研究がもてはやされ、今日からみると非科学的として批判されるような学説も登場した。一般的に、歴史学のなかで、戦前から戦時下にかけて主流となった天皇中心の歴史観のことを「皇国史観」と呼んでいる。その定義は、論者によってさまざまであるが、**永原慶二**監修の『岩波日本史辞典』では、次のように説明されている。

天皇中心の国体論的日本史観。神話の骨格を事実とし、後醍醐天皇の建武中興を賛美、排外的自国中心史観を強調。平泉澄らによって主唱され、アジア太平洋戦争期には軍部・右翼と連繫、歴史教育や国民思想に大きな影響を与えた。

こうした「皇国史観」を発信していた大本こそ、まさに、昭和初期〜敗戦期まで、東京帝国大学国史学科の教授として教育・研究をリードしていた**平泉澄**（一八九五〜一九八四）である。

では、平泉澄の略歴について確認していこう。平泉は、明治二八（一八九五）年二月、白山神社の宮司の家に生まれた。福井県勝山市に鎮座する平泉寺白山神社は、養老元（七一七）年、泰澄によって開基されたものであり、白山信仰の拠点として勢力をはった。源頼朝に追われた源義経らが立ち寄ったという伝説ものこされている。こうした由緒ある神社で生まれ育ったということは、彼の思想形成を考えるうえで大きなポイントであろう。

日清戦争期に生まれた平泉は、日露戦争から大逆事件にかけての時代に幼少期を過ごし、「素朴な愛国心」を抱いていったと考えられる〔若井　二〇〇六年、一一頁〕。福井県立大野中学校に進んだ平泉は、友人とともに、「国体の護持」の重要性を認識したという。すなわち、平泉の回想に従えば、次の通りである。

私は少年の日に、幸徳秋水等の、いはゆる大逆事件を耳にして、非常な驚愕と憂慮とを覚えま

平泉澄
『平泉澄』カバー写真

した。事件の発覚は明治四十三年の六月、私は中学の四年生、年はかぞへの十六歳、同級の十時（後の内山）進氏と共に、奮起して国体の護持に当らうと、誓ひあつた事でありました。その後、波は一応沈静したかのやうに見えましたが、大学を卒業した大正七年の頃、東大は既に風雲を孕んでゐました。今その象徴的なるものとして、法学部の美濃部達吉、吉野作造の両教授を挙げませう。美濃部達吉氏は、明治六年の生れ、三十年東大卒業、独英仏各に国留学の後、帰朝して助教授となり、三十五年教授に進み、憲法を大学に講ずるのみならず、高等文官試験の委員として、学界官界両方面の標的となり、一世に非常なる影響を与へました。

〔平泉　一九八〇年、三一九頁〕

十時進（のちの内山進）と平泉は、終生の親友であり、内山が亡くなった際、平泉は弔辞をよんでいる。二人が、幼くして「国体の護持」の必要性を自覚していたことは、平泉の回想の通りであろう。

大野中学校を卒業した平泉は、第四高等学校を経て、大正七（一九一八）年、東京帝国大学文科大学史学科国史学専修を卒業し、大学院へ進学した。「民本主義」を主張した**吉野《よしの》作造《さくぞう》**（一八七八〜一九三三）や、天皇機関説を唱えた**美濃部達吉**《みのべたつきち》（一八七三〜一九四八）らが、学界をリードしていく時期に、平泉は東大で学んだことになる。そして、本章で取り上げる『中世に於ける社寺と社会との関係』を執筆したのも、まさにこうした時期であった。当時の東京帝国大学は、「大正デモクラシー」の風潮を受けて、リベラルな学風が漂っていた。平泉が、こうした状況に危機意識をもっていたことは事実であろう。しかし、当の平泉もまた大正期の自由な学風のなかで留学し、ヨーロッパの学問の薫陶を受けて、歴史学研究を推進していくことになった。

平泉は、大正一二（一九二三）年、東京帝国大学文学部講師に就任する。そして、大正一五（一九二六）年には学位請求論文「中世に於ける社寺と社会との関係」で文学博士の学位を取得し、助教授に就任した。その後、二〇年近くにわたって東京帝国大学文学部国史学科の教授として大きな影響力をもつことになった。ちなみに、当時のことについて、平泉は、次のように回想している。

> やがて大正十五年四月、東京帝国大学より、文学博士の学位を授けられました。是れは新しい学位令に依るもので、論文を提出して審査を受け、授与の後には論文を公刊して責任を明らかにするといふ規程でありましたが、史学の方面では、私がその第一号であつたやうに聞いてゐました。そして四月二十二日には助教授に任ぜられ、国史学第二講座を擔任する事になりました。是の年、「中世に於ける精神生活」、「我が歴史観」、「中世に於ける社寺と社会との関係」は、相ついで出版せられ、国史学界に新風を巻き起すかの如く歓迎せられた事でありました。それは当時

発表した所の研究が、先づ時代の特色、流転の相を明らかにするを主として、いまだ古今を貫く道義、国家存立の基本を闡明して、当代の風潮を批判するに至らず、批判に先立つて深く力を養ふに努めてゐたからであります。

〔平泉　一九八〇年、三二九頁〕

現在、平泉澄はさまざまな角度から研究の対象とされている。かつては、「皇国史観の主唱者」として批判の的にされてきた平泉であるが、今日では思想史研究の立場から深い考察が試みられることが多くなった。実際、歴史学者の戦争責任については、平泉に集中する傾向があったが、それはあまりに一面的な見方であった。それは、**阿部猛**《あべたけし》（一九二七〜二〇一六）が、次のように述べている通りである。

戦争責任論で特徴的と思われるのは、軍部の責任を東条英機に負わせ、文学者のそれは高村光太郎に、そして歴史家の責任は平泉澄に負わせる、つまりスケープ・ゴートをつくりあげることによって、他の責任を曖昧にする手法であった。

〔阿部　一九九九年、三頁〕

こうした点の克服のためには、平泉以外の歴史学者による戦時下の発言について検証すると同時に、平泉史学についてより深く分析する視点が必要であるが、後者の方面は、ここ数年で研究が飛躍的に進展したといえる。たとえば、明治期の近代的歴史学の草創期に「日本中世史」を推進した**原勝郎**《はらかつろう》（一八七一〜一九二四）や**三浦周行**《みうらひろゆき》（一八七一〜一九三一）、そして平泉澄に注目した**昆野伸幸**《こんののぶゆき》（神戸大学准教授）は、次のように述べている。

平泉は、暗黒時代たる現代を誇るべき「大和魂」あふれる時代へと「更生」せんとしたが、かかる彼の使命感が反映されて、彼の中世観は、「偉大なる個人」が活躍する、「大和魂のみがかれた」時代として帰着することになった。それによって彼は中世という時代の表象を自らの側において独占しようとした。つまり、彼の中世史研究の歴史的意味は、原勝郎や三浦における西洋との同一化・デモクラシーの受容を志向した中世史を否定し、誇るべき「日本の中世」を描くことで、地盤沈下した「国家」的古代史に替えて、「国家」的中世史を立ち上げようとした点にこそ求められる。

平泉の中世史研究は一貫して現代「更生」の念に支えられていた。そのため昭和八年、平泉が対外危機に衝撃を受けて「更生」の念を強めるにつれて、彼の問題意識は中世史研究の枠内に収まりきらなくなり、彼の主張は現代を直接に論じる時局論へと傾いていった。

〔昆野　二〇〇四年、一四七頁〕

また、植村和秀《うえむらかずひで》（京都産業大学教授）は、平泉が洋行の際につけていた研究日記に注目し、次のような結論を導き出している。

実際、研究日記に書き込まれていく研究成果からは、現地で一次資料を探索し、その詳細を追跡していく歴史家の意欲と喜びが伝わってくる。現場に乗り込んで調査することは、博士の歴史研究の基本姿勢であったし、ヨーロッパの研究環境は、史料の収集と整理において非常に優れたものであった。［中略］しかし、その研究は、あまりにも政治的な時代に、政治的危機が深刻化する状況の中で進められたものであった。博士はおそらく、ヨーロッパでの研究を通じて、日本とヨーロッパに共通する特徴を、自己の時代の特徴として再認識し、自己の活動の重点を、政治的課題にますます置くことを決断していったのであろう。その決断は、政治的判断を優先し、予定を早めて帰国するところに端的に現われていた。博士の滞欧研究日記の背後には、博士の政治的判断が常に存在していたのである。

〔植村　二〇一五年、五〇～五一頁〕

ところで、多くの門下生が、ヨーロッパ留学をきっかけに、平泉が急激に右傾化したと回想する。たとえば、石井孝《いしいたかし》（一九〇九～一九九六）は、次のようにいう。

日本史関係のものにとって、とくに印象に残るのは、一九三一年、満州事変の勃発前後の頃、平泉澄氏が洋行を中途で切りあげて帰ってきたことだった。本郷三丁目の交叉点の東大寄りにあった明治製菓で帰朝歓迎会がもたれた。席上、彼はこう宣言した。「日本人は外国で非常に馬鹿にされている。それに対抗する道は一つしかない。いわく〝大和魂を磨け〟この一語につきる」と。これは平泉氏が皇国史観へ転換する明確な宣言であったといえよう。これはたいへんな先生がでてきたものだと強い印象をうけた。

〔石井　二〇一二年（初出一九七四年）、六六頁〕

先ほども述べたように、当時の学界でいわゆる「皇国史観」を声高に叫んでいたのは、平泉だけではない。しかし、その行動力と影響力は他を凌駕するものがあったことは事実であろう。戦後に活躍する歴史学者たちの多くは、平泉の異常性を強調する。たとえば、民衆史研究者として著名な**色川大吉**《いろかわだいきち》（東京経済大学名誉教授）は、次のように述懐している。

学徒出陣壮行会が行われる数日前、私は東大文学部の階段教室で、平泉澄教授の日本思想史の最終講義を聞いた。そのとき平泉澄が教壇で短刀を抜き放って、「国をおもひ眠られぬ夜の霜の色　ともしび寄せて見る剣かな」と誦じ、終わって「しばらくお別れです」「いや、永久にお別れです」といって出てゆかれたのには、驚き、あきれた。私はまるで芝居を見ているような錯覚におちいっていた。そのあと、学生たちが何の反応も示さず、静かに何事もなかったかのように退席していったことが、いっそうその〝演出〟の印象をあざやかに記憶させてくれたのであろう。

（色川　一九七四年、一四三頁）

平泉寺白山神社（福井県勝山市）
『平泉澄』所収

　しかし、こうした門下生たちの発言に対して、**今谷《いまたに》 明《あきら》**（国際日本文化研究センター名誉教授）は、平泉の思想は生涯一貫していたのではないかと主張する（今谷　一九八九年、一七九頁）。たしかに、先ほども紹介したように、平泉は、大野中学校在籍時代から国粋主義的な思想を有していた可能性は高い。

　また、今谷は、戦後、中世史研究者の**黒田俊雄**によって発表され、今なお影響力をもつ学説である**権門体制論**は、実は平泉の研究の「ひきうつし」であったと指摘する（今谷　二〇〇一年、八六頁）。権門体制論とは、中世国家を、武家・公家・寺家が相互補完的に民衆を支配するシステムであったとする学説であるが、これは平泉が、本書『中世に於ける社寺と社会との関係』のなかでの「彼等（＝神社寺院）が公武の二勢力と鼎立の形をなし」という指摘をもとにしているのではないかというのである。今谷の主張は、むしろ、平泉澄の中世史研究が、戦後も引き続き影響を与え続けていることを顕在化させたことに意味があるだろう。

二　本書の背景――皇国史観への道のり

さて、平泉澄には〝三部作〟とも呼べる若い頃に執筆した著書が三冊ある。『中世に於ける社寺と社会との関係』『中世に於ける精神生活』『我が歴史観』である。いずれも、大正一五（一九二六）年に刊行された著書であり、平泉が世に送り出した最初のまとまった成果である。

この頃の平泉は、ヨーロッパの歴史学研究の潮流に強い関心を持っていた。なかでも、歴史家**ベネデッド・クローチェ**（Benedetto Croce　一八六六～一九五二）を高く評価していたことが知られている〔大隅　一九八四年、一二三頁〕。平泉は、昭和初期にヨーロッパ各国へ留学に出ているが、そこで臆することもなく、多くの歴史学者たちと交流を重ねた。

ところが、平泉は、予定されていた期間を途中で切り上げて日本に帰国する。その理由について、平泉自身は、自伝のなかで次のように語っている。

私が国の将来、必ず未曾有の大難に遭遇するに違いないと予察し、あわてて欧米の旅より帰朝したのは昭和六年でありました。そして世界の情勢がどうあらうとも、満州で何が起つても、国内の共産主義者が加速度に増加して学界思想界を風靡しようとも、平和主義利己主義が横行して、克己勉励、君国の為に貢献しようとする精神が見る影も無く衰微してゆかうとも、一切それを馬耳東風と聞き捨てて、大正デモクラシーの惰性、ぬるま湯の中に安住してゐる重臣諸公に向ひ、敢へてその怠慢を責めて、「若し今のまま放置されますならば、憂国の志あるもの気が狂つて、やがて重臣の暗殺、相継いで起るでありませう、諸公はそれを構はぬと云はれるかも知れませぬが、然しそれは昭代の不祥事であります、不祥事は之を未然に防がねばなりませぬ」と言ひ切つたのでありました。

〔平泉　一九八〇年、五四一頁〕

平泉がこのように「言ひ切つた」後、二・二六事件が発生したため、平泉はその首謀者と疑われたという。その真相については保留するとしても、平泉が国内における左翼思想の流行を心配して帰朝したというのは、事実に近かったであろう。

もっとも、先述したように今谷明は、平泉の思想が生涯一貫したものであったことを強調している〔今谷　一九八九年、一七九頁〕。しかし、平泉の歴史観には、一貫している部分と、変質した部分とがあったのではないか。その違いは、平泉の著作を二期に分けてみると理解しやすい。とくに、先ほど紹介した〝三部作〟以降の『武士道の復活』『萬物流転』『伝統』は、その性格が異なる。このなかでも『伝統』は、「皇国史観」と呼ばれる平泉の歴史観の特徴をよく示している。たとえば、次のような一節がみられる。

日本の正しき伝統は、先生によつて燦たる光を発するに至つた。先生の志はなかば報ゐられたといつてよい。なかばといつたのは、先生によつて明かにせられた皇国臣子の道の、その後再び忘却せられ、先生によつて掲げられたる伝統の光の、近年又も衰微して来たが為である。しからば我等は此の道を再び明かにし、此の光を今日に輝かしめなければならぬ。かくてこそ先生の志は真に報ゐられるのである。而して我等日本人のすべてが、この心に立ち、この伝統にかへる時、換言すれば真の日本人となる時一億をうつて一心とする事は始めて可能である。一億をうつて一心となし得たる時、海外の怒涛、それ何物であらうか。

〔平泉　一九四〇年、五一～五二頁〕

ここで、平泉が「先生」と呼んでいるのは、幕末の尊王攘夷の志士・佐久良東雄である。平泉の歴史学を仮に「平泉史学」とするならば、その特徴の第一に挙げられるのは、人格中心主義的な考え方であろう。しかし、そうした観点が〝三部作〟のなかでは希薄であり、「社会」へも関心が向いている。その後、平泉は歴史を「萬物流転」のなかでとらえ、そのなかでも普遍である「真の日本人」や「伝統」を探究していく。それは、言い方を換えれば、国史上で優れた人格を有する先哲――平泉はそれを天皇の忠臣、義臣に収斂させる――に着目するものであった。当然、こうした文脈のなかでは、百姓などの無名な人物の歴史は、取るに足りないものとなる。**中村吉治**《なかむらきちじ》（一九〇五〜一九八六）は、平泉澄について、次のように回想している。

> そんな気持で卒業論文の申告と認定のような慣行ということで、平泉澄助教授の宅によばれて一人ずつ計画を述べたのが二年生の終りころだったろう。若いから学生と話しあうに適当ということだったかも知れぬが、博士になりたてで助教授に新任という意気あがる新進学徒は、学生時代に森戸事件が起るや、その友（反の誤りか：筆者注）森戸派の闘士として活動したこともあるというばかりか、それが自慢でもあったということで、何かうさんくさい感じはしていたものの、それほどとは思わず神妙に計画を申しあげた。
> 大した計画があるはずもないから、漠然と戦国時代の百姓のことをやるつもりだというだけのことだ。それを聞いていた彼は、静かに「百姓に歴史がありますか」と反問した。意表をつかれて私は一瞬とまどって沈黙していたのだが、すると彼は重ねて、いやに静かに「豚に歴史がありますか」ときた。とまどいはなくなっていたが、私は答える必要はないと断じた。黙ったまま座を動いて次の番にゆずった。
> （中村　一九八八年、二八六〜二八七頁）

中村はこれを契機として、逆に百姓の研究をする決意を固め、後に日本社会史研究を大成させていくことになる。このエピソードはとても有名であり、平泉の皇国史観の異常性を語る際には、きまって引用されるものであるが、この発言の真意は、『中世に於ける精神生活』の次の文章とあわせて考えてみる必要があるだろう。

歴史のあるは単なる時間的経過の為ではない。単なる時間的経過を意味するものとすれば、歴史はあらゆる人にあり、のみならずあらゆる動物にあり、否宇宙間一切のものが悉くにあるべきである。実際かくの如き意味に於いて歴史なる語が屢用ひらるゝ事もある。しかし歴史の最高最深最幽最玄の意味に於いては、歴史は明かに高き精神作用の所産であり、人格あつて初めて存し、自覚あつて初めて生ずるものである。

〔平泉　一九二六年b、一七頁〕

平泉は、「歴史とは何か」という根本問題を探究していくなかで、それは「明らかに高き精神作用の所産」だという認識に到達した。すなわち、歴史をつくりあげるのは、「人格」であって「自覚」なのである。このこと自体は、戦後歴史学に特徴的にみられる、民衆を「主体」とする認識とほとんど変わらない。しかし、平泉の場合、その「主体」を「高き精神作用」にもとづく個人の「自覚」としてとらえたのである。平泉は、次のように述べる。

しかるに歴史の求むる所は特殊的事実である。こゝにあつてはすべてが新しくすべてが一回限りのものであつて繰り返しがない。それは実に永久不断の創造開転の世界である。

歴史はかくて自由の人格が永久にわたる創造開転の世界である。しからばかの集団的観察のみを是認して、個人の力を蔑視する考方は、そのデモクラシーの思想に出づるにせよ、はたまた唯物論に発するにせよ、すべて一様に反省しなければならない。勿論民衆の力の大なる事は疑ふべくもない。また経済関係が人の生活に於て極めて重大な事であつて、往々にしてそれがその人の精神をも左右するは、決して看過してはならない事である。しかも人格は主であり、経済関係は従である。而して偉大なる個人は時代の潮流に乗じて之を淘湧せしめ、民衆の前路に立つて之を磨く。個人なくして民衆はない。民衆全体が進むと見ゆるも実は個人個人が進むのであり、仔細に観察すれば、或は意識的に、或は無意識に、周囲の人々の指導者となつて、時に事件の発起者となり、時に文化進展の案内者となるを見る。たゞし社会は一有機体である。全然社会民衆と懸絶した個人はない。個人と集団とを截然と分離して対立せしめる事は出来ない。この点に於て古き歴史が英傑を過重視した弊は弁護すべきでない。しかしまた古く遡れば遡るほど、偉大なる個人と一般民衆との距離感が遠く、歴史に働く個人の力の強かつた事も注意しなければならない。

〔平泉　一九二六年c、一六〜一七頁〕

平泉が「豚に歴史がありますか」という発言をした背景には、おそらく右のような認識があったのであろう。平泉が歴史学研究をはじめた時期、西洋ではマルクス主義歴史学が台頭してくる一方で、人格中心主義（英雄主義）も重視されていた。また、**カール・ゴットハルト・ランプレヒト**（Karl Gotthard Lamprecht　一八五六〜一九一五）のように、社会心理学を基盤としてマルクス批判を展開する歴史家もいた。平泉は、こうした西洋の最先端の歴史研究に学びつつ、自身の歴史観を確固なものとしていった。そして、平泉は、「偉大なる個人」、「真の日本人」としてのあり方を明らかにしていく歴史観へと到達する。平泉の皇国史観に賛同するにしても、批判するにしても、当の「平泉史学」の根幹が、右のような文脈でなされた結論であることを無視してはならない。

　こうして「高き精神作用」こそが歴史の動力と認識した平泉は、それを持つことのなかった民衆たちのくらしを軽視した。この点を当時、鋭く批判した学者が、**柳田國男**である。まずは、**中村吉治**の回想から確認しておこう。

> 　一度その柳田さんが大学に講演にきたことがある。史学会の主催だったが、秋山あたりの企画かも知れない。平泉さんも礼儀上講師席の横に座っていた。その柳田さんの講演は平泉流国史に真向から挑戦するもので無類に面白いものだったが、蒼白の顔をこわばらせている平泉助教授が目立った。もちろん討論にも何もならずに終った。
>
> （中村　一九八八年b、一二一〜一二三頁）

では、このときの柳田の発言はどのようなものであったのだろうか。それは、柳田の「聟入考」という文章から知られる。すなわち、次のようなものである。

自分は今日の史学の先生の中に、国史といふものは優れたる人格の自ら意識して為し遂げたる主要事績だけを、跡付けて居ればそれでよいと、言つた人のあることを知つて居る。さう考へて居られゝば楽でよからうが、然らばこの微々たる無名氏の、無意識に変化させた家族組織の根軸、婚姻といふ事実の昔今の差異は国史の外かどうか。如何なる学問が其研究を怠つて居たことを責められてよいのか。是が社会からの率直なる詰問である。殊に我々が当面して居る問題の、果して所謂「主要なる事績」で無いか否かは誰がきめるのか。少なくとも之を今日のやうな自由奔放なる問題選択者に、決定させるわけには行かぬであらう。

〔柳田　一九九九年、六二七頁〕

このように、大正期の平泉と柳田の考え方は、まったく正反対なものであった。それはどちらが正しいかという問題ではなく、むしろ歴史学の根幹にかかわる立場の相違であったとみるべきであろう。しかし、平泉は、一五年戦争期に入ると、皇国史観をより先鋭化し、イデオローグとしての役割を果たすようになっていく。それは、平泉の思想が、当時の国家戦略〔帝国主義路線〕のなかで有意義なものとみなされていったことが大きいだろう。

戦時下、平泉澄は、新聞の紙面をたびたび賑わせている。たとえば、「綸旨兩度、祕めた軍功　六百年今に傳ふ兩子孫の家寶　歴史学會平泉教授感激の發表」などと、その研究の動向が新聞に大きく報じられることもあった（『読売新聞』一九四二年六月二八日付朝刊）。また、勤務先の東京帝国大学においても、山崎闇斎の没後二五〇年祭を執り行うなど〔立花　二〇〇五年、二七二～二七五頁〕、影響力を強めていった。政治史学者の**斉藤《さいとう》孝《たかし》**（一九二八～二〇一一）は、次のように述べている。

全体としてのアカデミーは、それ自体がファシズムや戦争を謳歌するものではなかったとはいえ、ファシズムや戦争を謳歌するものに対してあまりにも無力であった。制度としての学問が、

建武中興に新忠臣發見

綸旨兩度、祕めた軍功

六百年今に傳ふ兩子孫の家寶

歴史學會 平泉教授感激の發表

火事にも守つた寶

傳統の力に感嘆

（『読売新聞』一九四二年六月二八日朝刊）

南朝忠臣の発見を伝える新聞記事
『読売新聞』1942 年 6 月 28 日付朝刊

制度を守ることを学問を守ることよりも優先させて来たことが、平泉澄の言行に見られるような、学問の場にふさわしからぬ「異常な風景」を生み出したのではあるまいか。

平泉は学問の歴史に名をとどめてはいない。しかし特に陸軍の諸学校に送り込んだその弟子を通じて軍国主義的風潮の擡頭と支配とともに「皇国史観」の教祖として重きをなしたのであった。

〔斉藤　一九七五年、一一〇頁〕

平泉は、昭和初期、政財界に多くの人脈を得ることに成功した〔立花　二〇〇五年、二〇三～三三二頁〕。とくに深い親交をもったのは、首相をつとめた**近衛文麿**《このえふみまろ》（一八九一～一九四五）である。近衛は、平泉にスピーチライターを依頼するなど、かなりの友好関係にあった。内大臣をつとめた**木戸幸一**《きどこういち》（一八八九～一九七七）も、少なくとも二・二六事件が起きるまでは、平泉澄を高く評価していたことが知られている。『木戸幸一日記』の昭和八（一九三三）年二月七日の項には、次のような文章も垣間見える。

午後六時、華族会館に於て近衛公と共に平泉澄博士と会食、同博士より最近大学方面の赤化の有様を聴く。

同博士の意見によれば、我国の現状は赤化の手、あらゆる方面に延び、誠に寒心すべき状態にあり、明治維新の宏業も今日の有様にて推移するに於ては、結局建武中興の大業と同じく、後世より之を見れば失敗に帰したりと評せらるるに至らんと云ふにあり。昭和維新の大眼目は天皇御親政にありと説く。傾聴に値する点なからず。

（木戸日記研究会　一九六六年、一二一八頁）

しかし、木戸は、二・二六事件後は、次第に平泉と距離を置くようになった。当時の政界では、平泉こそが二・二六事件の首謀者であるという噂がはびこっていたことは先述の通りである。

一方、**東条英機**（一八八四～一九四八）は、平泉の思想に感激し、彼に陸軍士官学校の教育を依頼している。このように、平泉は政界の大物たちと交流を深め、自らはイデオローグとして、天皇の名による戦争を正当化し、多くの有能な若者たちを戦地へと送りこんだ。この意味での歴史学者平泉澄の戦争責任は、やはり大きいといわざるをえない。平泉は、敗戦後自ら、東大教授の職を辞し、実家のある白山神社へと戻った。その後も、『少年日本史』などの影響力のある一般向けの本を出版しつづけ、昭和五九（一九八四）年二月一八日に亡くなった。

現在、平泉の歴史観の変遷については、**若井敏明**、**昆野伸幸**、**長谷川**《はせがわ》**亮一**《りょういち》（千葉大学特別研究員）らによってさまざまな角度から研究が深められている。しかし、まだまだ明らかになっていない問題も多い。とくに、「平泉史学」の形成過程については、江戸時代の学問からの影響はもちろんのこと、海外の歴史研究が平泉に与えた影響についても、より重層的な把握が必要となってくるだろう。そうした側面からも注目されるのが、やはり、平泉の学位論文である本書『中世に於ける社寺と社会との関係』である。本書の内容に入る前に、まずは簡単にこの本が出される前後の時代背景について確認しておくことにしよう。

平泉が、本書を執筆していく時点で、日本中世史については、すでに**原勝郎**の見解が示されていた。原は、日本にも西洋と同じ「中世」なるものがあり、そこに他のアジア諸国との相違を見出したが、その根本的な考え方は、「中世＝暗黒時代」というものであった。平泉はこの点を批判し、武士の登場を重視することによって、日本中世を「更生」の時代としてとらえ直そうと試みたのである。この背景には、平泉にとって中世が、現代（＝大正時代）と類似した時代であるという感覚があったと考えられる。以下、本書の内容を具体的にみていきながら、この点についても考察を深めていきたい。

三　『中世に於ける社寺と社会との関係』の世界

では、『中世に於ける社寺と社会との関係』の内容をみていくことにしよう（以下、旧漢字は新字に改めた）。

「第一章　時代の区画」は、タイトルの通り、時代区分論について検討した章である。ここで著者は、政治史の区分と文化史の区分が一致していることを確認する。すなわち、次のように述べている。

思ふに政治は百般の文化現象の中に在つて、ひとり最もめざましきものであるばかりでなく、また最も重大なる意義を有するものである。従つて政治上の重なる現象は、文化史に於ても亦重要なる意義をもたねばならない。

〔平泉　一九二六年 a、一〇頁〕

そして、従来は、鎌倉時代から元和二（一六一六）年までを「中世」としてきたが、著者は、中世を保元元（一一五六）年から天正元（一五七三）年までと明確に規定している。とくに、中世の終わりを天正期に設定する理由については、次の文章がよくその考え方を示している。

次に中世の終結に就いて論ずれば、江戸時代は決して独創的革新的なる時代ではなく、むしろ安土・桃山時代を継承して之を完成したものと見るべきであり、而して織田信長は、その中央集権を強行した点（政治）に於ても、寺院を焼き寺領を没収し、又耶蘇教を奨励した点（宗教）に於ても、又関所を廃し楽市を奨励した点（経済）に於ても、あくまで中世に対して反抗し挑戦した所の革命児であつたが故に、中世の終り近世の始めは、必ずや之を室町時代の終り、安土時代の始めに画すべきである。

〔平泉　一九二六年 a、一三～一四頁〕

目次

「第二章　社寺の根底」は、中世の社寺について、員数・僧侶数・寺領などを数量的に把握したうえで、当時は、国民をあげて「僧侶的」であったという。そして、次のようにまとめている。

中世に於ける社寺の勢力、それは実にかくも多数の神社寺院、かくも広大なる所領、かくも多数の僧侶神人を、その勢力の根底として有つてゐたのである。而してこの勢は、既に上代の末期より起り来つたとはいへ、彼等が公武の二勢力と鼎立の形をなし、社会組織の上に於て、思想の上に於て、又経済の上に於て、其他あらゆる方面に於て、社会と密接なる関係を生ずるのは、公家既に衰へて国家統制の実力なく、武家未だ盛ならずして国民全体を支配するに至らず、儒教も未だ盛ならず、町人もまた台頭するに至らなかつた中世に待たなければならなかつたのである。即ち社寺の勢力は中世に入つて大に伸長し、国民生活の全般に亘つて社会と密接なる交渉を生じたのである。

〔平泉　一九二六年a、五二一〜五三三頁〕

なお、本書のもっとも注目されるところは、**「第三章　社会組織」**である。ここで、著者は、西洋の学界で注目されている「アジール」（聖域、避難所。日本語では「遁科屋」がそれにもっとも近い）という概念について細かく文献をあげて紹介する。そして、海外の多くの研究成果をベースとしたうえで、日本における「アジール」の実態を考察していく。しかし、ここで著者は、一つの壁にぶつかった。

対馬のアジールの風習は、文武天皇によって勅許を受けたものだと伝わるが、「我が国に於ては、朝廷が明確にアジールを承認せられた事は、古来他に類例を見ない」〔平泉　一九二六年a、一〇三頁〕という点である。そこで、著者は、次のような行動をとる。

　予は此の問題を解決せんが為に、大正八年五月中旬、玄海の涛を越えて対馬に至り、仔細に豆酘の龍良山を視察した。龍良山は一に多氏良、又は多氏羅、立良などともかき、対馬の南端、豆酘と與良と西村の中間に聳えて居り、東を雄龍良、西を雌龍良といふ。而してアジールの研究に最も主要なる場所は、雌龍良山東南、浅藻村に向ふ麓に存する森林であつた。この森は古来八町角と傳へられてゐる。即ち八町四方の謂である。而してその中に一つの石壇がある。〔中略〕予がこの森に入つてこの石壇の前に立つたのは、大正八年五月十三日の、最早暮近き頃であった。古来曾て斧を入れぬ樫の密林は、鬱葱として殆んど天日を見ず、木は千年を経て自然に倒れ朽ち、落葉は地に堆くして深く足を没した。怪鳥の聲、幽渓の響、聞くものすべて物凄く、壇前に立つて四顧する時、鬼気の直ちに迫り来るを覚えた。

〔平泉　一九二六年a、一〇三〜一〇五頁〕

　こうしたフィールドワーク調査は、先見的な姿勢として高く評価されるべきであろう。ちなみに、平泉は、日本における「アジール」の展開を次のように総括する。

我国の上代に於ては社寺にアジールの権は殆どなかった。しかるに中世に入って初めてアジールの権が認められ、中世の末戦国時代に入つて大に発達伸張し、而して近世の初め厳重に之を禁止するに及び、アジールはその本来の性質を失つて種々の変形を生じ、それも漸次衰微して、遂に最近世に入つて全くその跡を絶つて了つた。この沿革を概観する時、アジールの盛衰は実に政府の統括力のそれに反比例するものである事が分る。

〔平泉　一九二六年a、一五五～一五六頁〕

「第四章　経済生活」は、「社会生活」を構成する一つとして、「経済生活」に注目した箇所である。「寺社の門前はそれ自身既に商売に適するのみならず、領主も之に対して種々の保護を加へたが故に、そこに市場は自ら発生し、そして発達していつたのである」〔平泉　一九二六年a、一六四頁〕としたうえで、さまざまな事例を紹介していく。そして、社寺と交通の発達の関連性についても考察を深める。最後に、横井時冬《よこいときふゆ》（一八六〇～一九〇六）、福田徳三《ふくだとくぞう》（一八七四～一九三〇）らによって研究が深められている「座」についても「座の含む重要なる意義は、之を除外して中世の経済生活と社寺との関係を論ずる能はざらしむる」〔平泉　一九二六年a、二四三頁〕として自身の見解を述べている。

「第五章　精神生活」は、「予は本章に於て中世の社寺が国民の精神生活に対していかなる交渉を有つて居たかを研究せんとするものである」としたうえで、精神生活の大綱である「宗教・教育及び芸術の三目」のうち、「最も広く一般国民の精神生活に関係しつゝ、しかも従来最も閑却せられたるものは教育である」〔平泉　一九二六年ａ、二六一頁〕として、中世の教育に注目する。まず、教材である往来物に注目し、次のような事実を明らかとする。

（1）上代の末より中世の前期にかけては、往来の著者は七割まで公卿朝臣である。〔残り三割は僧侶〕

（2）中世の後期に於ては、往来の著者は九割まで僧侶で占めてゐる。〔残り五分公卿、五分武士〕〔平泉　一九二六年ａ、二九九頁〕

さらに著者は、往来物の内容を詳細に分析するとともに、当時の学校である寺院への入学年齢・在学年限・課業の有り様などについても検討し、中世の教育思想の内実にも迫っている。

「第六章　社寺の没落」では、「中世に於ける社寺と社会との関係は、国民生活のあらゆる方面に亘つて密接を極め、社寺は実に当時の social center であったといっていゝ」〔平泉　一九二六年ａ、三三六頁〕とし、「中世の終、近世の始めは、実に社寺没落の時代であつたのである」〔平泉　一九二六年ａ、三七三頁〕と結論づけている。

四　本書の影響

当時、平泉は東京帝国大学の国史学科の専任教員であったこともあり、本書は、その発表当初より注目を集めた。とくに、アジール論については、**田中久夫**《たなかひさお》（一九一三～一九九七）が、平泉の理解を基盤に、戦国時代のアジールの様相をさらに詳しく分析して発表した〔田中　一九四〇年、一五～三〇頁〕。また、当時はまだ主流ではなかった「中世」という時代区分についても、大きなインパクトをもって学界に浸透していったという。

それでは、本書『中世に於ける社寺と社会との関係』が、その後の研究にもたらした影響について考えてみよう。やはり平泉のことを直接知る門下生たちが、この著作についても多くのことを語っている。平泉の教えを受けた門下生の一人である日本近代史学者の**大久保利謙**《おおくぼとしあき》（一九〇〇～一九九五）は、次のように述べている。

それから私の在学中の大正十五年に平泉先生の学位論文『中世に於ける社寺と社会との関係』と前年の講義稿本の『中世に於ける精神生活』がでたのですが、これはまさしく大正の文化史の産物でして、国史学界に新しい問題を投じたものと思います。私たち学生は争って読んだものです。『中世に於ける社寺と社会との関係』では中世社会組織の解明にアジールの問題を導入したり、また経済組織には座を中世史研究のうちに新しく意義づけたことは、その後の中世史研究に多大の影響を与えているのです。また第一論文集の『我が歴史観』の巻頭の「我が歴史観」は平泉史学が大正期の文化史からでていることを証拠だてているようなものです。おもしろいことは、初期平泉史学が蒔いた新しい種が、この初期「歴研」でいろいろと花を咲かせていることです。

〔大久保・伊藤ほか　一九八一年、七二頁〕

さて、本書『中世に於ける社寺と社会との関係』は、戦後再び注目を集めることになった。それは、網野善彦を中心とした社会史研究の潮流と無関係ではない。きっかけとなったのは、**石井進**の次の文章である。

またかつて平泉澄によって大きくとり上げられ、その後ほとんど検討の対象とされてこなかった中世におけるアジール（避難所）の慣行も、敵討など自力救済との関連で問題とすることができよう。アジールについての一般論として平泉の説く、「アジールレヒトの前提として予想せられる事は、仇討の盛んに行はれた事、殺人行為に対しては国家が刑罰を加へる代りに、被害者の近親の仇討が合法的行為と認められた事、否実に仇討が近親の必ずなさなければならない義務とまで考へられた事、これである。／これはアジールの起るに必要な一条件であつて、国家の権力の確立し、一切の罪は国家によつて正当に審判せられる所にはアジールは起るべきものではなく、私刑の盛に行はれ、ある程度まで、それが是認せられてゐる所に、初めてアジールの起る必要があるのである」という主張は、見事に問題の核心の一面をいいあてている。中世におけるアジールの広範な存在を承認するならば、われわれは同時にその時代における自力救済の慣行の根強さ、その一般性をも見なければなるまい。

〔石井　一九七六年、三三二頁〕

石井進の指摘は、従来の中世史研究がどちらかというと西洋と日本の異質性に着目してきたことを反省し、日本と西洋の共通性を探究する必要があることを説いたものである。自力救済の慣行に注目したのは、その視点からであった。これに引き続き、**網野善彦**（**⬇第七章**）も『無縁・公界・楽』のなかで、次のように述べた。

また、皇国史観の主唱者として著名な平泉澄氏も、後年の氏の発言からは一寸すぐに想像のつかぬほどに横文字だらけの若いころの論文、『中世に於ける社寺と社会との関係』第三章「社会組織」で、「鬼ごっこの遊戯に所謂宿もしくは場」と「アジール」との類似に注目し、「アジールは人類発達の或る段階に於て、一般に経験する所の風習又は制度である」という、まさしく世界史的、人類史的な立場に立って、日本におけるアジールの具体相を究明しているのである。

〔網野　一九九六年、一八頁〕

右の文章のように、網野は「世界史的、人類史的な立場」からアジールを考察した平泉の視点に注目している。ただし網野は、一方で「平泉氏の論旨からいえば、当時の日本は、朝鮮よりもはるかに原始的だった、という結論がおのずからでてくるはずなのである。ところが、平泉氏は決してそうはいわない。このような『国粋主義』が、後年の平泉氏の皇国史観を生み出したのであるが、これは今も、決して克服され切っているわけではなかろう」（網野　一九九六年、二四〇頁）と述べており、平泉の考え方に対しては厳しく批判的な姿勢をとっている。

では、なぜ一九七〇年代後半から八〇年代にかけて、平泉の研究は注目されることになったのであろうか。その理由の一つとして、日本と西洋との比較史的な視点に大きな転換があったからだと思われる。先ほどの石井進の見解からも知られるように、敗戦後の歴史学研究は、全体として日本の後進性（西洋社会との異質性）を強調する方向性で進められていた。**安良城盛昭**《あらきもりあき》（**➡第八章**）や**永原慶二**の視点も、その点では一致していた。一九七〇年代後半、網野や石井は、そうした大きな研究潮流に対して、問題を提示したのである。網野の真意は、**阿部謹也**《あべきんや》（一九三五〜二〇〇六）の『中世の星の下で』に対する解説からも知られる。

これらが単に日本とドイツの類似というより、人間の生活、社会に共通する問題であることは、阿部氏の叙述を通しても理解できるのであり、こうした個々の事象の類似の確認の積み重ねを通じて、私は次第に、先にのべたような社会構造そのものの転換の仕方の共通性に思い至っていたのである。

そしてそれとともに、鐘の音の意味に著しい類似がありながら、そこから交響曲を生み出していくドイツと、それほどの展開をとげない日本との違い、ヨーロッパの教会・兄弟団と日本の寺院・勧進との相違等々、両者の共通性に気付いたとき、双方の個性もまた、鮮やかに浮び上ってくる。このように、本書はヨーロッパの中世社会を鏡として、われわれに日本の社会の個性をよく教えてくれる。

〔網野　二〇〇〇年、六一頁〕

平泉の『中世に於ける社寺と社会との関係』も、人類学や宗教学の要素を積極的に取り入れたダイナミックな立論であり、その点でも「無縁論」の構築を目指す網野との共通性は大きかった。実際、網野の甥である宗教学者の**中沢新一**《なかざわしんいち》（明治大学特任教授）は、網野から本書を読むように勧められ、網野の次のような発言を聞いたという。

「平泉澄はアジールの主体のことを考えていないからさ。根源的な自由を求める心というのが、人間の本質をつくっている。だから人類はそれぞれの社会的条件に合わせながら、さまざまな形態のアジールをつくり出すんだ。未開社会には未開社会の自由の空間というのがあったし、古代社会には古代社会の自由を表現するための、都市というアジールができた。中世は沸騰する宗教の時代だから、アジールは寺社の権威を借りて、自分を実現しようとした。そういうものをつくり出そうとしているのは、人民の中にひそんでいる自由への根源的な希求なんだよ。そのことが平泉澄という男には、まったく見えていない。〔中略〕平泉澄がたいへんな秀才であったことはたしかだよ。でも、それだけでは人間はだめなんだということが、そのあとの彼の行動を見ているとよくわかる」

〔中沢　二〇〇四年、八九〜九〇頁〕

青年期を戦争のなかで育った網野にとって「皇国史観」は批判すべき対象であった。とくに、「日本」という枠組みの相対化を目指していた網野にとって、国粋主義に特化された平泉の「皇国史観」は、相容れないものがあった。しかし、一方で、平泉の若いころの著作である本書においては、共鳴する部分が大きかったのであろう。

さて、戦前から戦後に至るまでの平泉の態度を一貫していたと考えるか、そうでないと考えるか、それぞれ意見はあるだろう。本書は、そうした文脈からひとまず離して考えてみることも必要である。すなわち、「皇国史観」の主唱者が書いたもの、大正期に書かれたもの、などの制約を一つ切り離して考えることも必要であるだろう。

「名著」を考えるうえでは、作者と作者がおかれていた社会状況とを深く理解しなくてはならない。すなわち、同じ著者であっても、その生涯において考え方・思想が変わることは、むしろ当然であろう。そうした意味でも、本書は、まさに一つの著作を読むとき、その背景をもふまえて理解しなければならないことを教えてくれるであろう。

参考文献（年代順）

平泉澄『中世に於ける社寺と社会との関係』（至文堂、一九二六年a）
平泉澄『中世に於ける精神生活』（至文堂、一九二六年b）
平泉澄『我が歴史観』（至文堂、一九二六年c）
平泉澄『武士道の復活』（至文堂、一九三三年）
平泉澄『萬物流転』（至文堂、一九三六年）
平泉澄「真の日本人」（『伝統』至文堂、一九四〇年）
読売新聞「論旨兩度、秘めた軍功　六百年今に傳ふ兩子孫の家寶　歴史学會平泉教授感激の発表」（一九四二年六月二八日付朝刊）
田中久夫「戦国時代に於ける科人及び下人の社寺への走入」（『歴史地理』第七六巻第二号、一九四〇年）
木戸日記研究会校訂『木戸幸一日記』上（東京大学出版会、一九六六年）
平泉澄『少年日本史』（皇學館大學出版部、一九七〇年）
色川大吉『歴史家の嘘と夢』（朝日新聞社、一九七四年）
斉藤孝『歴史と歴史学』（東京大学出版会、一九七五年）
石井進「中世社会論」（『岩波講座　日本の歴史八（中世四）』岩波書店、一九七六年）
平泉澄『悲劇縦走』（皇學館大学出版部、一九八〇年）

大久保利謙・伊藤隆ほか「国史学界の今昔一七　私の近代史研究」（『日本歴史』第四〇三号、一九八一年）
阿部謹也『中世の星の下で』（影書房、一九八三年）
大隅和雄『中世思想史への構想――歴史・文学・宗教』（名著刊行会、一九八四年）
中村吉治『老閑堂追憶記』（刀水書房、一九八八a年）
中村吉治『学界五十年』（刀水書房、一九八八年b）
今谷明「平泉澄の変説について――昭和史学史の一断面」（『横浜市立大学論叢』第四〇巻第一号、一九八九年）
網野善彦『〔増補〕無縁・公界・楽――日本中世の自由と平和』（平凡社、一九九六年）
阿部猛『太平洋戦争と歴史学』（吉川弘文館、一九九九年）
柳田國男「聟入考」（『柳田國男全集』第一七巻、筑摩書房、一九九九年）
網野善彦「社会史研究の魅力」（『歴史と出会う』洋泉社、二〇〇〇年）
今谷明「平泉澄と権門体制」（上横手雅敬編『中世の寺社と信仰』吉川弘文館、二〇〇一年）
中沢新一『僕の叔父さん　網野善彦』（集英社新書、二〇〇四年）
昆野伸幸「平泉澄の中世史研究」（『歴史』第一〇三号、二〇〇四年）
植村和秀『丸山眞男と平泉澄――昭和期日本の政治主義』（柏書房、二〇〇四年）
立花隆『天皇と東大――大日本帝国の生と死』下（文藝春秋、二〇〇五年）
若井敏明『平泉澄――み国のために我つくさなむ』（ミネルヴァ書房、二〇〇六年）
石井孝「第三巻解題――皇国史観への抵抗」（歴史学研究会編『証言　戦後歴史学への道――歴史学研究会創立80周年記念』青木書店、二〇一二年）
植村和秀「滞欧研究日記にみる平泉澄博士」（『芸林』第六四巻第一号、二〇一五年）

第七章　日本中世の自由・平等・平和
——『無縁・公界・楽』網野善彦

一　網野善彦とは

網野善彦《あみのよしひこ》（一九二八～二〇〇四）は、名古屋大学・神奈川大学で教授をつとめた日本を代表する歴史学者の一人である。専門は日本中世史。**阿部謹也**、**二宮宏之**《にのみやひろゆき》（一九三二～二〇〇六）、**宮田**《みやた》**登**《のぼる》（一九三六～二〇〇〇）らとともに、日本の社会史研究をリードした。

網野は、山梨県の生まれである。父網野善右衛門は、地方銀行「網野銀行」を経営する実業家であった。昭和一五（一九四〇）年、東京高校に進学した網野は、**氏家齋一郎**《うじいえせいいちろう》（一九二六～二〇一一）らと同窓になった。後に、網野は、「僕の同級生はみな早熟でしてね。いま日本テレビにいる氏家齋一郎は、教室で隣に座ることが多かったんだけど、いつも内職してるんです。尋常科二年の頃『何読んでるの』と聞くと、ドストエフスキーの『白痴』なんてのを読んでる。『あ、すげえやつだな』と思ってね。こういう連中に刺激されて、結構、早熟なものを読むようになりましたが、何も覚えてい

ない（笑）」と述懐している〔網野 二〇〇九年b、二二四頁〕。

昭和二一（一九四六）年、一八歳のころ、**石母田正**（**⬇第四章**）の『**中世的世界の形成**』を読み、在地領主を育てた「草深い農村」にこそ、新たな時代をひらく生命力が躍動しているという確信を抱いたという。一方、網野は、次のようにも述べている。

結局、日本史を専攻することになるのは、復員してこられた先輩たち、永原慶二さんや潮見俊隆さん、古谷泉さん、柴田三千雄さんがこの研究会（＝「歴史研究会」：筆者注）にこられて、そんなことをしていてはだめだという話をされ、特に永原さんが大塚久雄さんや高橋幸八郎さん、それに石母田正さんや清水三男さんなどの論文を次々に貸してくださったことがきっかけになっています。

決定的だったのは、やはり石母田さんの『中世的世界の形成』（現在、岩波文庫）でした。これは衝撃的というしかなく、その記憶はいまでも鮮烈です。このとき歴史研究の魅力にとらわれたといっていいでしょう。日本中世史を専攻する方向が決まったのもこれが契機です。しかしのちに、この『中世的世界の形成』は石母田さんの中世社会像であって、はたして本当に伊賀国黒田荘に生きた人々の歴史といえるのか、という強い疑問が生じ、こうした方法に違和感を覚えるようになったのです。『中世的世界の形成』に対するこの違和感をどのように具体的な研究成果として示すか、これが一九五三年ごろからの私の勉強の起点の一つとなりました。

〔網野　二〇〇〇年b、一一三頁〕

昭和二二（一九四七）年、東京大学文学部に進学した網野は、日本共産党に入党し、学生党員として活動する。二三歳のときに、**「若狭における封建革命」「封建制度とはなにか」**という二本の論文を執筆している。大学卒業後は、日本常民文化研究所に勤務しつつ、歴史学研究会の委員として活動。とくに、**石母田正**らによる**国民的歴史学運動**に参加したが、昭和二八（一九五三）年の夏、「許し難い自らの姿をはっきりと自覚」し、こうした運動から脱落していく。このときのことを網野は次のようにふり返っている。

いま思えば、そうした初心にかげりの見えてきたのは、翌年、そこから身をひいて、卒業論文のためと称して大学に帰ってからのことであった。〝学問〟の名の下に特権的な道に身をよせつつ、卒業後、歴史学研究会の委員になってからは、勤務していた日本常民文化研究所での文書整理の仕事をサボりつづけ、人々を歴史学の中での運動、やがて国民的歴史学といわれた運動に駆り立てる役割をするようになった。〔中略〕しかし自らは真に危険な場所に身を置くことなく、会議会議で日々を過し、口先だけは〝革命的〟に語り、〝封建革命〟〝封建制度とはなにか〟などについて、愚劣で恥ずべき文章を得意然と書いていた、そのころの私自身は自らの功名のために、人を病や死に追いやった〝戦争犯罪人〟そのものであったといってよい。

具体的な事情は定かではないが、昭和二八（一九五三）年を転機として、網野は、封建制度の研究から離れていくことになる。

〔網野　一九九五年、九～一〇頁〕

都立北園高等学校の教員となった網野は、教壇に立つ傍ら、東寺領若狭国太良庄の研究をつづけた。この当時の学生たちも、網野が研究を続けているということを知っていたようである。網野が担任したクラスの生徒であった**清田三郎**《きよたさぶろう》（元都立高校教員）は、次のように述べている。

先生は学園ドラマに出てくるような目立つ存在ではなく、地味で誠実な印象を私達に与えました。いつも同じ紺のスーツに黒いカバンを抱え、大学の史料編纂所など研究のため外に出ていることも多く、生徒とベタベタするような付き合い方はなさりませんでした。私達も、あの先生は自分の研究を続けているのだと認識していました。

〔清田　二〇〇八年、四頁〕

こうした成果をまとめたのが、網野が三八歳のころに発表した『**中世荘園の様相**』である。この著書の冒頭、網野は次のように記している。

これからのべてみようとするのは、中世のある小さな荘園――若狭国太良荘（現在小浜市太良荘）を舞台に生きた人々の歴史である。ほかの多くの荘園と同様、この荘園も中世を通じて歴史の本舞台となることはなかった。だから、およそ三百年もの間、生命を保ったこの荘園に現われる多くの人たちも、また、ほとんどが名もしれぬ人々である。それが京都の東寺の所有になり、そこにこの荘についての多数の文書が幸い長く保存されることがなければ、われわれはその人の名前すら知ることがなかったであろう。

しかし、この人たちもまた、それぞれそれなりの課題を担って生きていた。そして、その解決のための格闘は、小さいながら社会を動かす力となり、日本の中世史の一こまをつくり上げていったはずである。その課題がどのようなものであったか。様々な課題は相互にどのように関係していたのか。その解決のために彼等がいかに闘い、その結果、彼等はいかなる社会をつくり上げていったか。私ができるだけ明らかにしたく思うのはその点である。

〔網野・一九六六年、一頁〕

この著作のなかには、女性の地位をめぐる問題や、漢字から仮名への文体の変化、悪党の存在など、後の「網野史学」の基礎がみてとれる。**今谷明**は、「私の同年輩の史学を志す学生は、ほとんど石母田正の『中世的世界の形成』を読んでいたということだが、筆者の場合は石母田著は読まず、この網野著で荘園史に入門したのである。史学に初心の筆者の如き者でも引き込まれるように読んだのであるから、余程読み易い工夫がこらされていたか、魅力的な本であったかのどちらかであろう」〔今谷二〇〇八年、五四頁〕と述べている。

名古屋大学在職時の網野は、天皇制にかかわる問題について考察を深めた。昭和四七（一九七二）年に発表した論文**「中世における天皇支配権の一考察」**は、天皇・皇族に山・海の特産品を貢納した由緒をもつ集団であった供御人に注目し、彼らが天皇から自由通行権や商業上の特権を賦与された存在であるとして、各地を自由に遍歴していたことを明らかにしたうえで、山野河海に対する天皇の支配権の問題に迫った。

小学館の日本歴史シリーズ**『蒙古襲来』**では、日本史の概説シリーズのなかではあったが、鎌倉後期から南北朝期までを「未開」から「文明」への転換期とする、大胆な歴史像を描き出した。すなわち、網野は、次のように指摘する。

さらにこの農業民・非農業民のそれぞれの世界にあらわれてきた転換のなかに、私は未開の最後の組織的反撃と、文明の最終的勝利の過程があった、と考えてみたいのである。私には、日本民族はきわめて早熟に文明の世界にはいりこんでいったのではないか、と思われてならない。とすれば、未開の野性が、その素朴さとともに、日本の社会のいたるところに、なお長くいきいきとした生命力をもって、躍動しつづけていたと考えるほうが、むしろ自然なのではあるまいか。

〔網野（初出一九七四年）二〇〇八年、四三七頁〕

一九八〇年代以降の網野は、日本中世の社会に関する新しい見解を次々と発表していった。そしてそれは、やがて「日本」社会全体を見通した視点へと発展していく。当時の様子について、東京高校の同窓生である**氏家齋一郎**は、次のように述べている。

網野は当時、国史学の若きスターだった。しかし、彼がスターになるにつれて、反網野が出てきたのではないかな。網野は純粋な人間で、政治的ではなかったから、うまく泳ぎ切れなかったのではないかと思うのです。

さっきも言いましたが、網野は「日本」という言葉が嫌いなんです。なぜか？　日本の名の下に戦争の残虐が行なわれてきたからです。中国に対しても行なったし、日本人自身に対しても行なってきた。それに対する激しい抵抗感、怒り。そして、「日本民族」の名のもとに行なわれた党の粛清もまた同じだと網野は感じたのではないかと思うんです。当時の歴史学を支配した教条的な唯物史観・進歩史観にたいしても、同じような暴力を感じたのではないでしょうか。

〔氏家　二〇〇八年、九～一〇頁〕

たしかに、網野の「日本」論は、「日本」を相対化させようとする試みが散りばめられていた。網野はこの時期「列島」という用語を好んで使っている。一九九〇年代から二〇〇〇年代にかけて、「網野史学」は、天皇や日本に対する従来の固定観念の打破に向けて大きく始動していた。そして今なお、網野の著作は版を重ね、多くの読者を得ることに成功している。

さて、ここで紹介する本書『無縁・公界・楽』は、網野の著作のなかでも異彩を放つものである。以下、本書が誕生する背景について考察していきたい。

二　本書の背景——日本社会と西洋との距離

網野の『無縁・公界・楽』の背景については、二つの視点からとらえなくてはならない。一つは、「網野史学」のなかで本書がどのような位置にあるのか、という点。もう一つは、学界や社会の流れのなかで、網野のこの著作がどのように位置づけられるのかという点である。前者の点については、すでに簡単に説明しているが、とくに一九七〇年代後半以降の社会史の潮流のなかでの「網野史学」の形成過程を考える必要がある。

網野と同じころ、社会史をけん引した歴史学者が、ドイツ中世史家の**阿部謹也**である。一九八〇年代以降、網野と阿部は、対談を繰り返しており、とくに日本中世と西洋中世との比較が論点となっている。両者は、日本と西洋の比較史的視点を重視する問題意識を共有するものの、考え方は全く相容れないものであった。すなわち、当時、阿部が日本と西洋社会の異質性を強調していたのに対して、網野は両者の共通性を探究していた。

また、網野は、日本民俗学の成果を積極的に取り入れたことでも知られる。日本常民文化研究所に所属していた網野にとって、学問的に大きな影響を受けた一人として宮本常一《みやもとつねいち》（一九〇七〜一九八一）があげられる。網野は、宮本について、次のように述べている。

宮本氏は渋沢敬三氏を心から敬愛してやまず、渋沢氏が創立し、宮本氏の若き日の生活の場であった常民文化研究所を、自らの分身のように大切にしていた。自伝的な名著『民俗学の旅』（現在は、講談社学術文庫）の中で、宮本氏は渋沢氏の言葉を引いている。けっして主流になろうとするな。傍流であればこそ状況がよく見える。主流になればかえって多くのものを見落とす。その見落とされたものの中に大切なものがあるのだ。人の喜びを自らの喜びとできるような人なれ等々。

宮本氏自身、なかなか実行できなかったと告白しているが、「進歩」の中で失われてゆきつつあるもの、その中に人間にとってかけがえのない大事なものがありうるとして、底辺の、下積みの世界に愛情深い目を注ぎつづけた宮本氏は、渋沢氏の最もよき継承者の一人であるとともに、その強い個性を通して、間違いなく自らの独自な世界を広くひらいたのである。

〔網野　二〇〇〇年b、一七九〜一八〇頁〕

右引用中の渋沢敬三《しぶさわけいぞう》（一八九六〜一九六三）は、日銀総裁・大蔵大臣などをつとめる一方で、民俗学者としてアチック・ミューゼアム（屋根裏博物館。戦時中に日本常民文化研究所と改称した）を創設した人物である。多くの研究者の援助をおこない、研究の発展に寄与したことでも知られる。「網野史学」の背景には、渋沢や宮本からの影響も少なからずあった。

網野の社会史研究（本人は、自身の研究を「社会史」と規定されることに疑念をもっていた）は、高度経済成長の限界がみえるなか、失われつつあった日本の原風景・民俗への関心が高まっていくなかで形成されてきたものだと考えるべきであろう。網野は、天皇制の研究に熱心に取り組むが、その背景には、昭和から平成への転換のなかで、天皇を日本史のなかでどうとらえるべきなのか、という強い関心があった。先述したように、とくに、後年の網野の列島史研究・日本論は、ポストモダンの風潮のなかで歴史学研究がどこへ向かうべきかを模索したものだったといえるだろう。

網野は、晩年、不幸にしてシベリア抑留の末に早世した**清水三男**《しみずみつお》（一九〇九～一九四七）についても注目している。清水は、石母田の『中世的世界の形成』と並んで名著として名高い『日本中世の村落』の作者である一方、「天皇中心の誠実なナショナリスト」として、「国民」に対して『祖国の歴史』を執筆した歴史家である。しかし、清水三男は、京都の歴史研究者らを中心に、戦後も高い評価を受け続けてきた。こうした葛藤については、網野は次のように吐露する。

しかし「民主的で科学的な歴史学」をめざす研究者たちが、「大東亜戦争」を肯定し、「神の子孫」である「国民」のためにすべての力を注いだ歴史家（＝清水三男のこと：筆者注）を高く評価し、その死に対し心をこめた哀悼の意を捧げるという、現代の状況の中では、「理解し難い」と多くの人々が考えるに相違ない事態が、なぜ敗戦後のこの時期に現われたのか。それだけではない。清水の学問・研究は現在もなお中世史の分野では古典的な業績として学界の評価を得ており、実際にいまも十分な生命力を保ちつづけているといっても決して過言ではないが、この事実をわれわれはどう考えたらよいのか。

そこには、日本の社会、政治、思想そのものの重大な問題が潜在していると私は思うが、それを追究するためにはまず、清水自身の生涯、その生き方を辿ってみなくてはならない。

〔網野　二〇〇九年a、二九六頁〕

これは、網野の最晩年に発表された文章であるが、研究者の社会的責任を追及する姿勢がよく分かる。そこには、研究者の「学問・研究」の背景にある「日本の社会、政治、思想そのもの」を考えるべきだという強い信念がみえてくるだろう。

さて、本書『無縁・公界・楽』に話を戻そう。網野は「あとがき」で、本書を書くきっかけについて次のように述べている。

このテーマを私が考えるようになった最初のきっかけは、二十五年ほど前、本書（第二十一章）にあげた川崎庸之氏の論稿に接し、以後、氏の諸論文を漁り読んで強烈な感銘をうけたことにある。古代の公民が、原始の氏族共同体以来の自由民の伝統につながる、という川崎氏の確固たる発言と、同じころ熟読したマルクスの「ヴェラ・ザスリッチへの手紙」の中で強調されている「原始共同社会」のおどろくべき長い生命という指摘とは、あわせてその後の私をとらえてはなさなかった。

〔網野　一九九六年、一二五二頁〕

網野がここで「川崎庸之氏の論稿」といっているのは、**川崎庸之**《かわさきつねゆき》（一九〇八〜一九九六）の「日本古代史の問題——大化改新の動因について」（『唯物史観』第三号、一九四八年）のことである。川崎は、日本古代史（とくに仏教史）を専門とする歴史学者で、戦前から戦後の長きにわたって東京帝国大学（後に東京大学）史料編纂所の教員をつとめた。網野は、本書のなかで、川崎の業績について次のように述べている。

川崎氏の豊かな古代政治史・思想史の成果は、まさしく「自由」なるが故に「公民」が負わなくてはならなかった重圧と「桎梏」の故に、彼等が否応なしに「富豪の輩」と「貧窮の輩」とに分解していく過程——「自由民」の分解過程を軸として構想され、また、行基から最澄・空海、さらに空也・源信・法然を経て、親鸞・道元・明恵等の鎌倉仏教の祖師たちにいたる、同氏の精緻な仏教史の中に、ゆるぐことなく貫いているのは、こうした矛盾の進行の過程で、屈従・抑圧下におかれた人々の間におこってくる「原始の自由」への復帰の希求、それに応え、仏陀の本来の精神にかえれ、と説く思想家の姿、と素人流に私は理解している。そしてこの「理解」の限りにおいて、川崎氏の見解に私は完全に従う。

〔網野　一九九六年、二三〇〜二三一頁〕

右の引用は、次節でみるように、本書の骨格にもかかわる部分であるが、川崎の研究が、網野の無縁論の土台にあることが確認できる。

さて、「名著」といわれる網野善彦の『無縁・公界・楽』が、どのような背景のなかで論じられてきたのか、その一端を示してきた。その背景はここで記したことよりもさらに複雑であろうが、ひとまず、網野の無縁論の世界を見ていくことにしたい。

三 『無縁・公界・楽』の世界

『無縁・公界・楽』（ここでは『〈増補〉無縁・公界・楽』平凡社、一九九六年を用いる）の「まえがき」において、著者は次のように述べている。

歴史学を一生の仕事とする決意を固めるのと、ほとんど同じころ、私は高等学校（都立北園高校）の教壇に立った。私にとって、これが初めての教師経験であり、生徒諸君の質問に窮して教壇上で絶句、立往生することもしばしばであったが、その中でつぎの二つの質問だけは、鮮明に記憶している。

「あなたは、天皇の力が弱くなり、滅びそうになったと説明するが、なぜ、それでも天皇は滅びなかったのか。形だけの存在なら、とり除かれてもよかったはずなのに、なぜ、だれもそれができなかったのか」。これは、ほとんど毎年のごとく、私が平安末・鎌倉初期の内乱、南北朝の動乱、戦国・織豊期の動乱の授業をしているときに現われた。伝統の利用、権力者の弱さ等々、あれこれの説明はこの質問者を一応、だまらせることはできたが、どうにも納得し難いものが、私自身の心の中に深く根を下していったのである。

もう一つの質問に対しては、私は一言の説明もなしえず、完全に頭を下げざるをえなかった。「なぜ、平安末・鎌倉という時代にのみ、すぐれた宗教家が輩出したのか。ほかの時代ではなく、どうしてこの時代にこのような現象がおこったのか、説明せよ」。

この二つの質問には、いまも私は完全な解答を出すことができない。ただ、そのとき以来、脳裏に焼きつき、いつも私の念頭から離れなかったこの問題について考えつづけてきた結果の一部を、一つの試論としてまとめたのが本書である。

〔網野　一九九六年、五～六頁〕

右の引用にあるように、本書は、とくに二つめの質問について「無縁」、「公界」、「楽」という用語

目次

まえがき
一　「エンガチョ」
二　江戸時代の縁切寺
三　若狭の駈込寺──万徳寺の寺法
四　周防の「無縁所」
五　京の「無縁所」
六　無縁所と氏寺
七　公界所と公界者
八　自治都市
九　一揆と惣
十　十楽の津と楽市楽座
十一　無縁・公界・楽
十二　山林
十三　市と宿
十四　墓所と禅律僧・時衆
十五　関渡津泊、橋と勧進上人
十六　倉庫、金融と聖
十七　遍歴する「職人」
十八　女性の無縁性
十九　寺社と「不入」
二十　「アジール」としての家
二十一　「自由」な平民
二十二　未開社会のアジール
二十三　人類と「無縁」の原理
あとがき

をもとに考察した内容となっている。

【一　エンガチョ】は、その名の通り、子どものころの遊びである「エンガチョ」の話題からはじまる。「エンガチョ」は、最近までみられた鬼ごっこに近い遊びの一種である。何か汚いものに触れた人が「エンガチョ」となり、その人には決して触れてはいけない。周りの人は、触れられないように逃げまわる。そして、誰か別の人に触れれば、「エンガチョ」はその人にうつり、うつしたその当人は助かる。そうした遊びである。

著者は、この「エンガチョ」に注目し、かつて、平泉澄の紹介した「アジール」などの問題についても触れる。この「エンガチョ」は、本書で展開される「無縁」の問題を考えるうえでの一つのプロローグの役割を果たしている。

【二　江戸時代の縁切寺】は、江戸時代に「縁切寺」と呼ばれた鎌倉東慶寺と上州満徳寺の事例について紹介する。ここで、著書は、「享保の改革で、幕府がその専制的性格をいっそう露骨にするより前には、このような自立的な自治、『自由』の場が、社会の各所で、なおその生命を保ちつづけていたことは、たしかな事実といわなくてはならない」〔網野　一九九六年、二八〜二九頁〕と述べつつも、それはあくまで例外であり、「日本の近世社会が『自由』の原理をここまでおいつめたところに成立しているという事実を、もっともっと突き放して考える必要があるのではなかろうか」〔網野　一九九六年、三二頁〕と論じる。

「三　若狭の駈込寺――万徳寺の寺法」「四　周防の『無縁所』」「五　京の『無縁所』」「六　無縁所と氏寺」は、全国各地にのこる「無縁所」の事例とその性格について検証する。著者によれば、「戦国時代までさかのぼると、縁切りの原理は、江戸時代に比べてはるかに強力となり、単に夫婦の縁だけでなく、主従の縁、貸借関係の縁等々までも、切る力をもっていた」〔網野　一九九六年、三七頁〕といい、「『無縁所』に入ったものは、またそこに入るものは、人であろうと、物であろうと、分国内――あるいは諸国の往反は自由であり、関渡津泊での交通税も免除された、とみることも、十分可能になってくる」〔網野　一九九六年、四六頁〕とする。また、著者は、「戦国時代、『無縁所』が『公界寺』とよばれることもあった」〔網野　一九九六年、六五頁〕といい、「公界」についても検証している（**「七　公界所と公界者」**）。そして、**「八　自治都市」**のなかで、著者は次のように述べている。

もはや推測をこえ、われわれは断言してもよかろう。中世都市の「自治」、その「自由」と「平和」を支えたのは、「無縁」「公界」の原理であり、「公界者」の精神であった、と。

〔網野　一九九六年、九一頁〕

続いて、著者は、「楽」についても分析し、「『無縁』『公界』『楽』が全く同一の原理を表す一連の言葉である」とまとめている〔網野　一九九六年、一〇八頁〕。著者によれば、「無縁」「公界」「楽」の特徴は、(1)不入権、(2)地子・諸役免除、(3)自由通行権の保障、(4)平和領域、「平和」な集団、(5)私的隷属からの「解放」、(6)貸借関係の消滅、(7)連坐制の否定、(8)老若の組織に表れるという（「十一　無縁・公界・楽」）。そして、著者は、こうした「無縁」の原理の源泉を「十二　山林」「十三　市と宿」「十四　墓所と禅律僧・時衆」「十五　関渡津泊、橋と勧進上人」「十六　倉庫、金融と聖」、あるいは、「十七　遍歴する『職人』」「十八　女性の無縁性」「十九　寺社と『不入』」「二十　『アジール』としての家」「二十一　『自由』な平民」など、先行研究をもとに、さまざまな角度から考察していく。とくに、「二十二　未開社会のアジール」では、古代から未開社会までの「無縁」「アジール」の発展段階の見通しについて、平泉澄の学説を批判しつつ検証している。「二十三　人類と『無縁』の原理」では、「さまざまな徴証からみて、『無縁』の原理は、未開、文明を問わず、世界の諸民族のすべてに共通して存在し、作用しつづけてきた、と私は考える。その意味で、これは人間の本質に深く関連しており、この原理そのものの現象形態、作用の仕方の変遷を辿ることによって、これまでいわれてきた『世界史の基本法則』とは、異なる次元で、人類史・世界史の基本法則をとらえることが可能となる」〔網野　一九九六年、二四二頁〕と述べる。そして、著者は「無縁」の原理の「自覚化」を指標とした発展段階を提示したうえで、次のような見通しを示して本書を閉じている。

原始のかなたから生きつづけてきた、「無縁」の原理、その世界の生命力は、まさしく「雑草」のように強靱であり、また「幼な子の魂」の如く、永遠である。「有主」の激しい大波に洗われ、瀕死の状況にたちいたったと思われても、それはまた青々とした芽ぶきをみせるのである。日本の人民生活に真に根ざした「無縁」の思想、「有主」の世界を克服し、吸収しつくしてやまぬ「無所有」の思想は、失うべきものは「有主」の鉄鎖しかもたない、現代の「無縁」の人々によって、そこから創造されるであろう。

〔網野　一九九六年、二五〇～二五一頁〕

四　本書の影響

本書は、日本中世史研究者はもちろんのこと、さまざまな分野に大きな足跡を残している。ここでは、網野と同世代の研究者らによる批判とその後の網野の仕事についてみていくことにしよう。網野が本書で提示した「無縁論」は、その後、大きな議論を巻き起こした。とくに、**永原慶二**・**安良城盛昭**（➡**第八章**）・**峰岸純夫**《みねぎしすみお》（東京都立大学名誉教授）らを中心に、各方面から批判が展開された。とくに、永原は、『二〇世紀日本の歴史学』（初出二〇〇三年）のなかで、いわゆる「網野史学」の全体を次のように批判している。

網野は高度経済成長の強行による社会的諸矛盾に直面し、物質的生産力の発達がそのまま歴史の進歩と見なしえないと考えるようになるとともに、歴史を「進歩」を尺度として見ることにも懐疑的となり、高度経済成長以降ばかりでなく、明治維新以来の日本近代史そのものを「進歩」の視角から見ることにも否定的となったようである。中世前期から中世後期、近代から現代へ、網野の歴史認識はその点ではペシミスティックで、〝世の中は悪くなる〟という見方である。

資本主義の発展と民主主義の発展とが一体的なものといえないのは事実だが、このような論法をとれば、近代の「自由」よりも、「本源的原始の自由」が讃美されることにならざるをえない。その意味では、網野の歴史観は一種の空想的浪漫主義的歴史観の傾向をもっている。〔永原　二〇〇八年、五〇二頁〕

他にも史料と理論のレヴェルからそれぞれ「無縁論」を批判した安良城は、「網野氏の見解が網野イデオロギーにすぎないと私がみなすのは、その主張が何等自然科学的・社会科学的事実認識にもとづいて根拠づけられていず、網野氏がただそう思っている、ただそう判断している、というだけのことだからである」と厳しく断じている〔安良城　一九八九年、八七頁〕。

一九九〇年代になると「無縁論」をめぐる論争は下火になっていくが、近年でも、**伊藤正敏**《いとうまさとし》（元長岡造形大学教授）の無縁所研究をはじめ、江戸時代における駆込寺の一般的な広がりを解明した**佐藤孝之**《さとうたかゆき》（東京大学教授）の駆込寺研究など、網野の理解をさらに進めた成果が発表されている。また、民俗学、文学、教育学、哲学、政治学など歴史学の周辺分野のなかで「網野史学」が大きな影響力をもったことも周知の通りである。

では、網野自身は、本書の刊行以降どのような研究を進めていったのであろうか。名古屋大学を辞め、神奈川大学に移った網野は、昭和五九（一九八四）年、**『日本中世の非農業民と天皇』**を刊行した。これは、桂女、鵜飼、遊女、鋳物師など非農業民と天皇との関係についてまとめた著作であり、網野の「天皇―非農業民」論が明快に示されている。また、**『日本中世土地制度史の研究』**では、荘園・公領の双方のなかに私的・国家的性格が貫徹していたことに着目する**荘園公領制論**（網野が一九七三年に提唱）をベースとし、荘園年貢や百姓の生業の多様性や交易などに注目している。

すでに、本章の第二節で述べたように、一九八〇年代、網野の関心は、中世社会全体へと広がったが、九〇年代後半になると、さらに日本社会全体へとその分析は進んでいく。**『日本の歴史をよみなおす』**（一九九一年）、**『日本社会の歴史』**（一九九七年）、**『「日本」とは何か』**（二〇〇〇年）などの著書を刊行し、日本列島の全体史に関して考察をすすめた。こうしたなかで「網野史学」は、多くの読者を獲得することになった。また、岩波書店から『網野善彦著作集』も刊行され、網野の研究成果は、現在まで人気を博している。

とくに晩年の網野の研究には、民俗学への関心が強く出ていると考えられる。**安丸良夫**（**➡第一三章**）は、網野の著書『宮本常一「忘れられた日本人」を読む』の「解説」のなかで、次のように述べている。

網野さんは、強力な引力圏をもって自転する大きな天体のような人で、さまざまな学問の成果を自分の引力圏に引き込んで活用することができたのだが、本書でも、『忘れられた日本人』はそうした引力圏に引き込まれて、網野説展開のきっかけになっているともいえそうだ。しかし網野さんは、このようにして宮本さんの学問からえられる拡がりを私たちに訓えているのであり、宮本民俗学の射程を大きく拡大して見せているともいえよう。

〔安丸　二〇一六年、五七～五八頁〕

こうした仕事こそ網野善彦の真骨頂であったといえるかもしれない。
さて、一連の網野の業績について、**桜井英治**《さくらいえいじ》（東京大学教授）は、次のようにまとめている。

生前の網野には網野ファンとよばれる熱烈な読者がいた。網野ファンのあいだでは、網野善彦でも網野先生でもなく、たいていは網野さんで通っていた。直接面識のない読者にまでこれほどの親近感をもたれ、慕われた歴史家がかつていただろうか。そこには網野の提示する歴史像そのものの魅力もさることながら、若いころに味わった挫折経験や、かつて勤務していた研究所によって借り出されたままになっていた古文書に責任を感じ、持ち主への返却に奔走するような律儀な人柄が、著作等を通じて広く知られていたことも大きかっただろう。〔中略〕だからこそまた、網野の死は、一知識人の死という以上の深い喪失感と寂寞感を人びとの胸に残さずにはおかなかったのだろう。〔中略〕同時代の人の手を離れてもなお生命力を保ちつづけている作品を、私たちは古典とよぶ。その道を網野の著作も静かに歩みはじめようとしているのだ。

〔桜井　二〇一〇年、一二〇～一二一頁〕

「網野史学」が、日本史研究者のみならず、多くの人びとに深い影響を与え続けていることは間違いない。その理由についても、網野の後の時代を生きる私たちは、深く考える必要があるだろう。

参考文献（年代順）

清水三男『素描祖国の歴史』（星野書店、一九四三年）
川崎庸之「日本古代史の問題――大化改新の動因について」（『唯物史観』第三号、一九四八年）
清水三男『日本中世の村落』（日本評論社、一九四八年）
宮本常一『忘れられた日本人』（未來社、一九六〇年）
網野善彦『中世荘園の様相』（塙書房、一九六六年）
網野善彦「中世における天皇支配権の一考察――供御人・作手を中心として」（『史学雑誌』第八一巻第八号、一九七二年）
網野善彦『蒙古襲来』（小学館、一九七四年）
網野善彦『中世東寺と東寺領荘園』（東京大学出版会、一九七八年）
網野善彦『無縁・公界・楽――日本中世の自由と平和』（平凡社、一九七八年）

網野善彦『日本中世の民衆像——平民と職人』（岩波新書、一九八〇年）
網野善彦『日本中世の非農業民と天皇』（岩波書店、一九八四年）
網野善彦『異形の王権』（平凡社、一九八六年）
安良城盛昭『天皇・天皇制・百姓・沖縄——社会構成史研究よりみた社会史研究批判』（吉川弘文館、一九八九年）
網野善彦『日本論の視座——列島の社会と国家』（小学館、一九九〇年）
網野善彦『日本中世土地制度史の研究』（塙書房、一九九一年）
網野善彦『日本の歴史をよみなおす』（筑摩書房、一九九一年）
網野善彦『中世の非人と遊女』（明石書店、一九九四年）
網野善彦『悪党と海賊——日本中世の社会と政治』（法政大学出版局、一九九五年）
網野善彦「戦後の〝戦争犯罪〟」（岩波新書編集部編『戦後を語る』岩波新書、一九九五年）
網野善彦『〈増補〉無縁・公界・楽——日本中世の自由と平和』（平凡社、一九九六年）
網野善彦『日本社会の歴史』上・中・下（岩波新書、一九九七年）
網野善彦『古文書返却の旅——戦後史学史の一齣』（中公新書、一九九九年）
網野善彦『「日本」とは何か』（『日本の歴史00』講談社、二〇〇〇年a）
網野善彦『歴史と出会う』（洋泉社、二〇〇〇年b）
稲葉伸道・桜井英治ほか編『網野善彦著作集』全一九巻（岩波書店、二〇〇八〜二〇〇九年）
網野善彦「蒙古襲来」（稲葉伸道・桜井英治ほか編『網野善彦著作集』第五巻、岩波書店、二〇〇八年）
今谷明「網野善彦はいかに戦後史学を変えたか」（『大航海』第六五号、二〇〇八年）

氏家齋一郎「我が友・網野善彦」(稲葉伸道・桜井英治ほか編『網野善彦著作集』第一巻、月報七、二〇〇八年)
佐藤孝之『駆込寺と村社会』(吉川弘文館、二〇〇六年)
清田三郎「高校教師時代の網野先生」(稲葉伸道・桜井英治ほか編『網野善彦著作集』第三巻、月報八、岩波書店、二〇〇八年)
永原慶二「二〇世紀日本の歴史学」(『永原慶二著作選集』第九巻、吉川弘文館、二〇〇八年)
網野善彦「清水三男」(稲葉伸道・桜井英治ほか編『網野善彦著作集』第一八巻、岩波書店、二〇〇九年a)
網野善彦「インタビュー　私の生き方」(稲葉伸道・桜井英治ほか編『網野善彦著作集』第一八巻、岩波書店、二〇〇九年b)
桜井英治「網野善彦『無縁・公界・楽』『日本中世の非農業民と天皇』」(樺山紘一編『新・現代歴史学の名著——普遍から多様へ』中公新書、二〇一〇年)
安丸良夫「網野善彦——『宮本常一「忘れられた日本人」を読む』解説」(『戦後歴史学という経験』岩波書店、二〇一六年)
伊藤正敏『無縁所の中世』(ちくま新書、二〇一〇年)

第三部　日本社会史の名著——近世篇

第三部では、戦国から日本近世史にかかわる四冊の名著を取り上げる。

第八章は、**安良城盛昭『日本封建社会成立史論』（上・下）**である。この著作を取り上げるには、些か迷いもある。というのも、日本社会史上の名著を考えるうえで、安良城盛昭の著作をあげなくてはならないと思うものの、安良城のどの著作を名著とするかは悩むところである。安良城の著作はいずれも専門性が高く、一般の人びとや若い学生には読みにくさもある。安良城についてもっともよく理解できるのは、『天皇・天皇制・百姓・沖縄——社会構成史研究よりみた社会史研究』という著作であるが、これは、網野善彦に対する批判が主なものとなっている。ここで紹介する**『日本封建社会成立史論』（上・下）**は、安良城の専門論文を集積したものであるが、下巻は、没後にまとめられたものであり、巻末に研究者らの安良城批判が展開されている。そうした論考を参照しつつ本論を読むと、より理解が深まることであろう。

第九章では、**藤木久志『雑兵たちの戦場』**を取り上げた。著者の藤木久志は、惣無事令論（豊臣平和令論）、「自力の村」論など多くの重大な学説を提起した歴史学者であるが、一貫して民衆の視点からみた戦国社会史を構想した。ここでは藤木の著作のなかでも、一般向けで読みやすい著作を選んだ。

第一〇章では、**辻善之助『田沼時代』**を取り上げた。この著作は、大正期に発表されたものであり、すでに紹介した平泉澄の『中世に於ける社寺と社会との関係』と同様に、戦前の著作である。しかし、そこには、今日の「社会史」にもつながる論点がふんだんに盛り込まれている。戦後に発表された大石慎三郎『田沼意次の時代』（岩波書店、一九九一年）とあわせて是非一読していただきたい。

第一一章は、**山口啓二**《やまぐちけいじ》『**鎖国と開国**』である。この著作は、講座をベースにした著作であるが、ほとんど江戸時代全体を論じた内容となっている。比較的平易な文体であるが、当時の最新の近世史研究の成果を網羅した重厚な一冊である。とくに、近年、再検討が進む江戸時代の「鎖国」についての著者の見解も注目される。それでは、早速、右の四冊について紹介していくことにしよう。

第八章　日本史学への挑戦

――『日本封建社会成立史論』（上・下）安良城盛昭

一　安良城盛昭とは

安良城盛昭《ありきもりあき》（一九二七〜一九九三）は、東京大学社会研究所助教授、沖縄大学の学長などを歴任した著名な歴史学者の一人である。専門は社会構成史、封建制史であり、古代〜近現代まで幅広く研究をおこなった。とくに、歴史学界に多くの論争を巻き起こしたことで知られる。

昭和二（一九二七）年五月一〇日、東京都に生まれた安良城は、獨協中学校、海軍兵学校、第一高等学校文科乙類へと進む。ちょうど一高時代に、石母田正の『中世的世界の形成』が発表され、それを読み、感動したという。その後、安良城は、東京大学経済学部に進学した。東大在学時の安良城に、とくに大きな影響を与えた研究者が、西洋経済史学の**高橋幸八郎**《たかはしこうはちろう》（一九一二〜一九八二）と日本経済史の**安藤良雄**《あんどうよしお》（一九一七〜一九八五）、そして日本近世農村史の大家の**古島敏雄**《ふるしまとしお》（一九一二〜一九九五）である。東大時代の安良城の体験は、『日本封建社会成立史論』上巻の長文の「あとがき」に記されているので、是非参考にしてもらいたい。

その後、安良城は昭和三五（一九六〇）年に東京大学社会科学研究所助教授に就任し、同四八（一九七三）年には沖縄大学法経学部教授となり、同五三（一九七八）年には同大学長・嘉数学園理事長に就任した。また、同五五（一九八〇）年には、大阪府立大学総合科学部教授となっている（平成三〈一九九一〉年、名誉教授）。

安良城の研究は、ほぼ一〇年ごとに大きく四つに分類できる（安良城　二〇〇七年、三九九～四〇〇頁）。二〇代の頃に取り組んだ**太閤検地論**、三〇代の**地主制論**、四〇代の**沖縄論**、そして五〇代に取り組んだ**被差別部落論**である。いずれの分野においても、論争を巻き起こし、大きな影響力をもった。とくに、晩年は、網野善彦の「社会史」への批判を本格的におこない、注目を集めた。

このうち、二〇代の半ばで発表した太閤検地論（太閤検地封建革命説）は、**「安良城旋風」**と呼ばれるムーブメントを学界にもたらしたことで知られる。安良城と同世代の研究者であった**阿部猛**は、次のように述べている。

これより先、私にとって衝撃的だったのは、同世代の研究者安良城盛昭の二論文、「太閤検地の歴史的前提」（一九五三年、後『日本封建社会成立史論』（上、岩波書店、一九八四年、所収：筆者注）と「太閤検地の歴史的意義」（一九五四年、後『幕藩体制社会の成立と構造』、御茶の水書房、一九五九年所収：筆者注）であった。最初の報告は、一九五二年十二月に東京大学の山上会議所での歴史学研究会中世史部会において行われたが、いまでも、そのときの衝撃を忘れることができない。安良城は、太閤検地以前の社会を荘園制社会と規定し、その社会の土台をなすものを、「名」とよばれる経営単位であるとする。封建的小農民＝農奴の家族形態は単婚小家族でなければならないが、「名」は単婚小家族の経営体ではなく、家父長的奴隷制を本質とするものであるという。しかも、これは戦国時代まで続き、太閤検地の一地一作人の原則と「作あい」否定（＝中間搾取の否定）によって、始めてこの体制は廃棄され、ここに、農奴制＝封建制の成立をみるとする。

農奴の家族形態（単婚小家族）にこだわる安良城の立論に対して、批判はもちろんあったが、公平に見て、本格的な批判は殆どなく、どちらかといえば避けて通ったという感じがあった。安良城は「特定の生産力段階・生産関係に対応した世界史的な歴史範疇としての農奴をとらえるための概念内容として、農奴＝単婚小家族説」を展開したのであったが、これに真向から対決した論文は遂になかったと思われる。〔中略〕安良城学説は、まず第一に、日本の中世を通じて色濃く残存していた、家父長的な、あるいは同族的な諸関係が小農民の自立を困難にしている状況を指摘したことで、日本の中世を単純にヨーロッパの中世との類似においてとらえることを拒否した。これは、明治以来、日本の中世をヨーロッパ中世と対比しながらとらえてきた伝統的学説に対する挑戦であり、その意義は頗る大きく、安良城学説が学界に与えた衝撃の大きさは、当時俗に「安良城旋風」と称されたことからもうかがわれる。

〔阿部　二〇一二年、七二～七三頁〕

右の指摘にもあるように、安良城の発表は、多くの研究者らを震撼させた。その後も安良城は、多くの研究者との間で、歯に衣を着せぬ激しい論戦を繰り広げることになった。本章ではその一端についてみていくことにしよう。

ちなみに、安良城盛昭の研究の背景には、青年期に体験した戦争に対する強い使命感があったという。その点について、安良城みち代は、次のようにまとめている。

一九二七年生れの安良城は、最も多感な時代に敗戦前後の激動期を生きています。理論物理学に憧れながら、海軍兵学校で敗戦を迎え、その後第一高等学校理科に編入学、やがて文科に転科し歴史学への道を志すに至りました。復員の帰途、原爆投下後の広島とその周辺の惨状を目の当りにして、無告の民を捲きこむ戦争の不条理に若い心を烈しくゆさぶられたことが、歴史学への道を選ぶ大きな要因になったと思います。世相とその社会的背景を見据えながら、平和を阻害するもの、不条理と判断されるものへの科学的究明に全力を傾けました一生は、安良城にとりまして必然的な選択であったと思えます。

（安良城みち代　一九九五年、三〇五頁）

ほかの同世代の歴史研究者と同じく、安良城が歴史学へと情熱を傾けていく背景に、右のような戦争体験があったことは間違いないだろう。早速、安良城盛昭が活躍した時代の様相についてみていくことにしよう。

二　本書の背景——歴史論争の時代

いわゆる「戦後歴史学」のなかで、安良城盛昭ほど歴史論争に多くかかわった歴史学者も珍しいだろう。それは、安良城自身が自らの研究を「社会構成体史」と位置づけ、古代〜現代までのほぼすべての時代をカバーしていたことによる。

先ほども述べたように、安良城を一躍有名にしたのは、二〇代のころの**太閤検地封建革命説**の発表であった。これは日本史の常識的な時代区分に変更を迫るものであり、大きな議論を巻き起こした。簡単に、このときの状況について確認しておくことにしよう。

まず、安良城の太閤検地封建革命説が発表される以前の歴史学の学会では、**中村吉治**の**封建制再編成説**、**松本新八郎**の**南北朝封建革命説**などがあった。たとえば、中村は「封建制再編成史とこゝでいふのは、中世封建制から近世封建制への転換期を問題とするのであつて、それが封建制といふことからすれば再編成といひ得るといふ立場に於いて、名づけるのである」と述べているし〔中村　一九三九年、九頁〕、松本は、「この六〇年にわたる内乱は、わが国の歴史にかって見ない一大建設を行なった。なおさまざまの残りかすは温存されたが古代社会は倒されて封建社会が出来あがったのである。ここに民族の一大飛躍が見られ、それはかって見ない豊かな文化的創造をもともなった」〔松本　一九五一年、四七頁〕と述べている。これらには個々に見解の相違があるものの、いずれも中世を封建制社会とする基本的な立場は一致していた。

こうしたなかで、当時まだ二六歳の安良城によって発表されたのが、**「太閤検地の歴史的前提」「太閤検地の歴史的意義」**という二つの画期的な論文であった。安良城学説は、まず、日本社会の歴史的発展の諸段階を次のように規定する。

律令体制社会＝総体的奴隷制
荘園体制社会＝家父長的奴隷制
徳川幕藩体制社会＝農奴制

つまり、奴隷制的収奪とアジア的共同体からなる律令国家は、必然的に、班田農民相互間の奴隷制（名主の奴隷所有）へと展開していく。中世社会は一貫して奴隷制社会であって、戦国大名権力と年貢負担者（百姓）の関係性も基本的にこの枠内であり、戦国動乱によって、小農民経済が社会構成を規定するウクラードへと展開した。そして、とくに、豊臣秀吉が全国統一過程のなかで実施した太閤検地こそが、封建権力の基礎となる農奴の小農民経営を権力が自立させるという革命的土地政策であったという。そもそも、戦国期には対抗する「二つの途」があったという。一つは、荘園領主が名主を自己の体制に組み入れ農奴制的展開を実施するという「上からの途」、もう一つは、名主が荘園領主を打倒して封建領主に転化していく「下からの途」である。安良城によれば、このうち「下からの途」の勝利していく過程にあったのが、太閤検地の実現であったという。こうした理解は、当時、画期的なものであり、先ほども述べたように、学界に「安良城旋風」と呼ばれる衝撃をもたらした。

三〇代になると安良城は、日本における地主制の確立期をめぐる問題について取り組む。とくに、資料が存在しないため不可知とされていた明治二〇〜三〇年の地主制研究に没頭した。そして、全国規模の統計調査を実施し、明治二〇年代に地主制が成立したことを実証していく。その論文が、昭和三七（一九六二）年に発表された**「地主制の展開」**である。安良城のこの研究に対しては、**中村政則**《なかむらまさのり》（一九三五〜二〇一五）が、論文「日本地主制史研究序説」を発表し、地主制の確立期を明治三〇年代としたことにより、安良城—中村両者の間で激しい論戦が繰り広げられることになった。当事者である中村は、安良城の没後、次のようなコメントを残している。

しかし、いま思い返しても、地主制について私は安良城氏と論争ができて本当に幸せだったと思う。この国では、論争をすると大概仲が悪くなってしまうものであるが、私の場合はむしろ逆で、むしろ論争をしたことによって、安良城氏に対する親近感が増した。これもエピソードであるが、あるとき安良城氏から電話が掛かってきて、高円寺の飲み屋に呼び出された。行ってみると、氏は「革命的な資料が見つかった。これは広島の有元君が東京都史料館の大森鐘一文書の中から見付けたんだ。灯台もと暗しとは、このことだよ」といって、そのゼロックス・コピーを私に呉れたのである。これはのちに有元正雄氏が『土地制度史学』五五号（一九七二年四月）に発表した「府県民有財産取調概表」であるが、私はさきほどの「地主制」という論文を書くにあたって、これをフルに使わせてもらった。多くの人は安良城氏は恐いといって、敬遠するむきもあったが、よく付き合えばほんとうに優しい人だったのである。

〔中村　一九九五年、二七二頁〕

四〇代になった安良城は、沖縄大学に就職したこともあり、沖縄研究を本格的に開始する。安良城にとって沖縄は両親の出身地であった。安良城によれば、「沖縄を深くとらえるためには、日本がよくみえなければならず、日本がよくみえるためには、沖縄を深くとらえることが必須の前提となる」という。安良城が沖縄研究を進めるにあたって、大きな影響を受けたのが、「沖縄学の父」といわれる**伊波普猷**《いはふゆう》（一八七六〜一九四七）である。安良城は「日本史学史における社会史の源流・起点についていえば、第一に、琉球・沖縄史研究の開拓者・伊波普猷をまずあげるべき」だと述べている〔安良城　二〇〇七年（初出一九八九年）、六頁〕。

安良城の沖縄研究は、進貢貿易論、土地共有制（地割制）・人頭税論、琉球処分論（安良城は、琉球処分を「上からの・他律的な・民族統一」と規定した）などの多岐にわたったが、**西里喜行**《にしざときこう》（元琉球大学教授）との間で展開された**安良城―西里論争**がひときわ注目される。島津氏の琉球征服と明治期の〈琉球処分〉の二段階によって、琉球は日本社会に内包されていったとみる安良城の考え方に対して、西里は

「琉球王国」の独自性を強調し、この見方に対して激しく批判した〔西里　一九八一年、三一〜四八七頁〕。

ところで、安良城が晩年になって取り組んだのが、同世代の歴史学者、とくに**網野善彦**（**⬇第七章**）に対する批判である。安良城の網野批判は、史料解釈をめぐる疑問から理論に対する批判まで、多岐にわたっている。こうした安良城の批判は、本人によって**社会構成史研究からみた社会史批判**だと規定されている。安良城によれば、網野らの「社会史」が部分史であるのに対して、「社会構成史」は、人間の歴史総体を追究するものだという〔安良城　二〇〇七年、三三二頁〕。

まず、安良城は、網野の提示した「無縁論」の史料解釈のあいまいさについて逐一批判する。網野は、中世の「無縁」（「無縁所」）という語に、「原始の自由」を読み取ったのに対して、安良城は、この言葉を正反対に理解する。すなわち、安良城によれば、「無縁所」とは、「所領もなければ檀徒もない。孤立無援の寺」（日葡辞書）のことであるという。実際に、史料のなかでも「為無縁所之間、以憐愍」とあるように、「無縁所」は、憐れんだり、情けをかけられたりする困窮の寺院だったのではないかと指摘する。すなわち、網野が「無縁所」を《世俗の縁を積極的にたち切っている寺院》と理解したのに対し、安良城は、《強力な世俗の縁がないために、これを求めている寺院》と解釈したのである。こうした問題点をいくつか指摘したうえで、安良城は、網野の研究について、皮肉を込めて次のように述べる。

なお、ここで網野善彦『無縁・公界・楽』についての私なりの積極的評価をのべておきたい。

この書を歴史学の成果としては私にはとても認められないのであるが、観点をかえてみれば、この書は歴史文学としては新しいジャンルを切り拓き、読者に歴史に対する新しい関心を高め広めた、という点において御世辞ぬきで功績絶大なものがあった、と考えている。

歴史学と歴史文学とは密接に関連するものの、「文」の一字のあるなしで本質的な違いがある。歴史学は、正確な史料解釈にもとづきつつ、かつ妥当な歴史理論に基礎づけられて、複雑な諸史実を構成＝組み立てて歴史を復元しなければならない研究領域なのであるが、歴史文学は、史実に一定の基礎をもつとはいえ、作者の想像力＝創造力によって、確実な史実のすき間を歴史理論を無視して自由に飛翔できるのである。

網野氏のこの著は、史実についてのその博識に裏付けられているとはいえ、理論的にいって基本的には一人よがりでレベルの低いものであるが、実証的にも史料や語義についての誤釈の堆積であって、歴史学という見地からすれば、落第というほかないと私は思うのだが、新しいタイプの歴史文学（個人が登場しない社会史的という意味で）という視点からこの著を評価すれば、そこに網野氏の歴史に対するロマンが多彩なかたちでくりひろげられていることに眼をみはる思いがする。

網野氏御自身が、この書を歴史学の著書として錯覚され、新しい人類史といって騒ぎたてたジャーナリズムのみならず学界や読者の多くも、これを新しいタイプの歴史文学（壮大とはいえ、結局のところ架空なロマン）と見抜けなかったところに問題があったのである。

こういう状況（網野ブーム）が約一〇年とはいえ現出したイデオロギー的背景には、十分に検討に値する興味深い論点が秘められていると私考する。

〔安良城　二〇〇七年、四五五～四五六頁〕

このように、安良城は、網野の提示した新しい「人類史・世界史の基本法則」に対して、マルクス主義歴史学者として真っ向から批判することを試みていた。しかし、安良城にはそれほど時間が残されていなかった。安良城はすでに『天皇・天皇制・百姓・沖縄』の「あとがき」に次のように記している。

若しかしたら、本書の刊行だけで私はあの世に行かざるをえないのかも知れない。［中略］だからといって、生来ネアカの私は、メソメソしたり落ちこんでいるわけでは決してない。四〇年の私の研究生活は、自由で充実していたと心ひそかに満足しているからである。

また、体調が十分でないからといって、長生きする為に研究をさし控え抑制する気持もサラサラない。長生きするために第二線に退き、輜重兵や看護卒などの役割を演じようなどと思う気持は全くない。研究の第一線でドンパチやって「名誉の戦死」を遂げることを以て本望としているからである。

唯物論者である私は、死後とても天国にはゆけなくて地獄におちるであろう。そのことも楽しみである。地獄にいって革命をおこしてエンマ大王を追放し、同じように地獄におちているであろうマルクス・エンゲルス・レーニン・毛沢東とマルクス主義と社会主義について立ちいった議論ができると期待するからである。死もまた楽し、と私が考えている所以である。もちろん、唯物論者としてあの世に天国も地獄もありえないと内心では確信しているのだが。

〔安良城　二〇〇七年、四五九頁〕

『天皇・天皇制・百姓・沖縄』の刊行から四年後の平成五（一九九三）年四月一二日、安良城盛昭は、六五歳でこの世を去った。

三　『日本封建社会成立史論』の世界

さて、本書『日本封建社会成立史論』（上・下）は、安良城盛昭がその生涯にわたって発表してきた論文のうち、とくに、太閤検地論争について書かれたものが収録されている。

なお、本書は、上巻「あとがき」に書かれている太閤検地封建革命説の発表の経緯とその後の論戦についての記述をあわせて読むと分かりやすい。すなわち、著者は、次のように述べている。

本書は、第Ⅵ論文において提起した、前近代における日本社会の歴史的展開についての仮説的ている。

問題提起を、その後の私の理論的・実証的検討によって補強・補正した諸論文を加えて編輯されている。

その補強・補正は次の三点において実現されている。

その一つは、第Ⅵ論文においては極めて不十分な、古代律令体制社会の歴史認識についての補いであって、決して十分とはいえないが、第Ⅵ・Ⅴ論文・附論Ⅰ（「社会科学の方法」三号・一九六七年、御茶の水書房、に発表したもの）がこれである。

その二つは、中世社会における家父長的奴隷制の問題である。第Ⅵ論文においては、当時の理論的・実証的水準の一般的低さという学界状況と私の力量不足に制約されて、下人の階級的実態とその身分的本質についての弁別がなされていなかった欠陥がめだつのだが、その欠陥は、第Ⅰ論文において補正され、第Ⅱ論文によってこれを確定的なものとして論証しえたと考えるものである。〔中略〕

その三つは、戦国大名の歴史的性格をめぐる問題であって、本書第Ⅲ論文が、これと関わっている。最近の戦国大名研究における有力な一見解である勝俣鎮夫説に対する反論に第Ⅲ論文はとどまっているが、その〔補註〕で明記したように（本書九四頁）、戦国大名（後北条・今川・武田）検地についての包括的な研究と、これにもとづく勝俣再批判がすでにできあがっており、本書下巻に収められることとなっている。

〔安良城　一九八四年、三三六〜三三八頁〕

つまり、本書は、Ⅵ論文を補う論考が、網羅された論文集ということができるであろう。各章の内容を詳しくみていきたい。

「**Ⅰ　日本中世社会における家父長的奴隷制**」は、『岩波講座　日本歴史　別巻1　戦後日本史学の展開』に収録された「法則認識と時代区分論」の一部分である。著者は、「しばしば指摘される中世史研究と近世史研究との間にみられる断絶は、日本中世社会に存在する家父長的奴隷制の存在意義をどのように評価するかをめぐって生じている」（安良城　一九八四年、五頁）という。これは、中世社会に一貫して存在が確認される「下人身分」（＝著者によれば「疑いもなく奴隷身分」）をどのように評価するか、という問題とかかわるものであり、本章はこの点を検証している。中世史研究者のなかには、「下人身分」が実質的には農奴身分に変質したとする見解（黒田俊雄説）や、「下人身分」が奴隷身分とも農奴とも異なる独特な身分であるという理解（戸田芳実・河音能平説）があるが、著者は次の二点からこの誤りを批判する。

> しかし、これらの見解は、第一に、日本中世社会の「下人身分」が身分としてどういう本質をもっていたかについて、具体的な検討を欠いている点で実証的な難点をもっており、さらに第二に、身分と階級についての不正確な理解をともなっているところに、理論的な難点がふくまれていると思われるのであって、第一の点については、後に具体的に検討することとして、あらかじめ第二の論点について簡単な検討を加えておきたい。

〔安良城　一九八四年、八頁〕

そのうえで、著者は、本章のなかで戦国大名家法を分析し、〈他人の所有の対象〉〈下人の無所有＝所有の非主体〉〈下人の被給養＝非自立〉〈下人に対する被給養＝非自立の強制〉〈苛酷な支配の対象〉という「下人身分」の五つの基本的側面を析出する。これによって、日本の中世社会に家父長的奴隷制が占める構成的比重が高い点が証明される。

「**Ⅱ　最近の身分制研究をめぐる二、三の理論的・実証的問題――日本中世の『下人身分』検討を中心に**」（初出一九八一年）は、中世社会における「百姓」「下人」身分についての「研究上の混迷」を批判したものである。著者は冒頭で、当時、網野善彦によって提唱されていた「平民百姓」＝「自由民」という理解をはじめとし、秀村選三、大山喬平、高橋昌明、木村茂光らの「下人」理解についても批判を展開する。そのうえで、著者は、次のように述べた。

筆者は、日本中世社会の「下人身分」の本質は何であるか、を論ずる時代はもはや去ったと思うのであって、むしろ八〇年代の日本中世社会の身分論は、「不自由身分」である「下人身分」とあいならぶ、「非自由民」としての「百姓身分」の身分的本質の解明を、中心課題とすべきものと愚考する次第である。

〔安良城　一九八四年、四五頁〕

目次

太閤検地封建革命説を提唱して以降の、著者自身の研究史理解・思想形成を考えるうえで重要であると考えられる。**「Ⅲ　戦国大名検地と『名主加地子得文』・『名田ノ内徳』――勝俣鎮夫『戦国法成立史論』によせて」**は、有光友学の論文「戦国大名今川氏の歴史的性格――とくに〈公事検地〉と小領主支配について」と勝俣鎮夫の『戦国法成立史論』に対する批判を核としている。とくに、戦国大名が「作あい否定」の方針を実際にもっていたとみなす有光・勝俣説への批判が、本章の中核となっている（著者は、戦国大名には「作あい否定」政策がない、と主張する）。

「Ⅳ　律令体制の本質とその解体石母田・藤間・松本三氏の見解の検討を中心として」は、「日本における総体的奴隷制の最後の段階と考えられる律令体制社会の特殊な構造とその解体の仕方」について、石母田正・藤間生大・松本新八郎の三氏の見解を批判的に検討したうえで、新たな問題の提示をおこなっている（安良城　一九八四年、一〇〇頁）。また、**「Ⅴ　班田農民の存在形態と古代籍帳の分析方**

日本社会の歴史的発展の諸段階

律令体制社会＝**総体的奴隷制**

↓

荘園体制社会＝**家父長的奴隷制**

↓

徳川幕藩体制社会＝**農奴制**

封建進化の2つの途

上からの途＝荘園領主が名主を自己の体制に組み込む
下からの途＝名主が荘園領主を打倒して封建領主に転化

➡“下からの途”の勝利の過程に太閤検地は実現

太閤検地＝封建権力の基礎となる農奴の小農民経営を権力が自立させる革命的な土地政策

安良城学説の概念図
筆者作成

法——石母田＝藤間＝松本説と赤松＝岸＝岡本説の学説対立の止揚をめざして」は、律令国家権力の「戸」（班田農民）の特殊歴史的性格を分析したうえで、その存在形態を分析する〔安良城　一九八四年、一三六頁〕。

そして、「**Ⅵ　太閤検地の歴史的前提**」は、学界に大きな旋風を巻き起こした著者の処女論文である。豊臣秀吉の太閤検地を日本における封建制成立の歴史的な画期とし、それ以前を基本的に奴隷制社会であると把握したものであり、安良城の考えが実証的に示された記念誌的な論考である。

本書は、専門的な学術書であり、それゆえに一般の読者（とくに、マルクス主義の用語に不案内な大多数の読者）にとっては、理解に苦しむ部分が多いだろう。しかしながら、著者の他の研究者に対する歯に衣着せぬ批判は、とても興味深いものである。再読再々読して、〝安良城ワールド〟を体感してもらいたい。

四．本書の影響

さて、本書のなかでも論じられているように、安良城の太閤検地封建革命説に対しては、発表の当初から賛否両論があった。まず、**石母田正**（**➡第四章**）は、次のように述べている。

本文の発表以後、日本における封建制の成立およびその特質について、もっとも注目すべき理論的仮説を提起したのは、安良城盛昭氏の論文『太閤検地の歴史的前提』（『歴史学研究』、一六三・一六四号）であろう。この論文は、本文にたいする批判をふくみ、基本的な結論において、それと対立するものであるが、われわれは氏の労作から学ぶべき多くのものを見出すのである。氏の見解は、その理論的一貫性においてすぐれているばかりでなく、従来の中世史家の研究の批判的整理のうえに立っておること、ことにわれわれが室町時代の大名領の成立を封建制の一応の確立期として、そこから平安・鎌倉時代の封建制を考える傾向があったのにたいして、氏は日本における典型的な封建制の成立期である「戦国時代」末期に基点をおき、そこから律令制解体以後の全時期を統一的に、理論的に把握しようとされたことなどに、従来の中世史家にみられない卓越がある。それは徳川幕藩制についての研究成果と、中世史または荘園史研究の成果を理論的に媒介し、統一しようとする一つの新しい試みであって、古代・中世の研究者は、氏の理論を慎重な検討に価する見解として受取る必要がある。それだけでなく、相互の見解のちがいはあっても、氏の提起された問題点は、日本の封建社会の本質的な問題を析出した点に意義があるのであるから、われわれは氏の結論自体よりも、むしろ提起された問題の内容の重要さに注目すべきであり、それによって従来の研究の理論的な欠陥をいかに克服するかに努力を集中すべきであるとかんがえる。

（石母田　一九六四年、二七〇〜二七一頁）

右のように、石母田は、安良城説を「徳川幕藩制についての研究成果と、中世史または荘園史研究の成果を理論的に媒介し、統一しようとする一つの新しい試み」として肯定的に受け止めている。また、**宮川満**《みやかわみつる》（一九一七〜二〇〇三）も、村請制に有力農民を保護する妥協的な側面がある点に着目し、比較的安良城説に近い理解を示した（**相対的封建革命説**）（宮川　一九五九年、二四〜五一頁）。**遠藤進**《えんどうしん》**之**《の》**助**《すけ》（一九二七〜一九五六）らは、「役屋」やその小族団的協業体を中世の名・名主との連続とみる**役屋体制論**を提示した（遠藤　一九五六年、七七〜一〇二頁）。これは、近世農村支配が、「役屋」（夫役を負担する家）である本百姓を軸としていることに注目したものであったが、安良城は本百姓のみが夫役を負担したわけではない点を批判する。

なお、中世史の研究者らは、中世を奴隷制社会としてとらえる安良城の見方について、荘園領主・

在地領主の支配を軽視する見方であるとして強く反論した。これは後に、荘園制＝封建制説論争へと発展していく。安良城の見解は、従来の明治以来の日本史研究が、「日本的特殊」を「世界史的普遍」に解消する目的で進められてきた点に対する根本的な否定も含まれており、それが多くの研究者に影響を与えた理由の一つでもあった。

安良城の研究は、多くの派生的な研究を生んだ。**佐々木潤之介**《ささきじゅんのすけ》（➡第一二章）は、著書『幕藩権力の基礎構造』のなかで、次のように記している。

故服部之聡氏の「絶対主義論」や、故藤田五郎氏の「近世農政史論」を始めとする、徳川政権下の日本社会の特質をめぐる長い論争は、一九五四年、安良城盛昭氏の「太閤検地の歴史的前提」「太閤検地の歴史的意義」によって、新たな局面を迎えたことは、周知の事がらに属する。

それ以来一〇年、筆者はまず自らの足が、右の安良城論文の上に立っていることを確認し、かつ、明らかにしておかねばならない。一九五九年、安良城氏は、氏の所説の上に、幕藩制社会についての、基本的論理を構成され、「幕藩体制社会の成立と構造」を著わされた。筆者は、自らの、研究史的任務を、幕藩制社会の研究を通じて、とりあえずは、右の安良城氏の業績の検討の上に、みづからの日本社会についてのビジョンを、構成し、豊かにすることにあると考える。

〔佐々木　一九六四年、一九頁〕

軍役論を提示し、戦後の近世史研究をリードしていく佐々木潤之介の学説の前提に安良城学説が存在していたことは、念頭においておく必要があるだろう。

しかし、安良城のこうした理解に対しては、大きな反発があったことも事実である。**中村吉治**は、安良城説に対して、次のような「素朴な疑問」をぶつけている。

> 妙ないきさつから江戸時代以前は家父長制的奴隷制だという説が出てうまくつないだ。秀吉の検地で奴隷解放が行われ、封建的小土地所有と村落共同体ができたという説になって、一貫した歴史の体系ができあがったのである。まあよかったとホッとしたわけだろうが、子供の作文じゃあるまいし、うまく文章がつづいた、よかったとほめてすむことではない。前者の立論としてはむずかしいことは一ぱいあって、むしろ空想が空想を生み、無理が無理を生んでゆくところ呆れるばかりなのだ。しかし、やはりできあがった歴史はちっとやそっとでは変えられぬ。そこで、ここでも古代と似かよった素朴きわまる疑問を出してみよう。
>
> 〔中村　一九六八年、一四〜一五頁〕

中村は、ここで六つの疑問を提示しているが、それに対して、安良城は、本書附論のなかでそれぞれ反論したうえで、次のように述べている。

以上、「素朴な疑問に答えるということ」のなかで、中村氏が積極的に主張された六つの論点を全て検討し終えたが、中村氏にとって不幸なことに、この六つの主張は、いずれも、中村氏の研究史に対する無知、歴史的事実に対する無知、マルクス遺稿の訳文についての不当ないいがかり、さらに、実証についての素朴な理解を自から暴露されたに過ぎず、したがって中村氏が、この六つの論拠にもとづいて、戦後日本歴史研究の発展を担った若手研究者に敢えてした「直言」は、客観的には「罵詈雑言」「老人のたわ言」に他ならないという皮肉な結果をもたらした。

中村氏は一度でも、次のことを考えられたことがあろうか。すなわち、中村氏の見解からみて、馬鹿げた空理・空論であることが、直ちに、客観的にも馬鹿げた空理・空論にならないことは、あたかも、物わかりの悪い老人が、時勢を憂うるのあまり、「近頃の若い者には根性がない。やはり昔の徴兵制度は良かった」と「直言」し、それが周囲に入れられず、「世の中が間違っている」とカンシャクを起しているからといって、その老人の「直言」が正しいと全くいえないのと同然だということを。

〔安良城　一九八四年、一八二～一八三頁〕

こうしたやりとりからも、逆説的に、安良城の学説がいかに重大なものであったかがよく分かる。ちなみに、日本中世史研究者らが、安良城の太閤検地封建革命説を支持せず、荘園制＝封建制論を深化させていったのに対して、近世史研究者らは、全体として安良城説に柔軟であったと考えられる。

それは、**朝尾直弘**《あさおなおひろ》（京都大学名誉教授）が、安良城説を支持・継承し、**「日本近世史の自立」**を主張していくことによく示されている（朝尾　一九六五年）。

皮肉なことに、安良城の太閤検地論の発表にともない、「中世」と「近世」の研究上の断絶はより明確なものとなっていった。その後、**中近世移行期研究**が盛んになり、当時の社会状況や中間層（土豪）の主体としての役割が明らかにされるなど、実証研究が深化していくなかでも、安良城説が完全に克服されることはなく、フェーディングされているというのが現状であろう。

さて、研究一筋の生涯を過ごした安良城盛昭が、めざしていたものは、果たして何だったのだろうか。安良城みち代による次の言葉がそれを教えてくれる。

爾来研究一筋の生活が続きましたが、安良城は常々、あらゆる研究成果は若い世代の研究者の批判を受け、乗り越えられていくものだと申しておりました。若い研究者の方々に期待し、それゆえに、次世代の研究者に簡単に乗り越えられない研究成果をあげることを最大の目標としていました。死後、自身の研究が、批判的検討を受けながら、その一部でも若い世代に引き継がれ、少しでも歴史学の発展に寄与できれば、安良城にとってこれにすぐる喜びはないと思います。

今も鮮明に想い出しますのは、安良城が研究者としての道を選びました頃、「やがては、子供が理解出来るやさしい言葉で最高の内容をもつ子供のための歴史通史を書きたい」と申していたことです。私に語りましたその頃の熱い夢は、残念ながら実現に至りませんでした。

マルクス主義の難解な理論をもって歴史を考察し、多くの研究者らとレヴェルの高い論戦をくりひろげてきた安良城盛昭が、もしも「子供のための歴史通史」を書いていたら、一体どんなものになっていたのだろうか。今となっては知る由もない。

〔安良城みち代　一九九五年、三〇五〜三〇六頁〕

参考文献（年代順）

中村吉治『日本封建制再編成史』（三笠書房、一九三九年）
松本新八郎『日本歴史講座』第三巻　中世篇（一）（河出書房、一九五一年）
安良城盛昭「太閤検地の歴史的前提」（『歴史学研究』第一六三・一六四号、一九五三年）
安良城盛昭「太閤検地の歴史的意義」（『歴史学研究』第一六七号、一九五四年）
遠藤進之助「徳川期に於ける『村共同体』の組成」（『近世農村社会史論』吉川弘文館、一九五六年）
宮川満『太閤検地論　第Ⅰ部』（御茶の水書房、一九五九年）
安良城盛昭『幕藩体制社会の成立と構造』（御茶の水書房、一九五九年）
安良城盛昭「地主制の展開」（家永三郎・石母田正ほか編『岩波講座　日本歴史』第一六（近代三）、岩波書店、一九六二年）
石母田正『古代末期政治史序説――古代末期の政治過程および政治形態』（未來社、一九六四年）
佐々木潤之介『幕藩権力の基礎構造――「小農」自立と軍役』（御茶の水書房、一九六四年）

朝尾直弘「日本近世史の自立」(『日本史研究』第八一号、一九六五年)
中村吉治「素朴な疑問に答えるということ」(『社会科学の方法』創刊号、一九六八年)
安良城盛昭『歴史学における理論と実証——日本社会の史的分析　第一部』(御茶の水書房、一九六九年)
有光友学「戦国大名今川氏の歴史的性格——とくに『公事検地』と小領主支配について」(『日本史研究』第一三八号、一九七四年)
安良城盛昭「法則認識と時代区分論」(朝尾直弘・石井進ほか編『岩波講座　日本歴史』第二四(別巻1)、岩波書店、一九七七年)
勝俣鎮夫『戦国法成立史論』(東京大学出版会、一九七九年)
安良城盛昭『新・沖縄史論』(沖縄タイムス社、一九八〇年)
西里喜行『沖縄近代史研究——旧慣温存期の諸問題』(沖縄時事出版、一九八一年)
安良城盛昭『日本封建社会成立史論』上巻(岩波書店、一九八四年)
安良城盛昭『日本封建社会成立史論』下巻(岩波書店、一九九五年)
中村政則「地主制・天皇制論」(安良城盛昭『日本封建社会成立史論』下巻　岩波書店、一九九五年)
安良城みち代「あとがき」(安良城盛昭『日本封建制成立史論』下巻　岩波書店、一九九五年)
安良城盛昭「網野善彦氏の近業についての批判的考察」(『天皇・天皇制・百姓・沖縄——社会構成史研究よりみた社会史研究批判』吉川弘文館、二〇〇七年)
阿部猛『歴史学と歴史教育——歴史を彷徨う』(日本史史料研究会、二〇一二年)

第九章　戦国時代の「村」をどうとらえるか
――『雑兵たちの戦場』藤木久志

一．藤木久志とは

藤木久志《ふじきひさし》（立教大学名誉教授）は、新潟県出身の歴史学者である。専門は戦国史研究で、とくに民衆の視点から戦国社会をとらえた一連の研究で知られている。

昭和二七（一九五二）年に新潟大学人文学部に入学した藤木は、**井上鋭夫**（**➡第五章**）に師事し、中世史研究を学んだ。その後は、東北大学大学院に進学し、日本中世の商業史研究で著名な**豊田武**《とよだたけし》（一九一〇～一九八〇）や近世国学の研究者である**伊東多三郎**《いとうたさぶろう》（一九〇九～一九八四）らの指導を受けた。藤木は、昭和四一（一九六六）年、群馬工業高等専門学校講師をつとめ、その二年後には聖心女子大学文学部講師、さらに翌年には助教授へと昇進した。昭和四七（一九七二）年に、立教大学文学部助教授へと異動し、この年に代表作の一つである『戦国社会史論』を刊行した。この「あとがき」には、次のように述べられている。

わけても、新潟大学いらい、この初春まで二〇余にもわたって、お教えを賜った井上鋭夫先生のあまりにも突然のご逝去は、くやしい。研精院釈鋭智として往生をとげられた、先生のご冥福とご遺族のお幸せを、切にお祈り申しあげていきたいと思う。〔中略〕また、故井上先生に従って北国の踏査をはじめていらい、わたくしは、ほとんど歴史は旅だと思いこむほどに、よく歩いた。

〔藤木　一九七四年、三九九～四〇〇頁〕

第五章で述べたように、藤木の師匠である井上鋭夫は、昭和四九（一九七四）年一月に亡くなったが、井上の存在は、その後の藤木の研究に大きな面影を残すことになる。

さて、藤木の戦国史研究は、多岐にわたっているが、視点を徹底して民衆においている点にその第一の特徴があるだろう。藤木の研究は、五歳年長の**網野善彦**（**➡第七章**）や**安良城盛昭**（**➡第八章**）らの成果を乗り越えることから出発している。それは、『戦国社会史論』のなかで、次のように述べていることから明らかであろう。

すなわち、十五世紀末・十六世紀初頭における荘園の崩壊を結論する諸研究に示されたすぐれた洞察に依拠することによって、私たちは十六世紀戦国期の一〇〇年のあとについても、先に摘記したような、かなり的確な見通しをもつことができるのだが、しかし、それ以上にこの戦国の一〇〇年＝一世紀の特質を豊かに確定し、そこからさらに幕藩体制社会への移行の論理を解明しようとするならば、もはや、「太閤検地は、太良荘における所職の秩序の生命を、完全に絶ち切った」とか、「かくして永正を過ぎる頃から東寺の支配形態は、ほとんどその実態を明らかにしえなくなる。そして天正十三年……約二五〇年にわたる東寺領庄園としての歴史にピリオドを打つことになるのである」というような、各研究の終章の結語にのみよりすがって十六世紀を語ることはゆるされないであろう。

まして、十六世紀における荘園領主的土地所有に関する本格的な分析が、昭和三十四年に公刊された宮川満氏『太閤検地論』（第Ⅰ部）ののち、ほとんど皆無にひとしいという中世史の研究状況は、〔中略〕安良城盛昭氏の所論に対し、中世史の側から、直接に十六世紀の分析を進めることをつうじて、批判的な検討を加えようとする積極的な作業がほとんど積み上げられてこなかったことを示すものというほかはないであろう。

〔藤木　一九七四年、四～五頁〕

右の引用文の前半部分は、太良荘の歴史を叙述した**網野善彦**の『中世荘園の様相』を、後半部分は**安良城盛昭**の太閤検地封建革命説のことを示している。まさに、藤木の研究は、網野・安良城の提起した研究を乗り越えることからはじまっていることが分かる。それでは、例によって、藤木の戦国史研究について、その背景を含めて考察していくことにしよう。

二　本書の背景――中近世移行期をめぐる研究

それでは、本書『**雑兵たちの戦場**』が発表される以前の、中近世移行期（戦国時代）をめぐる研究史の動向を追っておこう。

「中近世移行期」とは、その名の通り、「中世」と「近世」のはざまの時期を転換期として断絶的に理解するのではなく、一つの時代として認識することによって、この時代の特徴を見出そうと考える立場である。これは、**勝俣鎮夫**《かつまたしずお》（東京大学名誉教授）が、『戦国時代論』のなかで述べた次の言葉が典型的にそれをあらわしている。

さて、私も以上のような意味での転換を戦国時代に認める立場にたつが、この観点にたつとき、その転換期の名称はともあれ、一般にいわれる戦国時代より時間的にひろくとり、十五世紀から十七世紀なかばまでをひとつの時代として把握し、それを段階的にとらえることにより、この転換の意味はいっそう明らかになると思われる。

〔勝俣　一九九六年、二頁〕

右のように述べたうえで、勝俣はこの時代の「転換の指標」として、次の三つをあげる。一つは、歴史を動かす主体勢力としての民衆の登場と自律的・自立的性格の強い村・町の形成。二つめは、野生の時代から文明の時代への転換、すなわち一種の近代的合理主義の観念の芽生え。三つめは、国民国家的性格の強い国家の形成がおこなわれたこと、である。

勝俣のこの指摘が、後の研究に与えた影響はきわめて大きいが、とりわけ、村町制の成立を「転換の指標」にあげた点は注目される。藤木もまた、勝俣と同じく、自立的・自律的性格の強い村・町の形成に注目し、民衆からみた戦国社会史像を提示した研究者の一人である。以下、藤木の研究をふり返りつつ、当時の学界への影響について考察していくことにしよう。

先述したように、藤木が最初にまとまった論文集を世に提示したのは、昭和四九（一九七四）年に刊行された『戦国社会史論』でのことである。同書において、藤木は、戦国時代において、本年貢（公方年貢）と名編成にもとづく荘園制的収取体系が存続していることに注目し、この時代を荘園制社会の最終段階（固有の時期）として位置づける。そして全体の動向としては、領主権力による主従制的なタテの集権化の動きと在地の相互連帯的なヨコの結合の動きの対立と絡まりのなかでこの時代を把握したうえで、戦国社会の農民にとって、領主とは何であったのかを探究した。

ここで、藤木は「地下請」に関する理解などの部分において、いわゆる〝明るい農村〟像への違和感を示し、農民たちのおかれた状況の厳しさを強調する。たとえば、次のようなものである。

つきつめていえば、地下請の実現とは宿老層による年貢徴収の強制、つまり惣領制が領主規制に転化したことを示すものに他ならぬ。したがって、村民相互のしめつけ、「ひとめ」が弱小の年貢負担者層にある意味で在外の領主の監視よりかえって厳しく重い強制・束縛としておおいかぶさることになったであろうこともまた見逃しがたい。地下請の成立とは、惣内部の農民ひとりひとりにとってそのまま直ちに領主的収奪からの解放を展望しうるような事態ではけっしてなかったのではあるまいか。

〔藤木　一九七四年、二一六頁〕

ここには、「領主的収奪」に対して脆弱な村民像が、如実に示されている。この考え方は、後に藤木自ら自己批判していくことになるが、この時点では、まだ後の民衆からの視点を重視する歴史研究への方向性は必ずしも十分に示されていなかったといえるであろう。

藤木の研究を一躍有名にさせたのが、昭和六〇（一九八五）年に刊行された『豊臣平和令と戦国社会』である。ここでは、藤木の代表的な学説である**豊臣平和令論（惣無事令論）**が全面的に展開されている。藤木の主張は、主に次の三点である。

①惣無事令論

惣無事令とは、豊臣政権が出した「私戦」禁止令（平和令）のことであるが、藤木はこれを次のように理解する。秀吉の全国統一は、専制的権力による武力制圧ではなく、惣無事令（＝平和令）

の受け入れを強制するなかで実現したものである。つまり、豊臣政権の政策基調は、戦国大名に対する惣無事令、村の自力救済を否定する喧嘩停止令、村の武力を放棄させる刀狩令、それから海民に対する海賊禁止令などの一連の平和令（豊臣平和令）に求められるものだと規定したという。

②国分論

そもそも戦国時代の本質は、「国郡境目争論」に求められるように、「国分」が重要な問題となる。藤木は、「戦国期国分」と「豊臣期国分」の二つを想定する。前者は、中央権力による強制をともなわない戦国大名間における主体的な国分である。当時の領土画定は、国郡単位の中世的慣習（当知行安堵・本領安堵）に依拠しており、その実行力は大名間の「自力次第」であった。後者の「豊臣期国分」は、戦国期国分の秩序を前提にしつつ、当事者の「自力次第」ではなく、豊臣政権による職権的な強制執行であり、拘束力をもつものであったという（違反者は、「平和」侵害の罪をもって征伐）。

③「自力の村」論（移行期村落論）

藤木は、いわゆる「村の武力」に関する議論も積極的に展開した。中世後期の山野水論には、村落間に激しい武力衝突をともなう独自の紛争解決体系があった。これは、村が常時発動可能な武力を保有していたことを示している。そして、この武力の担い手は、「若衆」と呼ばれる年齢集団であり、武力の行使にともない発言権が強まった彼らは、しばしば長老衆と対立することもあったという。そしてこの自力の体制は、豊臣政権による喧嘩停止令によって否定されていく。そのことは、民衆にとって犠牲や強制からの解放を意味したというのである。

①～③までの議論に通じていえるのは、藤木がやはり、常に民衆の目線から歴史を構想していたことである。それは、その後の著作のなかでも一貫していた。

『戦国の作法』は、「作法」という具体的な行為によって、戦国時代の社会を考察した著作である。この方法論は、一九七〇年代後半以降、急速に市民権を得た「社会史」の影響を受けたものである。また、**『刀狩り』**は、豊臣秀吉によって行われた「刀狩り」だけではなく、明治の廃刀令、戦後マッカーサーによる「民間武装解除」という「三つの刀狩り」を論じた著作である。上から強制されたものではなく、民衆の「自己による武装封印」に着目した内容となっている。これは戦国時代が主たる考察の対象となっているが、明らかにその射程は現代社会にまで及んでいる。藤木の意図は、エピローグの次の文章に端的にあらわれている。

> 刀狩令と喧嘩停止令、この二つの武器制御のプログラムは、長くきびしい戦国の内戦と自力の惨禍を痛切に体験した世の中の、平和への希いと合意に支えられて誕生した。だからこそ長い生命を持ちつづけた。日本国憲法の戦争放棄の誓い（第九条）も、大戦による内外の犠牲と反省をうけ、自律的に支えつづけて今日にいたったが、いま危機に瀕している。
>
> 〔藤木　二〇〇五年、二二八～二二九頁〕

この文章のなかに、「豊臣平和令」の研究をつづけてきた藤木の問題意識が明確に示されている。

さて、ここで紹介する本書『雑兵たちの戦場』は、藤木の数多い著作のなかでも、とくに興味深い一冊である。また、一般向けに書かれた本であり、内容も平易で理解しやすいが、その一方で、戦国時代に対する常識や通説を覆す内容となっている。早速、本書の内容をみていくことにしたい。

三 『雑兵たちの戦場』の世界

それでは、本書『雑兵たちの戦場』（初版一九九五年）の世界をみていくことにしよう。ここでは、現時点でもっとも入手しやすいと思われる『新版　雑兵たちの戦場』（朝日新聞社、二〇〇五年）をもとに紹介していきたい。本書は研究者向けではなく、一般向けに書かれたものであり、歴史研究の初心者でも読みやすい叙述となっている。

著者は、プロローグで次のように述べている。

この二十一世紀初まで、ほぼ半世紀も続いた日本の平和と飽食。その幸せ色に深く染まって、私たちは、ついに海の彼方に広がる戦争と飢餓の現実を忘れ、「戦争と飢餓の時代」とさえいわれる日本の中世まで

目次

も、わけもなく安穏無事な世の中と思い込んできた。その結果、日本中世の戦争と飢餓をあわせて見すえる作業には、まだほとんど手が着けられていない。天地に異変の兆しが続くいま、私はその想いをひとしお強くしている。

二十年ほど前に私は、天下統一（戦争から平和へ）という、十六世紀末の大きな社会変動の意味を問い、「秀吉の平和」には、中世の苛酷な自力社会（自力の惨禍）からの脱却という意味が込められていた、と論じたことがあった。しかし、戦国社会の焦点にあったはずの、戦争の惨禍についても、平和な暮らしのもたらした現実についても、何ひとつ明らかにすることはできなかった。

それから後、私は「英雄たちの戦場」から「雑兵たちの戦場」へ、戦争を見る目を少しずつ反転させながら、「戦争と平和の社会史」の楽しみをゆっくりと温めて、今日に至った。そのナゾ解きの跡を、ここに「雑兵たちの戦場」と呼んで、まとめてみることにしよう。

〔藤木　二〇〇五年、一〇～一一頁〕

「**I　濫妨狼藉の世界**」は、フロイスの『日本史』をたよりとしつつ、戦国期に日本各地で実際におこなわれていた戦争を考察する。そして、フロイスの言葉が示していたように、実際の戦場では人の掠奪と人身売買が繰り返されていた。こうしたなかで、著者は、「豊臣政権が人身売買停止令を秀吉の平和令の一環として、天正十六年を画して全国法として打ち出したことは、ここに天下一統過程の集結、全国政権の確立を天下に宣明する意義が籠められていた」という〔藤木　二〇〇五年、五七頁〕。

しかし、日本中をおおった「秀吉の平和」は、表面的なものにすぎなかった。やがて、「朝鮮の戦争」へと歩を進めていくことになる。著者は、次のように呼びかける。

日本の平和（ポジ）と朝鮮の戦争（ネガ）は疑いもなく表と裏の関係にあった。秀吉の平和、日本の平和は、戦場のエネルギーを強引に朝鮮の戦場に放出することで、ようやく保障され安定した。戦国の戦場にあふれて返っていた「女・童部をとらえ売買」する営みや、それに熱中していた雑兵たちは、いったいどうなったのか。

〔藤木　二〇〇五年、五八頁〕

「**Ⅱ　戦場の雑兵たち**」は、雑兵たちの姿に焦点をあてたものである。著者は「もともと戦場は、春に飢える村人たちの、せつない稼ぎ場だったのではないか」〔藤木　二〇〇五年、一〇三頁〕とし、戦国期の村の現実を探っていく。そのなかで著者は、戦国期は「大名の軍隊が未熟（兵農未分離）」であったという通説を批判し〔藤木　二〇〇五年、一〇九頁〕、次のように述べている。

村で百姓もする兵士を見て、私たちは戦国武士はまだ弱体だった、などという。だが、あくまでも農業が主で、暇な冬場や苦しい端境期だけ、なんとか食いつなぐために、戦場に出稼ぎする百姓兵士たちは、けっして武士の成り損ないだったわけでも、みな侍になりたがっていたわけでもなかった。

〔藤木　二〇〇五年、一一四頁〕

「Ⅲ　戦場の村——村の城」は、「戦場の村や町は、軍隊の濫妨狼藉にただ泣き寝入りしていたのか。人々は戦争の惨禍に対してどのように行動し、どう立ち向かおうとしたのか」〔藤木　二〇〇五年、一五三頁〕について考察している。村人たちの集団での山小屋避難や、禁制を買う行為などが紹介されている。

そして、**「Ⅳ　戦場から都市へ——雑兵たちの行方」**では、次のように述べられている。

もし戦争が戦国社会の最底辺を支える生命維持装置であったとすれば、戦場の閉鎖は新たな労働市場の開発を必要とした。「豊臣の平和」に引き続いた朝鮮侵略は、その第一の吸収先であった。

また秀吉の大坂築城に始まる、中央から地方にわたる城と城下町の建設ラッシュ、さらに諸国にわたるゴールドラッシュつまり巨大な公共事業の連鎖が第二の吸収先となり、やがて治水干拓など大平野や海浜のあいつぐ巨大開発が第三の吸収先となっていった形跡である。近世社会の安定と成熟は、その先を待たなければならないのであろう。

〔藤木　二〇〇五年、二二八頁〕

このように、著者は、「豊臣の平和」、または「徳川の平和」が実現されていくうえで、金銀山の開発、公共投資（社会の富の再配分）などが重要であったことを強調する。戦国時代の戦場を駆け回った「雑兵」たちの視点から戦国社会を見つめ直すことで、新たな歴史像がみえてくるだろう。

四　本書の影響

それでは、本書の背景について考えてみよう。本書を含む藤木の一連の研究は、学界に大きなインパクトを与えた。**村井章介**《むらいしょうすけ》（立正大学教授）は、藤木の惣無事令論を受けて、勝俣鎮夫が「争いを回避する社会的制御装置」と呼んだ一揆の成立それ自体に自力救済の否定が内包されていたと理解し、統一権力による私戦禁止令が、「全国の領主階級を『一揆』させ、成員相互の紛争を私戦として禁圧した」とする〔村井　一九八六年、八頁〕。また、**高木昭作**《たかぎしょうさく》（一九三六〜二〇一一）は、豊臣秀吉の関白という地位に注目する。すなわち、当時の人びとがもっていた天皇の呪術的な力に収斂する国土観にもとづき、秀吉は、関白という地位から国土の領有者として裁定を独占していったのだと説明した〔高木　一九九〇年、一六頁〕。

とくに、藤木の提示した「食うための戦争」という概念は、中世から戦国期にかけての考え方を大きく変えた。たとえば、**神田千里**《かんだちさと》（東洋大学教授）は、次のように述べている。

藤木久志氏は、飢饉・凶作により食うことのできなくなった農民たちが、戦場へ「食うための戦争」に出向いていくこと、これが戦国時代の軍隊の、無視できない部分を形づくっていたことを明らかにされた。応仁の乱前夜、都にやってきた「流民」たち、土一揆や足軽となった彼らはまさにこの「食うための戦争」を求めていたと考えられる。「食うための戦争」を求める彼らが就職口に事欠くことはなかった。〔中略〕「流民」たちは、幕府有力大名の軍事力として、いわば都に所を得たと考えられよう。〔神田　二〇〇二年、五〇頁〕

応仁の乱後、登場してくる足軽が生まれてくる背景を「食うための戦争」という文脈からとらえる見方は、きわめて重要であろう。

また、藤木の影響を受けつつ、中近世移行期の村落に注目する研究も進められた。代表的な論者は、**黒田基樹**《くろだもとき》（駿河台大学教授）および**長谷川裕子**《はせがわやすこ》（福井大学准教授）などがあげられる。後北条氏を専門とする黒田は、戦国期の小領主（中間層）である「土豪」「国衆」に注目し、その権力構造が戦国大名権力と基本的に同質であることを明らかにした〔黒田　二〇〇三年〕。長谷川も、「土豪」が村落社会の「生存」にとって重要な役割を果たしていたことを重視している〔長谷川　二〇〇九年、九頁〕。いずれも、中近世移行期の村落構造に焦点をあてた研究であり、地域や民衆レヴェルから戦国期の特徴をとらえようとする藤木の研究視線を継承しているといえるだろう。

なお、近年、藤木の展開した惣無事令論については、さまざまな角度から批判されるようになった。**藤井譲治**《ふじいじょうじ》（京都大学名誉教授）は、「惣無事」という概念自体は存在していたが、豊臣政権の政策基調としての「惣無事令」なるものは、存在しなかった点を強調している（藤井　二〇一〇年、三六一～三八九頁）。また、**竹井英文**《たけいひでふみ》（東北学院大学准教授）は、藤木が惣無事令論の根拠とする基本史料の年次比定を再検討し、そのままでは藤木説が成り立たないことを明らかにしている（竹井　二〇一二年、三三～一〇八、二八二～二八七頁）。

しかしながら、ともすれば、戦国大名や武将といった、いわゆる英雄の活躍に終始されがちな戦国時代研究のなかで、藤木が提示した民衆からみた戦国社会史研究が、きわめて重要な意味を果たしたことは間違いない。この点は、これからの研究のなかでも、きっと引き継がれていくことであろう。

参考文献（年代順）

藤木久志『戦国社会史論――日本中世国家の解体』（東京大学出版会、一九七四年）
藤木久志『豊臣平和令と戦国社会』（東京大学出版会、一九八五年）
村井章介「中世の自力救済をめぐって――研究状況と今後の課題」（『歴史学研究』第五六〇号臨時増刊号、一九八六年）
藤木久志『戦国の作法――村の紛争解決』（平凡社、一九八七年）
高木昭作『日本近世国家史の研究』（岩波書店、一九九〇年）

勝俣鎮夫『戦国時代論』（岩波書店、一九九六年）
藤木久志『戦国の村を行く』（朝日新聞社、一九九七年）
神田千里、網野善彦・石井進編『戦国乱世を生きる力』（日本の中世一一、中央公論新社、二〇〇二年）
藤木久志『村と領主の戦国世界』（東京大学出版会、一九九七年）
藤木久志『新版　雑兵たちの戦場——中世の傭兵と奴隷狩り』（朝日選書、二〇〇五年）
黒田基樹『中近世移行期の大名権力と村落』（校倉書房、二〇〇三年）
藤木久志『刀狩り——武器を封印した民衆』（岩波書店、二〇〇五年）
長谷川裕子『中近世移行期における村の生存と土豪』（校倉書房、二〇〇九年）
藤木久志『中世民衆の世界——村の生活と掟』（岩波新書、二〇一〇年）
藤井譲治「『惣無事』はあれど『惣無事令』はなし」（『史林』第九三巻第三号〈通巻第四八一号〉、二〇一〇年）
竹井英文『織豊政権と東国社会——「惣無事令」論を越えて』（吉川弘文館、二〇一二年）

第一〇章　江戸時代の政治と社会をどう見るか?

――『田沼時代』辻善之助

一　辻善之助とは

辻善之助（一八七七～一九五五）は、東京帝国大学教授をつとめた日本仏教史を専門とする歴史学者である。明治一〇（一八七七）年四月一五日、兵庫県姫路元塩町（現在の姫路市）で生まれた。京都第三高等中学校、第一高等学校を経て、明治三三（一八九九）年に東京帝国大学文科大学国史科を卒業、同大学の大学院に進学した。その後、東京帝国大学史料編纂所編纂官となり、明治四二（一九〇九）年に東京帝国大学文科大学から文学博士の学位を得て、明治四四（一九一一）年、同大学助教授に就任した。以降、東京帝国大学教授として多くの後進を育てる一方で、『大日本史料』の編纂など史料編纂事業に尽力した。昭和二七（一九五二）年には文化勲章を受けている。

東京帝国大学国史学科の育成に大きな貢献をした辻は、幼い頃から「秀才」であった。『読売新聞』の「名士の小学時代」（一九〇九年七月一四日付朝刊）には、次のような記事が掲載されている。

辻善之助
『平泉澄』所収

辻善之助君
▲城南小学の秀才　此程東京帝国大学の教授会で文学博士に推薦された氏は、姫路市城南小学校の秀才で、其明晰な頭脳は屢々郷里の師父を驚かした。しかし之には父君の教育が與つて力あるもので、其方法と熱心とは随分世の人の参考ともなるべきものである。

▲直覚的教育　父君は善次郎氏と云つて別に教育学に通じた人でもないが、其家庭に於て実行しつゝあつた教育法はいかにもペスタロッチやフレイベルのそれと暗合してるやうに思はれた、今其一二の例を挙げて見ると、家の内の處々に小さい紙切を張付けて置く、柱には「はしら」といふ字、敷居には「しきゐ」といふ字を之に書きつけて、それで以て、子供に知らず識らずこれ等の銘用を覚えさせやうと努めた。氏は斯ういふ方法で大概の名詞は教はらずに読み書きする事が出来たさうだ。それから又氏の父君は邸内に蚕豆だの、茄子だの、胡瓜だのを植ゑつけて、朝夕氏を其傍に連れていつて、所謂直覚教授をされた。氏は之に依つて播種の時期や、生長の具合や、花の構造などを面白く愉快に覚えてしまつたのである。

右の新聞記事の内容もさることながら、こうした文章が新聞紙面に掲載されるほど、辻善之助が著名な学者として世間から認識されていたことがうかがえる。辻は、大学院生時代、日本仏教史の研究を志した。当時の仏教史は、各宗派による教説研究や、排仏論にもとづく研究に偏っており、実証研究として問題が多かった。辻はこうした問題を念頭においたうえで、公平な立場から史料に基づく日本仏教史の研究をテーマとすることを選んだのであろう。大学院生活を経て、辻は論文「政治ノ方面ヨリ観察シタル日本仏教史――徳川時代ノ初期」を提出し、当時としては異例の三三歳の若さで文学博士となった。

ちなみに、辻は、明治四四（一九一一）年、欧米各国に遊学し、アメリカ、イギリス、フランス、イタリア、ギリシャをまわり、アテネの万国東洋学会に出席し、さらにオーストリア、ドイツ、スペイン、オランダ諸国へと渡り、大正元（一九一二）年一〇月に帰朝している〔坂本太郎著作編集委員会一九八九年〕。欧米の最先端の歴史学を学び、黎明期の日本史学界の基礎を形成していくことになる。以下でみていくことにしよう。

二　本書の背景――国史学の風景

さて、辻善之助を中心に、黎明期の東京帝国大学の国史学の研究室の様子について考えてみることにしよう。まず、東大の国史学科の創設に尽力した学者として、元姫路藩士の**三上参次**《みかみさんじ》（一八六五～一九三九）をあげることができる。三上は、帝国大学教授として多くの弟子たちを育て、辻善之助も

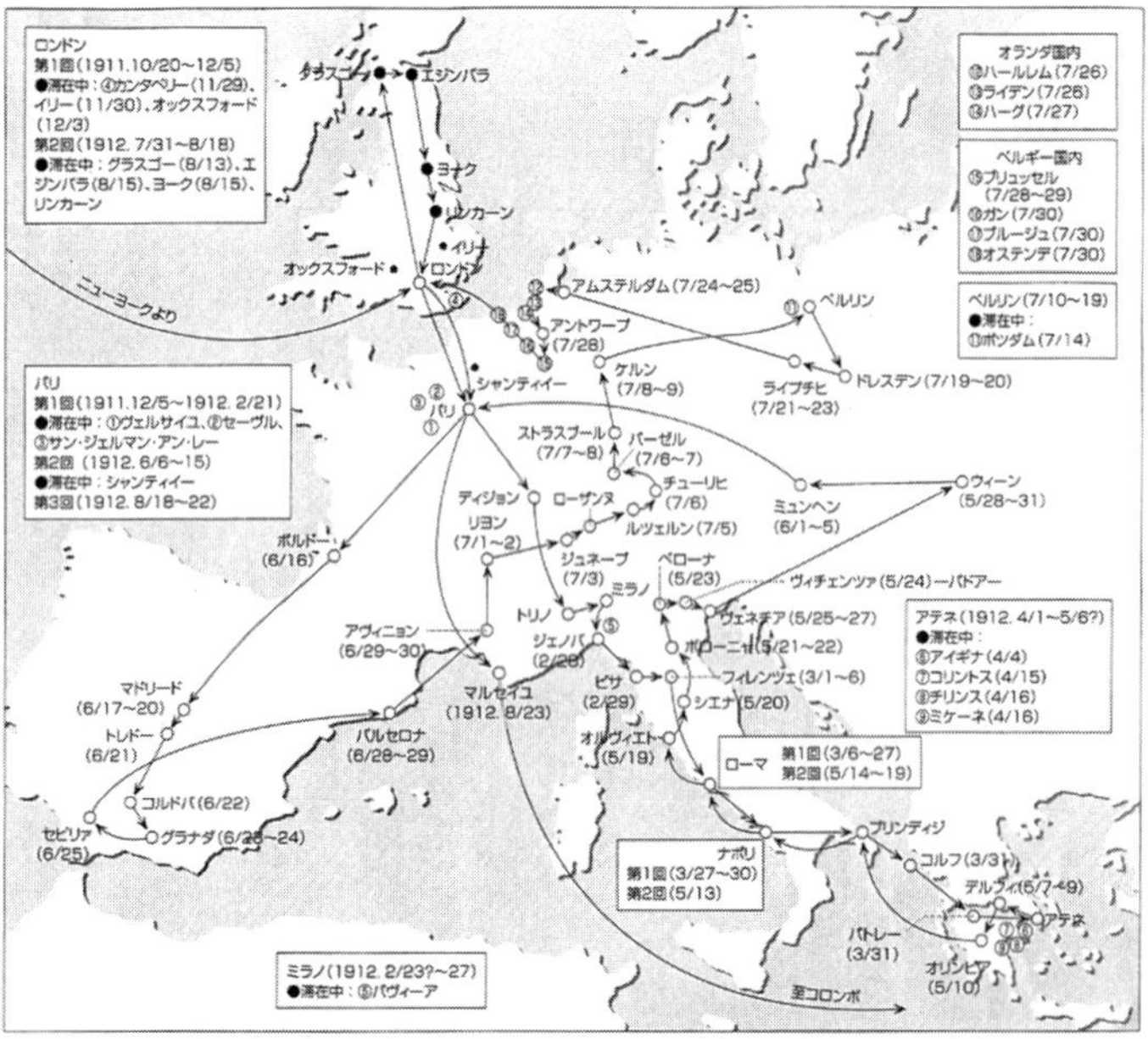

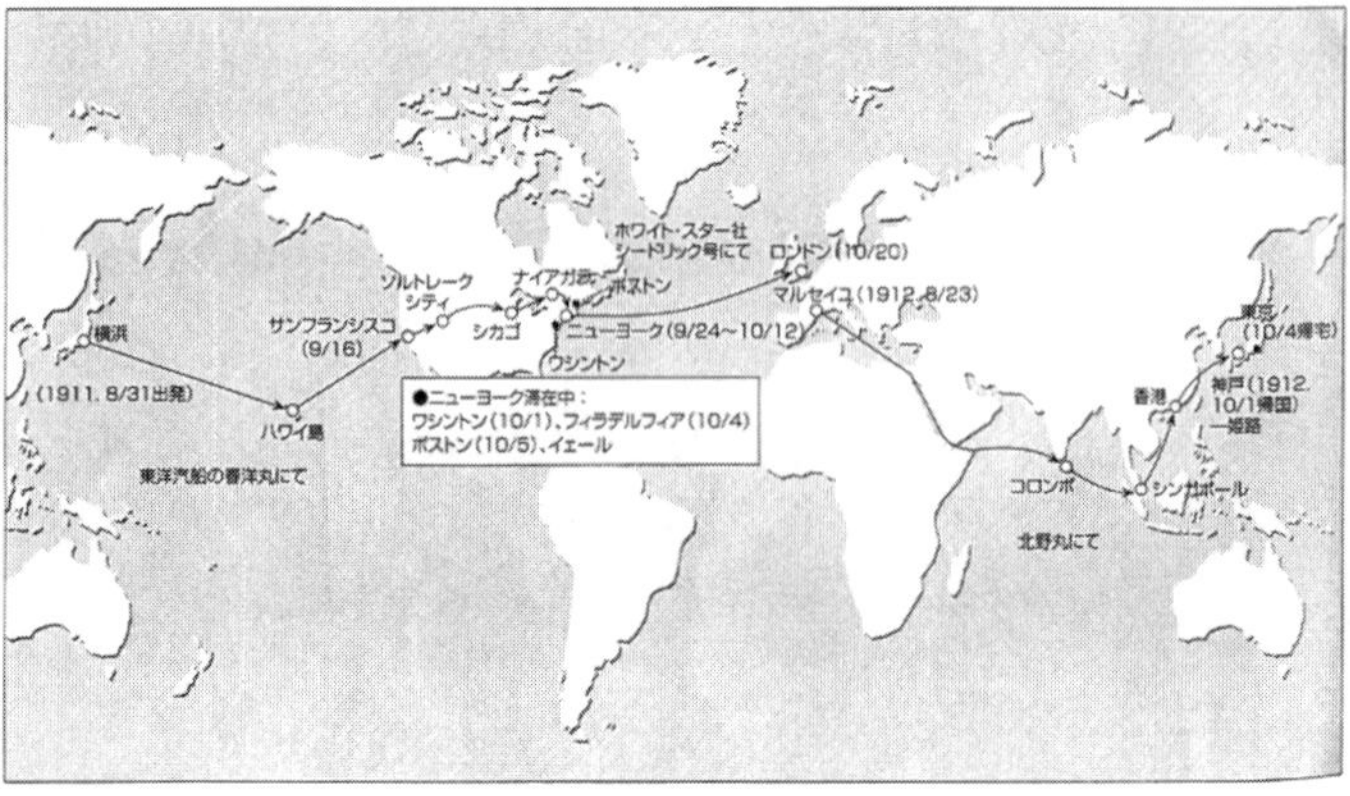

辻善之助の留学行程図
『二人のヨーロッパ――辻善之助と和辻哲郎』所収

またその一人であった。

なお、辻はやがて東京帝国大学国史学科の教授となるが、その同僚には、元大村藩士の**黒板勝美**《くろいたかつみ》（一八七四〜一九四六）がいた。黒板は、日本古代史・古文書学を専門として、とくに『大日本古文書』の編纂や正倉院文書の調査などに尽力したことで知られる。政界や実業界とのつながりも深く、「官学アカデミズム」の立場からさまざまな社会的活動を推進し、わが国における博物館の設置などにも大きな功績を果たした。

黒板・辻の二枚看板に対して、その下で助教授として活躍していたのが、**平泉澄**（**➡第六章**）と**中村孝也**《なかむらこうや》（一八八五〜一九七〇）である。

なお、辻の研究についてもここで簡単にまとめておこう。辻が専門としたのは、日本仏教史と日本文化史であった。辻以前の仏教史研究は、各教団による教義史・教団史あるいは高僧の伝記などが主流であったが、辻は仏教史を学問として体系化しようとした。すなわち、日本の歴史の展開のなかで、仏教が社会に対してもった役割を史料に即して実証的に明らかにしようと試みたのである。その成果として、辻は『日本仏教史』という大著を編纂する。このなかでも、とくに有名なのが、**近世仏教堕落論**と呼ばれる見解である。すなわち、辻によれば、江戸時代になると檀家制度・本末制度などによって仏教の形式化が進み、民心は仏教を離れ、排仏論が登場した。そうした民衆の動きに対して、寺院僧侶は堕性によって辛うじてその地位を保っていたとする学説であり、その後の研究に大きな影響を与えた。

もう一つ、辻の研究として注目されるのは、日本文化史にかかわる研究である。辻の文化史研究は、昭和五～八（一九三〇～一九三三）年ころに作成されたというが、戦前は発表されることはなかった。その内容は、同時代史的な認識から、「明治」という時代について考察したものであり、三つの特質が指摘されている。

①西洋文化の輸入。大正になってもなおその境地を脱していない。
②国民的自覚。忠君愛国を以て一種の型を作り、すべての歴史事実をこれに嵌めようとしたところにその弊がある。文化が形式に脱した時、それはやがて崩壊する。
③個性尊重と平民文化の進歩。日本の如く、国の指導者と一般民衆との間に知力・思想・伎倆の懸隔の甚しいのは他に見ぬ。

右のように示したうえで、辻は「世界戦争に於て日本が獲たところのものは、ただ自己の小なることを確知したのみ」と断じている〔辻　一九五〇年、一九八頁〕。昭和初期の辻の歴史認識・時代認識を知るうえでも重要である。

なお、辻善之助について、のちに東京帝国大学国史学科の教授となる**坂本太郎**《さかもとたろう》（一九〇一～一九八七）は、次のように評価している。

博士の学風は広く史料を集めて、それを精選し、確実な根拠に立って穏健な結論を引き出すという、史学研究の正道を推し進めたものであって、かりそめにもそれを踏みはずすことはなかった。新奇を求め秀抜を衒う人にはあきたらなかったかもしれないが、結論に盤石の重みをもち、百年の風霜に堪えて不朽の価値を失なわないものは、これを博士の学問において見るといわねばならぬ。また博士が謙虚に他の学説をきき、時に自説に反する年少学生の論文までも、取るべきは取って雑誌に発表する斡旋までせられたことは、私の親しく知るところであって、博士の高風に深く敬慕の思をいたしたところである。〔坂本太郎著作集編集委員会　一九八九年、一七〇頁〕

さて、本章で紹介する『田沼時代』は、大正期のいわゆる「大正デモクラシー」の風潮のなかで刊行された辻善之助の著作である。本書の冒頭からもそうした時代性を感じることは十分にできる。著書の内容は、江戸時代の老中田沼意次の政治について考察したものであるが、単なる田沼の伝記ではなく、題名の通り、田沼意次が向き合った「時代」への深い考察が含まれている。以下、簡単にみていくことにしたい。

三　『田沼時代』の世界

『田沼時代』が発表されたのは、大正四（一九一五）年のことである（なお、ここでは、一般に普及している『田沼時代』〈岩波文庫、一九八〇年〉をもとにする)。その冒頭に、著者の問題関心がうかがえる一節が載せられている。すなわち、大正三(一九一四)年春、山本内閣の末路に世間から攻撃が盛んであったとき、著者は、ある貴族院議員が、新聞紙面において、今の時代は十代将軍家治の時代と似ている、「歴史は繰返すという事をいうが如何にも尤だ」などと書いてあるのをみつけた。これに対して、著者は次のようにいう。

もし読者諸君にして、かの貴族院議員の如く、現代の出来事と田沼時代の出来事との間に、ある類似を見出して、それに興味をもたるるならば、試みに比較して見られよ。それは諸君の自由に任する。政治家、役人、軍人、宮中、社会の一般風俗、財政政策、天変地妖すなわち、噴火、饑饉、洪水、風雨、国民の騒動等その類似の甚しいのはけだし思半に過ぎるであろう。しかしながら予はあえてここにその比較をして、現代を諷しようなんという野心はもたぬ。予がこの問題について研究しようとした目的は、純粋学術の見地から出たのである。従来田沼意次というものが、非常な悪いもののようにいわれ、その時代は極めて溷濁腐敗していたようにいわれている。それが果して事実であろうか。その前の時代の吉宗の享保時代なり、また後の白河楽翁の寛政時代は、これに反してすべてに引締まった、清らかな、太平の時代のようにいわれている。それが果して然るか。時勢の移り変りというものが、そんなに、明らかに掌を反すように、一、二政治家の施設方策でかわるものであるかどうか、という疑問が、予をしてこの問題を研究せしめようとした動機である。その研究の成果がこの冊子となったのである。

〔辻　一九八〇年、八～九頁〕

この文章から次の二つのことが明らかとなる。一つは、著者が田沼意次を考えるうえで、現代との共通点を意識していた（しかし、単純な対比は拒否していた）こと、そして、もう一つは、「時勢の移り変りというものが、そんなに、明らかに掌を反すように、一、二政治家の施設方策でかわるものであるかどうか」という疑問のもとに本書が執筆されたことである。これを前提に著者は、田沼意次とその時代（＝田沼時代）の検証に入って行く。

まず著者は、これまで田沼意次が「世の批難」を受けてきたことは、次の八つの事柄だと指摘する。**「第一　意次の専権」「第二　役人の不正」「第三　士風の廃頽」「第四　風俗の淫靡」「第五　天変地妖」「第六　百姓町人の騒動」「第七　財政窮迫と貨幣の新鋳」「第八　開発　座　運上」**。著者はそれぞれについて詳細に解説したうえで、**「第九　田沼の没落」**において次のように述べている。

かかる中に八年（天明八年：筆者注）七月二十四日に意次は七十歳を以て卒した。駒込の勝林寺に葬り、法名を隆興院耆山良英という（この寺、今なおあり。意次の墓は明治四十〔一九〇七〕年墓地改定により染井に改葬した。意知の墓も、立派なのがあったそうであるが、改葬の際、外へ合葬して墓石はなくなったという。死後百数十年にもなってなお墓までつぶされるというのは如何なる不運の人であろう）。

後をついだ田沼竜助には泣面に蜂で、天明八〔一七八八〕年の冬に、川浚を命ぜられて、そのために二万石の上納を仰付けられた。こういうようなふうにして大に苛められた。その没落の様子は如何にも平家の末路に似ている処がある。意次の人格の如きもどこか清盛に似た処があるように思われる。

〔辻　一九八〇年、二三八〜二三九頁〕

そのうえで**「第十　新気運の潮流」**において、著者は、「しかしながら吾人はこの暗黒の間において一道の光明の閃くもののあるのを認める」として次の点を指摘する。

目次

「第一は民意の伸張である。換言すれば民権発達とも言う可きものである」。そして、「第二、因襲主義の破壊」である。これは、百姓町人に帯刀を許したことなどがあげられる。「第三、思想の自由と学問芸術の発達」においては、漢学、諸藩学校の興隆、国学、俳諧、小説、絵画、音楽、趣味の発達という角度からそれぞれ「光明」が見て取れるという。こうしたことから、著者は、「この時代は近世史上に最も意味の深い、また興味の多い一期を成すものといわねばならぬ」〔辻　一九八〇年、二五六～二八二頁〕とまとめる。また、著者は「第十一　蘭学の発達と開国思想ならびに貿易政策」においても、田沼意次の積極主義の政策を評価している。

以上のことをふまえて「第十二　結論」で、著者は、次のように総括している。

以上述べたる所に拠って見れば、田沼時代は一面においては混沌濁乱の時代であるがまた他の一面においては新気運の勃興せんとする時代で、新文明の光の閃きを認める時代である。もっともその新気運というのは幕府それ自身に取っては下り坂に赴くことを意味するのであって、徳川氏のためには不祥なる次第であるけれども、日本全体の文化から見ればまさに一転変を来そうとする時代であるので、慶すべき現象と言わんければならぬと思う。いわばこの時代は新日本の幕開きである。日本最近世史の序幕を成すものである。幕末開国の糸口はこの時代に開かれたのである。明治の文化はこの時代において胚胎したのである。

〔辻　一九八〇年、三三八頁〕

四．本書の影響

このように、本書『田沼時代』は、田沼意次の時代のイメージを大きく転換させた画期的な著作であったが、田沼意次＝悪玉説あるいは、田沼時代＝暗黒説は依然として根強く残った。たとえば、日本造園史家として著名な**龍居松之助**《たついまつのすけ》（一八八四～一九六一）は、田沼意次について、次のように述べている。

田沼意次が専横時代にはすべての事が元禄時代のそれに酷似し、一層深刻となり、賄賂請托は殆ど公行せられ、田沼を見倣ふ一般の人々も収賄せずしては決して他人に利益を与へることを承知せぬ風となり、殊に役に就くような場合には当路の人に賄賂せざれば到底その目的を達し難く、訴訟の時にも当局者に賄賂せざれば勝つ見込なしと云ふ、実に綱紀紊乱の時代であった。

〔龍居　一九三一年、二三八頁〕

こうした評価は、当時、一般的であり、辻説が一般の社会に浸透していくにはそれなりの時間が必要とされた。それは、辻があくまで「田沼時代」を高く評価したものであり、田沼意次個人については「政治上の主義がなかった」〔辻　一九八〇年、三四〇頁〕という消極的な主張にとどまったことも大きかった。ちなみに、辻の『田沼時代』に対しては、「社会史」の観点から高く評価する声もある。本書について、歴史学者の**佐々木潤之介**（**➡第一二章**）は、次のように述べている。

その一は、本書（＝辻善之助『田沼時代』：筆者注）を貫く基本的な態度である。一方では現実の政治・社会状況にたいする批判を堅持しながら、例言の第一項に示されている歴史学の実証的態度を貫いている。そして、その上で、「時勢の移り変りというものが、そんなに、明らかに掌を反すように、一、二の政治家の施設方策でかわるものであるかどうか」という疑問を基礎にして論述している。そして書中再三にわたり、「歴史の事実を一人の人に引付けて解釈」することの危険を説いている。こうして、先生が本書で述べられたのは、社会史としての田沼時代史であった。先生（辻：筆者注）は、数多くの落首・落書・流行謡などをも引きながら、田沼政治のもとでの、社会と民心の動向に重点をおいて叙述し、田沼時代暗黒論でその張本人とされてきた意次についても、意次はただ、「其時代の代表者」となっただけであって、「意次の政治によって時代が作られたとは言えない」とし、この時代は、むしろ「日本全体の文化から見れば正に一転変を来そうとする時代」であって「慶すべき現象」と言わなくてはならないというのである。個々の史実に関わる評価についての賛否は別としても、ここに貫いている歴史把握のしかたに、社会史研究の重要な先駆的模範をみておく必要があるように思う。

その二は、本書が、一般的にいえば、大正デモクラシーの背景のもとで、田沼時代論としての、歴史論の性格をも併せもっているということである。本書がたんなる歴史叙述ではないことは、とくに、「第十新気運の潮流」以下の各章が読む人に与える印象であろう。「民権の発達」・「因襲」の否定・「思想の自由」・「開国思想」という溌剌たる視点からの、この時代のとらえ直し、田沼時代は「新日本の幕開き」であり、「幕末開国の糸口」であるとする結び、田沼の専権や田沼政治の腐敗を追究・批判し、田沼には「政治上の大手腕」はあったが、「政治上に高遠の理想」

「政治上の主義」がなく「政治的良心」が欠けており、「徳望」がなかったという徹底的な田沼批判、等々には、歴史学者としての態度を貫きつつも、それ故にいっそう強烈な、先生の主張が脈うっているというべきであろう。

〔佐々木　一九八〇年、三五二〜三五四頁〕

田沼意次という歴史上の人物の評価は、その時代によって大きく変わる。このこと自体が、歴史学とは何かを考えるうえでの重要なポイントではあるが、佐々木が指摘している通り、本書の背景にも、大正デモクラシー期の社会情勢が少なからず反映していたと考えるべきであろう。また、佐々木は、本書のなかで辻が「田沼時代」のとらえ直しをする一方で、政治家としての「田沼意次」を厳しく批判している点に注目する。佐々木が、個人と社会を切り離して考える辻の歴史把握の方法論に注視していたことは、念頭においておく必要があるだろう。

一方、**大石慎三郎**《おおいししんざぶろう》（一九二三〜二〇〇四）は、平成三（一九九一）年に『田沼意次の時代』を刊行し、再び、田沼意次に対してスポットライトをあてた。この著作は、徹底した辻善之助批判が貫かれたものであり、田沼意次を高く評価する内容となっている。大石は、次のようにいう。

ところで、この田沼意次の悪事・悪評なるものを総まとめにして世間に周知させたのが、辻善之助氏の『田沼時代』という著名な著書である（著書の書誌情報は省略：筆者注）。くわしくは「第

> 一　意次の専権」のところに記されているので見ていただきたいが、その内容は、江戸時代に書かれたものと、辻善之助氏の手になるものとの二つに分れる。しかしそのどれもが、作為された悪事・悪評だというのが私の説であるので、以下その点を簡単に述べてみよう。〔中略〕
> 以上これまで田沼意次の悪評を記した史料として使われているもののうち、主要なものをえらびだしてこれに検討を加えてみた。
> その結果得られたことの第一は、これらの史料はすべて田沼意次が失脚したのちに書かれたものであるということである。第二は国史文献としてパスポートを与えられている文献でも、田沼意次の評価に従来使われてきたように使うのは適当でない、ということである。〔中略〕
> つまり田沼意次についてこれまで紹介されてきた「悪評」はすべて史実として利用できるものではないのである。
> 〔大石　一九九一年、三七・五三〜五四頁〕

大石は、田沼意次について「すぐれた財務家であるが、誠実一筋の人間であるうえに常々目立たぬよう目立たぬよう心掛けていた、大変な気くばり人間であった」〔大石　一九九一年、一三四頁〕とし、きわめて高い評価を与えている。そこには、辻の扱った史料に対する批判もあるが、大石のこの著作が、バブル経済の末期である一九九一年ころに書かれたものであることに留意する必要もあるだろう。

なお、近年になって、田沼意次に関して、二人の近世史研究者が相次いでその見解を提示した。**藤**《ふじ》

田《た》覚《さとる》（東京大学名誉教授）と深谷克己《ふかやかつみ》（早稲田大学名誉教授）である。藤田は、大石慎三郎の行った史料批判について「なお、史料の吟味が求められる」としたうえで、「意次は十八世紀という時代の子であり、その枠のなかで生き、その制約と格闘しながら生きた人にすぎない。そのなかに、意次の個性が時代に刻印したものがあるのではないか。時代が意次を創り、意次が時代を創った、そんなことを、いくらかでも明らかにしたい」と述べる〔藤田　二〇〇七年、vi頁〕。具体的には、意次遺訓などを丁寧に検証し、田沼意次の素顔に迫った評伝を発表している〔藤田　二〇〇七年、一八九〜二〇七頁〕。
一方、深谷も、次のように指摘する。

田沼意次に対しては、生前から世間の耳目が集まり、実録、風評・伝聞の誇張・偏向の記録がつくられた。つまり、かたよりということはあるが、存命のときから田沼意次研究が始まったといってもよい。強欲な金権政治家と非難する者が大半だったという点では不運だが、知られずに歴史の帷の彼方に消えていったのが大多数の者だったことを思えば、その生が注目される強運にめぐまれたともいえる。しかも、江戸期にすでに正のイメージで論じる評者もあらわれた。明治期に田沼意次に対する見方がかえって険しいものになったのは、明治維新以来強まった江戸時代否定感情の反映であったろう。なぜなら江戸政治の暗黒性が克服される時代であってこそ明治（維新）の意義があったからである。

大正になると、田沼政治に金権と災異のイメージがついてまわったとしても、その時期の活力が着目されるようになった。大きくみれば、江戸時代が肯定感情で受けとめられるようになってきたという歴史意識の旋回の反映であった。辻善之助『田沼時代』は、一九一五（大正四）年にだされたが、江戸時代のなかの十八世紀後半、田沼時代に文運隆盛の状況があったことを論じたものであった。そのころ、田沼期に限らず、江戸時代への見直しが進んだ。それ以降は、田沼意次の金権印象は優勢のままだったが、「田沼時代」の評価としては一つの見方のみが押しとおるということはなくなった。

しかし第二次世界大戦後は、反封建民主化の課題意識が新しい「勧善懲悪」傾向となり、江戸時代に対する否定感情が高まった。近世の封建的支配への批判が家康にも吉宗にも向けられ、収賄風評の田沼意次は権力者のあくどさを証明するかっこうの事例になった。意次像が大きく動いたのは、一九七〇年代以降である。

〔深谷　二〇一〇年、三〜四頁〕

田沼意次は現在なおも多くの人びとの注目を集める人物である。しかし、そのイメージは、それぞれの時代の状況を背景としている面が強い。しかしながら、そうした検討の積み重ねによって、今日では、「一つの見方のみ」ではなく、さまざまな視点によって田沼意次を考察することができる点も重要であろう。

さて、辻善之助は、昭和三〇（一九五五）年一〇月一三日にその生涯を終えた。その死に際しても、エピソードがある。当時の『読売新聞』は、辻が亡くなる直前、「今年いっぱいもたないだろう」と言い、「家が狭いからそこの書ダナを片づけて私の棺を置くといい」と指示したという（『読売新聞』一九五五年一一月二日付朝刊）。辻の万事にわたる几帳面さを伝える話である。

参考文献（年代順）

「名士の小学時代」（『読売新聞』一九〇九年七月一四日付朝刊）
龍居松之助『日本文明史講和』（雄山閣、一九三一年）
辻善之助『日本仏教史』全十巻（岩波書店、一九四四～一九五三年）
辻善之助『日本文化史』全十一巻（春秋社、一九四八～一九五六年）
辻善之助『田沼時代』（岩波文庫、一九八〇年）
佐々木潤之介「解説」（辻善之助『田沼時代』岩波文庫、一九八〇年）
坂本太郎著作集編集委員会編『坂本太郎著作集　第一一巻（歴史と人物）』（吉川弘文館、一九八九年）
大石慎三郎『田沼意次の時代』（岩波書店、一九九一年）
「竹内理三人と学問」編集委員会編『竹内理三人と学問』（東京堂出版、一九九八年）
澤博勝『近世の宗教組織と地域社会——教団信仰と民間信仰』（吉川弘文館、一九九九年）
姫路文学館編『二人のヨーロッパ——辻善之助と和辻哲郎』（姫路文学館、二〇〇一年）
若井敏明『平泉澄——み国のために我つくさなむ』（ミネルヴァ書房、二〇〇六年）
藤田覚『田沼意次——御不審を蒙ること、身に覚えなし』（ミネルヴァ書房、二〇〇七年）

深谷克己『田沼意次――「商業革命」と江戸城政治家』（山川出版社、二〇一〇年）
オリオン・クラウタウ『近代日本思想としての仏教史学』（法藏館、二〇一二年）

第一一章　江戸時代とは何か

——『鎖国と開国』　山口啓二

一・山口啓二とは

山口啓二《やまぐちけいじ》（一九二〇～二〇一三）は、名古屋大学で教授をつとめた歴史学者である。専攻は日本近世史であり、とくに幕藩制社会論・国家論に大きな足跡を残した。

山口の祖父は、江戸時代の対外関係史を専門とした研究者である**齋藤**《さいとう》**阿具**《あぐ》（一八六六～一九四二）である。齋藤は、東京帝国大学でリースの指導を受け歴史学を学び、第一・第二高等学校教授をつとめ、芥川龍之介など多くの著名な教え子を育てた。一時期、東京商科大学（後の一橋大学）などでも教鞭をとっている。夏目漱石の友人としても知られる。齋藤は、『西力東侵史』『ヅーフと日本』などの書物を世に残している。こうした祖父の影響もあって、山口は、幼いころから対外関係史に関心をもっていたという。

東大時代の山口の恩師となったのは、日蘭文化交渉史研究で有名な**板沢**《いたざわ》**武雄**《たけお》（一八九五～一九六二）

である。板沢は戦後公職追放を受け、後に法政大学教授となっている。また、もう一人、若いころの山口に大きな影響を与えた人物として、**羽仁五郎**《はにごろう》（一九〇一～一九八三）を忘れてはならない。羽仁は、新井白石の生涯とその学問の教育的価値について叙述した『白石・諭吉』を刊行しており、この著作が山口に与えた影響も大きかった。

なお、大学生時代、山口と仲が良かった同窓生として、**永原慶二**、**稲垣泰彦**《いながきやすひこ》（一九二一～一九八二）がいる。山口は、後に彼らと仲良くなった理由について下記のように述懐している。

なぜかというと、三人とも平泉澄教授が嫌いなんですよ。あんな国粋主義に憧れていては学問はできない、ということで、三人とも国史の平泉さんの授業にはほとんど出ないんですよ。たまに演習なんか出ると、いびられるわけですね。もう冷や汗をかくくらいに、怒りが込み上げるくらいにね。本当にひどかったです。平泉さんと平泉さんの弟子である学生――平泉心酔の学生組織、朱光会というのがあって、それに大概の同級生が入っているということね。つまり、私みたいな変り種は、全く異分子なんだ。

〔山口　二〇〇八年、五～六頁〕

このように、山口・永原・稲垣の三名は、在学時代、当時の東京帝国大学で幅を利かせていた**平泉澄**（**➡第六章**）を避けていたという。平泉の思想は、戦争が激しくなればなるほど、国粋主義的なものへと傾斜していった。とくに、ここにも登場している朱光会が、一時期、東京帝国大学のなかで大きな存在感をしめたという。

さて、東大時代の山口啓二については、「山口ゼミ」（〔吉田　二〇〇八年、三一〜三二頁〕を参照）のメンバーによって編集された『山口啓二著作集』第一巻に収録された、卒業論文「松平定信と海防」（一九四四年）からも、その様子がうかがえる。ここには「非常に幅広い教養人」であり、寛政の改革を実施した松平定信に対する深い共感と、反戦への強い意識が垣間見える。一九八〇年代、従来の鎖国論の克服をめざした**荒野泰典**《あらのやすのり》（立教大学名誉教授）は、同論文について次のように評価している。

一つは、著者の松平定信に対する人間的な共感。著者が板沢武雄助教授のゼミにおける「宇下人言」の購読で、定信に「惚れ込んだ」ことが、この論文の出発点だった。〔中略〕定信を政策のみで評価するのではなく、政策を定信の人柄や思想、人生という長く深い尺度で見る。その、二〇歳前半とは思えないほどに老成したまなざしが、定信という個人と彼の政策、および時代で構成されるトライアングルの間の位相や、それぞれの共鳴と緊張の関係などを浮彫りにした。それが、寛政改革の研究は現在になってようやく著者のレヴェルに追いついたとも評価される、本論文の研究史上の新しさの一因になっているように私には思える。〔中略〕もう一つは、海防論というテーマの選定の理由に関わることども。これについて、まず指摘すべきなのは、著者が、西洋史家で旧一高教授であり、日蘭関係史の研究でもよく知られた齋藤阿具氏の孫で、その薫陶を受けて自ずから対外関係史に強い興味を持っていたこと、さらに、一高時代から、ある種の師弟関係にあった羽仁五郎氏の仕事、例えば、本論文にも頻繁に引用されている「クルーゼンシュテルン日本紀行上下」などを通じて、この分野への関心を深めていたことなどだろう。〔中略〕しかしながら、著者が時局に無関心であったわけではないことが、最後の「文政時代の我海防策と定信」（四―三）において、示される。定信の、異国船打払令などの幕府の海防策への厳しい批判を紹介しながら、そのことを通じて、著者自身の時の政府や戦争指導者たちに対する鬱憤が提示されている。〔中略〕三つめは、この論文で獲得された視点や近世という時代への理解が、その後の著者の近世史の見方の基礎の一つとなっている、ということ。それは大まかに言って二つの視点から成っていた。一つは、いわゆる「鎖国と開国」という、いずれは克服されるべき枠組み、桎梏としての日本的な封建制（幕藩体制）であり、もう一つは、近世の社会や文化などの営みの豊穣さ、その中から生まれ育まれた自生的な「近代的精神」に対する深い共感。これらの視点が、戦後の著者の研究の深まりに応じて、それぞれに発展させられていく様子は、第一部に収録した卒論以外の三点の論文において、跡づけることができる。

（荒野　二〇〇九年、三七九～三八二頁）

ここで「三点の論文」というのは、「海防」「松平定信と蘭学」「寛政改革と『宇下人言』」のことであるが、山口の社会に対する強い問題関心は、すでに卒業論文のなかに凝縮されていたといえるであろう。山口は、卒業後、東京大学史料編纂所に勤務した。このとき編纂を担当したのが、本書のなかにも登場する『梅津政景日記』である。その後、昭和四五（一九七〇）年になると、東京大学の大学院生たちを中心とした「山口ゼミ」が開始されるようになり、この「山口ゼミ」から、後に学会で活躍する多くの近世史研究者が輩出された。昭和五四（一九七九）年、山口は、名古屋大学文学部教授に就任し、昭和五八（一九八三）年までつとめた。以降も、東京大学において「山口ゼミ」を継続的に実施したという。平成二〇（二〇〇八）年には、「山口ゼミ」出身者を中心に『山口啓二著作集』が刊行されている。そして、平成二五（二〇一三）年七月七日、山口は永眠した。

二　本書の背景――戦前から戦後へ

さて、本書の背景について考察していこう。山口が本書を書くきっかけとなっているのは、先に少し触れた卒業論文「松平定信と海防」にまで遡るであろう。山口自身は、この卒論について次のように述懐している。

卒業論文も「松平定信と海防」という戦争中らしいテーマで書いたのです。しかし当時の戦争に賛成する立場ではなくて、あくまでもその逆の立場で書きました。主要な論理的なよりどころは、羽仁五郎の「東洋に於ける資本主義の形成」（『史学雑誌』四三―二・三・六・八、一九三二年）

でした。そもそも卒業論文がどういうものかも知りませんでした。

〔山口　二〇〇八年、四頁〕

しかし、ここでの発言には多分に謙遜が含まれているようにも思われる。山口の問題意識は、実に明快であった。とくに、荒野泰典は、この卒論のなかで用いられている「時代精神」という語に注目し（たとえば、「即ちラクスマン来航に際して定信のとった態度は決して突然なものではなく、それ以前における定信の思想が、時代精神を担ひつゝ、この新事件に対してとった姿に外ならないからである」などという表現がみえる）、直接、山口に質問を投げかけている。山口の答えは、次のようのものであった。

卒論でいっている「時代精神」には二つの面がありました。一つは、私自身の生きた時代の「時代精神」に同調できなかったということ。いま一つは、定信が「時代精神」を先取りしていたということです。世の中は遅れた封建的な、江戸時代の泰平を謳歌している――上から下まで、老中から庶民に到るまでそうだったと思うんですけれども――、それに抵抗する人はごく少数だった、そういう時代にです。当時の歴史はそういう「時代精神」で二重に私のなかに作用していました。

〔山口　二〇〇八年、九～一〇頁〕

ここに山口の卒論時の問題関心が凝縮しているように思われるが、いずれにせよ、山口の歴史研究が、松平定信の思想探究から始まったことは確認しておく必要があるだろう。

山口啓二の歴史学についてもう一つ注目されるのが、一九七〇年代に永原慶二と繰り広げられた**国郡制論争**である（以下、〔小川　二〇一二年、二一二頁〕を参照）。争点となったのは、戦国大名の登場によって、天皇の王権は衰退したのか、それとも大名間の調停をになうことによって「復権」したのか、という点である。

大名領国の分権性を高く評価する永原は、戦国期を天皇の「王権」が最小となった時代だとする。つまり、任官叙任権や本所間争論の裁判権、京都の検断権などを室町将軍が掌握していたことを重視する立場である。戦国大名権力の分権性の強さが、逆説的に、領主間の争論を調整する過程のなかで、天皇の権威を要請したのだという。一方の山口は、そもそもの国家支配の枠組みである国郡制を重視する立場をとった。すなわち、戦国大名がもつ「公儀」性は、既存の国郡制に組み込まれていたものであり、国郡制があってはじめて「公儀」性が成立するという。つまり、農民が戦国大名に従った理由は、国郡制の守護公権を引き継いでいたからだというのである。両説の正否はひとまず置いておくとして、この論争が、後の近世史研究に与えた影響は、きわめて大きかった。

このように学問の世界で大きな功績をのこした山口啓二であるが、その一方で、社会的活動にも積極的に取り組んだ。松川事件訴訟問題や安保闘争など、いわゆる人民の側に立った反権力運動にも関与し、その存在感を示した。

さて、今回紹介する『鎖国と開国』は、講義の形式を取っており、一般にも読みやすい平易な文体で書かれてはいるが、戦前から戦後を生きた山口の研究成果を凝縮した一冊である。早速みていくことにしよう。

三　『鎖国と開国』の世界

本書**『鎖国と開国』**（初版一九九三年、ここでは、現在もっとも入手しやすい岩波現代文庫版〈二〇〇六年刊〉を用いる）は講義形式で書かれており、全部で七講（七つの講義）に分けられている。**「はじめに――院内銀山の人たち」**は、全体のプロローグである。次のような書きだしである。

かつて私は、研究者としてもっとも活動的だった三〇代のほぼ一〇年間、東京大学史料編纂所員として、秋田藩の院内銀山奉行から勘定奉行をへて家老となった梅津政景という人物の、慶長から寛永にかけて（一六一二～一六三三）の日記を解読し、注をつけて刊行する、という仕事を担当しました。この『梅津政景日記』は近世社会を理解する上で、じつに貴重な記録でして、私の歴史研究の基礎は、この史料との格闘によってつくられたといってもよいでしょう。

〔山口　二〇〇六年、一頁〕

梅津政景《うめづまさかげ》（一五八一～一六三三）は、秋田藩主佐竹義宣に抜擢された秋田藩家老であり、慶長一七（一六一二）年から寛永一〇（一六三三）年三月まで院内銀山奉行をつとめた。著者によれば、院内銀山ではたらくさまざまな人たちの生きざまは、そのまま「地球的世界」に深くかかわっていたという。これは、どういうことであろうか。

当時、「銀」は、日本を象徴する輸出品であった。なかでも院内銀山は、その代表的な一つである。この意味で、鉱山での生活は、隔絶された社会といえるであろうが、そこには「地球的世界」とつながる面もあるという。以下の七つの講義では、そこから広がる世界が描写されていく。

目次

「第一講　「鎖国」——地球的世界の形成と近世日本の対応」で、著者はまず製鉄技術の革新（道具の革命）が、小農民の自立や職人たちの自立を促した点について指摘する。つまり、銀と鉄の生産方法の革命があったからこそ、幕藩制社会の到来も可能となったという。一方、幕藩制国家は「地球的世界」の一翼に位置づいており、公儀は、この対応に迫られた。よくこうした事態は、ヨーロッパ勢力が世界各地に浸透していったと認識されがちであるが、それは間違いである。むしろ、ヨーロッパ勢力の浸透自体が、アジア勢力を媒介にしてはじめて可能となったのである。このように考えると、豊臣秀吉による兵農分離政策は画期的なものであった。戦国時代は、**「際限なき軍役」**を迫るものであり、領主間の矛盾を外へ外へと展開していき、それが必然的に「唐入り」という結果を生んだ。すなわち、秀吉の構想は、「アジア全域における公儀の平和とでも言うべきもの」であった。

著者は、ここでキリスト教が禁止された理由についても触れる。それは、豊臣・徳川政権が、体制としての一つの強固なイデオロギーをもたなかったことによるという。また、キリスト教を禁止することが、人民支配・大名統制の大きな装置として機能したのである。

著者は、ここで「鎖国」を、**資本主義世界市場の波浪から公儀的世界を守るもの**であったとする。幕府が、「公儀的対外関係」以外の自由な渡航を一切禁止したのは、そのためであった。

「第二講　近世の武家政権と伝統的権威」は、国郡制論の問題を検証した箇所である。著者は、東松山市（埼玉県）の市史編纂の調査の際に、日光社参の部隊編成の単位が、国郡におかれている点に注目する。そこから、著者は、国郡制こそが地域編成の原理として国家体制を規定していたことを発見する。これは、著者と中世史家の永原慶二が繰り広げた国郡制論争を指しているが、著者はその論争を次のようにまとめている。

　その国家の枠組は、単に形式としてではなく、たとえば自分たちの侍としての所領なり、地位なりを、国侍という形で主張している人たち、国人領主として主張している人たち、あるいは、その国の百姓、郡の百姓として、自分たちを主張している百姓たち、こういう国侍・百姓らによって、かなり積極的な内容をもって、支えられてきたのです。そういう国郡の下からの把え方と国家の地域編成の枠組とは相関関係にあるのであって、そのような国侍・百姓らにとって生きた地域として存在し続けた国郡という枠組を掌握することによってこそ、領主権力は公権力として国侍・百姓らを支配する正統性を獲得できたのです。それが永原さんとの論争での私の議論の中味です。

〔山口　二〇〇六年、六三～六四頁〕

また、本講では、日光社参にみられる「お百姓」意識や、近世の百姓身分についても、中国史・ヨーロッパ史研究との比較や、従来の近世史研究の成果をふまえつつ詳細に身分制の問題をまとめている。

「**第三講　支配組織と再生産構造**」は、幕藩体制の構造を、支配組織の在り方と再生産構造の二つの側面から考察する。武家の主従性の問題、官僚制機構の特質など、幕藩体制の構造の本質を浮き彫りにしている。

「**第四講　幕藩体制下の政治史**」は、日本近世の政治史について、国制的、財政的、階級的という三つの矛盾の相互関連から読み解く新しい方法論を提示する。そのうえで、政治史上には七つの画期があるとし、享保改革、寛政改革の意義をあらためて位置づけた。

「**第五講　思想と文化の特質と展開**」では、まず、近世の思想と文化が「独自性と普遍性を併せもった多彩な展開」をした歴史的条件について、次の五つを指摘している。「第一に、兵農分離」「第二に、その対極として、農・工・商の経営の担い手となった民衆が、生業に関わる技術・技能にとどまらず、学問や芸術の担い手となったこと」〔山口　二〇〇六年、一八一頁〕「第三に、武士とともに城下町に集住させられた商・工の都市民衆と、治者としても生活者としても都市民衆と接点をもつことになった武士階級の中から、いわば『市民的』な知識層が成立したこと」「第四に、街道や廻船・河川舟運が、三都〔江戸・大坂・京都〕や城下町などの都市を結び目とする物と人の流れのネットワークを張り廻らせたことによって、学芸や文化の、地域的な、また国民的な基盤が形成されたこと」「第五に、海外の文物や情報の導入は、いわゆる『鎖国』のもとで強く統制されていましたが、キリシタン禁制に触れない限り開かれており、輸入された書籍・文物が、わが近世の学芸・文化の発展に大きな影響を与えたこと」〔山口　二〇〇六年、一八二頁〕とする。

「**第六講　幕藩制社会の変質**」は、「十八世紀中頃以降の幕藩制社会の変質について、幕末のいわゆる開国と明治維新を射程」として考察する〔山口　二〇〇六年、二二三頁〕。とくに、この講では、内発的要因として、産業と技術の発達と、蝦夷地開発にみられる市場構造展開の近世的特質の観点から考察している。

「**第七講　開国——近代日本への道程**」は、開国から明治維新に至る過程の歴史的性格が論じられている。幕末の幕府が「内憂」と「外患」にどのように対処していったのかが詳細に論じられている。そのうえで著者は、次のようにいう。

「外患」を回避して「開国」を実現しようとしても、幕藩体制を「昔のたてかた」の骨組みのまま「国民国家」に改築するには、「開国」によっていっそう深められた「内憂」は致命的でした。すなわち慶応二（一八六六）年をピークとし明治初年に及ぶ百姓一揆・打こわし・村方騒動の、「世直し」といわれる「革命的情勢」の全国的な高まりに加え、長州戦争によって決定的に露わとなった幕藩権力構造の破綻が、幕府・諸藩の当局者はもとより、幕臣・藩士から村役人・豪農商にいたるまでのなんぴとをも、「内憂」どころではない国家存亡への危機感に駆り立てたにちがいありません。

〔山口　二〇〇六年、三一七頁〕

四　本書の影響

本書について、吉田伸之《よしだのぶゆき》（東京大学名誉教授）は、次のように述べている。

本書は、日本近世史研究を主導してきた著者が、長年の諸研究を基礎に、この間の研究動向を包摂しながら叙述した近世社会の全体史である。山口の代表的な著書『幕藩制成立史の研究』を基礎に、広闊な知識と明快な歴史理論を背景に、一六世紀後半から一九紀半ばまでの歴史過程を、鎖国前後から開国までの幕藩体制とよばれる時期を中心に包括的に叙述するもので、平易な文体にもかかわらず内容はきわめて高度であり、近世史研究における最高の達成の一つと言うことができる。

〔吉田　二〇〇三年、一二八六頁〕

吉田が述べるように、本書は、まさに「近世史研究における最高の達成」であるといえるであろう。技術史、国家史、外交史、地域史などあらゆる側面での戦後歴史学の成果が本書のなかには凝縮されている。それは、山口の研究全体にかかわるポイントでもあった。『山口啓二著作集（第二巻）』（その大半は『幕藩制成立史の研究』）を編集した吉田は、別のところでも次のように述べている。

本書（『山口啓二著作集』第二巻：筆者注）に収録された諸論考は、総じていわゆる「戦後歴史学」の達成した水準の高さ、豊かさを示す珠玉のような研究業績群といえよう。精緻な実証と鋭利な問題意識、現実の政治課題と真摯に取り組む中で鍛えられた、抑圧された民衆と常に共にあろうとする視点、ドグマとは縁遠い柔軟で骨太の論理と方法、高密度で推敲しつくされた全体史を志向する叙述など、総じて歴史学（あるいは人文学）におけるもっとも誠実で良質な営みが、本書には充満している。二一世紀初頭に新たな段階に入ったグローバリズム＝「新自由主義」のもとで、商品生活の荒波に抗し、どのような歴史学や生き方が大切なのか、本書は私たちに多くのことを問いかけている。

〔吉田　二〇〇八年、三七頁〕

また、名古屋大学時代の山口の門下生である大《おお》塚《つか》英《えい》二《じ》（愛知県立大学教授）も、本書の「学生向けの近世史研究のテキスト」としての意義を強調したうえで、本書の特徴を次のようにまとめている。

> 本書の最大の特徴は、グローバルな視点が叫ばれるずっと前から地球規模の視野で日本近世をとらえ、その視点を貫き通しつつ、一地域（秋田院内銀山）の人間集団の描写を基軸に巧みに当該時代の普遍的な社会関係を描き出していることです。一見ローカルに映る近世人の営みの中にグローバルな関係性を見出して叙述するという、当時としては離れ業のようなことを山口さんはやってのけたのです。

〔大塚　二〇一五年、四頁〕

本書はもともと昭和五七（一九八二）年に行われた「岩波セミナー」での講義を原稿化したものであるが、その構成はまさに近世史全体のテーマにわたっており、「全体史」を射程においたものである。「はじめに」で述べられた院内銀山の人たちの暮らしは、まさに近世社会そのものと密接にかかわるものであった。

さて、本書は、「鎖国」と「開国」を表題に掲げている。ここで、鎖国—海禁をめぐる近年の研究状況についてもここで簡単に確認しておくことにしよう。

近年、「鎖国」という概念が揺らいでいる。もともと「鎖国」という言葉は、享和元（一八〇一）年に、蘭学者の志筑忠雄《しづきただお》（一七六〇〜一八〇六）が、エンゲルベルト・ケンペルの『日本誌』に一章を『鎖国論』と訳出したのがきっかけであり、一八世紀に存在していた用語ではない。一九世紀前半、レザノフの来航などを契機として、「鎖国祖法観」（「鎖国」が家康以来の「祖法」であるという常識）が定着した。この時期になって、はじめて国際的孤立を意味する「鎖国」という認識が形成されてきたと考えるのが自然であろう。

従来の江戸時代＝「鎖国」という考え方について、根本的な疑義を呈したのは、一九八〇年代後半の**荒野泰典**の仕事である。荒野は、二つの方面からこの「鎖国」という考え方を批判した。一つは「日本型華夷秩序」という考え方である。すなわち、「華夷秩序」と「海禁」は、前近代の東アジア世界に共通する国家意識のことであるが、日本の場合は、「華」の中核に天皇と「武威」を置いたものであり、それが文化意識となっていたことを論じた。すなわち、江戸幕府によって進められた対外関係も、「海禁」と「華夷秩序」という概念で十分に把握可能であるという理解である。

そして、もう一つは「**四つの口**」という考え方である。すなわち、江戸時代の日本は、長崎・対馬・松前・薩摩の四つが外国に対して開かれており、三つの藩が「押えの役」を果たしており、幕府が交易利潤を独占していたとする。こうした認識から荒野は、従来から常識とされてきた「鎖国」という概念がそのままでは成立しないことを示してみせた。これは蛇足であるが、荒野がこうした認識を示した背景には、戦後の日本が経済大国となっていく現実的な歩みがあったからかもしれない。しかし、山口は、荒野のこの考え方を受けても、なお「鎖国」という言葉にこだわりをみせている。彼は、次のように述べている。

いわゆる鎖国論は、その後の近世史研究のなかで大きく中身が変わって、新たな視点・視角が生まれていますし、私自身も変わってきています。しかし私はやはり、「日本の鎖国」を書いた者として、鎖国という言葉にまだ愛着があり、引っ込めるつもりはないということだけ、お断りしておきます。

〔山口　二〇〇八年、一二一頁〕

山口がこのように述べる理由は多岐にわたるであろうが、**網野善彦**（⬇第七章）と**二宮宏之**との間でおこなわれた対談（初出一九八七年）のなかで、次のように述べているのが示唆的である。

網野　山口さん、「鎖国」という言葉についてはいかがですか。

山口　これには賛否両論がありますね。荒野泰典さんの論文「日本型華夷秩序の形成」（『日本の社会史』第一巻所収）では、中村栄孝さん、田中健夫さんの研究をふまえてのことですが、鎖国ではなく中国で使われた「海禁」という言葉を使っている。しかし、言葉を変えただけではだめで、鎖国といおうと「海禁」といおうと、中身がなんだったのか、それが大事なんです。荒野さんは、倭寇的世界における諸現象の全体を「倭寇的状況」と規定し、その視座に立つことによっていままで見えてなかったものが見えてきた。中世末期から近世初頭までは、日本はいわば「倭寇的世界」のなかに漬かっていたのです。

網野　荒野さんはそれが十七世紀後半までつづくと言っている。

山口　ところが、いわゆる「鎖国」という事態がでてきた。それまでは相互に自由に行き来して、もちろん結婚して子供をつくるという交流までやっていた。唐人町とかいうように、渡来してきた人びとの居留地もできていた。それが長崎の出島や唐人町だけに押し込められることになってしまった。そういうところに鎖国の意味があるということです。

〔網野・二宮ほか　二〇一五年、七九〜八〇頁〕

右のやりとりから、山口が「鎖国」という言葉を重視する理由の一つに、長崎の出島に人びとが「押し込められることになってしまった」という認識があったことが分かる。たしかに、その意味では、「鎖国」という表現が的を射ている部分もあるだろう。しかし、山口が右のように述べた背景には、次のような個人的な事情もあった。

つまり、あの戦争体験というのは私にとって鎖国なんですよ。本当に世界と隔絶して、もう満州事変ごろから世界と隔絶が始まるんですね。〔中略〕焼け野原のなかで、黒い死体をたくさん見るなかで、敗戦という体験をした一人の青年として、鎖国と開国というのは深刻な問題なんですね。私の少年・青年時代は鎖国時代だと思っているんですよ。

〔山口　二〇〇八年、二一一～二一三頁〕

戦前の生まれであり、青年期を戦争のなかで暮らした山口が、「鎖国」という言葉にこだわった理由は、このような事情であっただろう。それは、本書を書評した**深谷克己**が、「山口さんの世代にとって重要であったが、私の世代では切迫感が薄れており、三〇代の研究者にとっては抜け落ちてしまった事柄」として、「幕藩体制の最終に独立をおく問題意識」をあげているのが示唆的であろう。明治維新による国家・社会の近代化、国民的統一へと向かった変革を高く評価することは、戦時下で青年期を過ごした山口の世代にみられる「痛切な問題意識」であったことを忘れてはならない〔深谷一九九四年、七五頁〕。

平成二五（二〇一三）年七月七日、山口啓二は没した。その訃報に際して、**塚田《つかだ》孝《たかし》**（大阪市立大学教授）は、次のように述べている。

山口氏の歴史学の特徴は、史料の徹底的な調査・分析の上に立って、諸事象を広い視野から位置づけるところにある。さらにその根底には、民衆的視座から弱い立場の者に寄り添う人間的な基礎が据えられている。〔中略〕山口氏は青年期に死と直面して、生きることの意味と向きあわざるを得なかったのである。その後、無教会派のキリスト教と格闘し、クローチェやランケにも親しんでいった。「戦後マルクスを読み出したらクローチェが消えてしま」ったが、ランケの「歴史における一回性」ということは、「私に染みこんでしまって、マルクス主義を身につけてからも、矛盾なく存在していました。それは、結核で死ぬかもしれない、戦争で死ぬかもしれないと思って、自分の一回きりの人生と対面しながら生きていた青年期が、私の歴史観、人間観の基礎を育てたからです」とのことである。これは「個人の体験に結びついた、一番大事な思考の道具」だという（八二頁）。山口氏の歴史学の基盤にある人間的な基礎を理解できたように思われる。

〔塚田　二〇一四年、一〇六〜一〇七頁〕

山口の歴史学は、その人生経験にもとづきながら、深く社会や人間を洞察していくものであった。こうした成果をどのように捉え直し、乗り越えていくのかは、これからの歴史研究にとって大きな課題である。

参考文献（年代順）

齋藤阿具『西力東侵史』（金港堂、一九〇二年）
齋藤阿具『ヅーフと日本』（広文館、一九二二年）

羽仁五郎『白石・諭吉——断片　日本に於ける教育の世界的進歩に対する先駆者の寄与』（岩波書店、一九三七年）
東京大学史料編纂所編『梅津政景日記』全九巻（岩波書店、一九五三年）
山口啓二『幕藩制成立史の研究』（校倉書房、一九七四年）
深谷克己「『鎖国と開国』山口啓二」（『日本史研究』第三六五号、一九九四年）
吉田伸之「『鎖国と開国』」（黒田日出男・保谷徹ほか編『日本史文献事典』弘文堂、二〇〇三年）
山口啓二『鎖国と開国』（岩波現代文庫、二〇〇六年）
吉田伸之「戦後歴史学と山口史学　『山口啓二著作集』第二巻の編集に携わって」（『歴史評論』第七〇四号、二〇〇八年）
山口啓二「戦時下の卒論と鎖国論」（『歴史評論』第七〇四号、二〇〇八年）
山口啓二『山口啓二著作集』全四巻（校倉書房、二〇〇八〜二〇〇九年）
荒野泰典「解説」（山口啓二『山口啓二著作集』第一巻、校倉書房、二〇〇九年）
山口啓二「松平定信と海防」（『山口啓二著作集』第一巻、校倉書房、二〇〇九年）
小川和也「国郡制論争」（木村茂光監修『戦後歴史学用語辞典』東京堂出版、二〇一二年）
塚田孝「追想　山口啓二氏を偲ぶ」（『歴史評論』第七六七号、二〇一四年）
網野善彦・二宮宏之ほか「いま日本史が面白い！」（山本幸司編『網野善彦・対談集』二　多様な日本列島社会、岩波書店、二〇一五年）
大塚英二「山口啓二先生の思い出と御著『鎖国と開国』について」（『歴史の理論と教育』第一四三・一四四合併号、二〇一五年）

第四部　日本社会史の名著——近代編

第四部では、近代日本の社会を扱った「名著」三冊を取り上げる。第一二章は、**佐々木潤之介**の『**世直し**』である。佐々木潤之介については、教科書や小中学生向けの教育本の編集に携わっていたためご存知の方も多いだろう。佐々木の専門は、日本近世史、とくに幕末の世直し状況についての研究で知られている。本書は新書という形式であって、一般向けの文体にはなっているが、かなり高度な内容が含まれている。佐々木の幕末世直し状況論のエッセンスを知るうえで重要であるだけではなく、それを通した現代社会批判についても注目してもらいたい。

第一三章は、**安丸良夫**の『**日本の近代化と民衆思想**』を取り上げる。安丸良夫は、一九七〇年代以降、民衆思想史研究を常にリードしてきた歴史学者の一人である。日本文化論や日本思想史のなかで、安丸の示した「通俗道徳」という考え方は、現在も大きな影響力を持っている。本書は、安丸の幕末維新期についての理解が凝縮されている一冊である。

第一四章では、これまでの章とは趣向を変えて、遠山茂樹・今井清一・藤原彰による『**昭和史**（**初版**）』を取り上げた。本書は、昭和三〇（一九五五）年に発表されたものであり、その意味では昭和のちょうど真ん中の時期までの通史である。しかし、敗戦・占領・戦後までの歴史学者による本格的な通史ということで、多くの国民の関心を集め、批判も集中した。その批判は、とくに「人間の歴史を描けていない」という点に集約され、いわゆる「昭和史論争」に発展した。この論争は、今日からみても、歴史叙述をめぐる重要な問題がはらんだものであったと考えられる。この『昭和史』を一つの素材として、「歴史学とは何か」という問題について、深く議論していただければ幸いである。

第一二章　幕末の「世直し」状況に何をみるか

——『世直し』佐々木潤之介

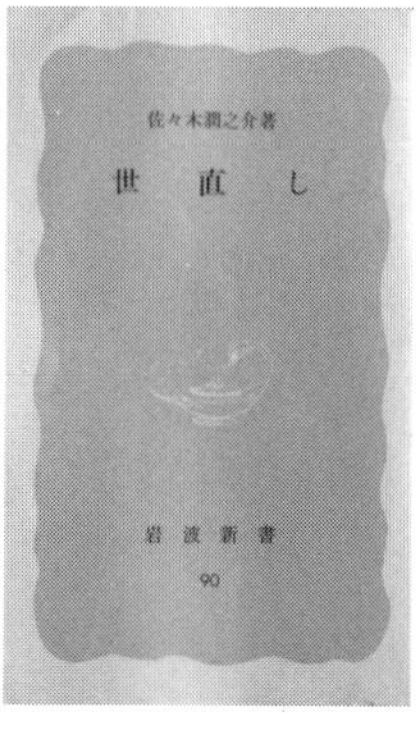

一．佐々木潤之介とは

佐々木《ささき》潤《じゅん》之介《のすけ》（一九二九～二〇〇四）は、一橋大学・神奈川大学・早稲田大学の教授をつとめた「戦後歴史学」を代表する歴史学者の一人である。日本史教科書の執筆者として、一般にも広く知られわたった著名な日本近世史家でもある。

昭和四（一九二九）年、秋田県に生まれた佐々木は、昭和二四（一九四九）年、東京高等学校理科乙類を修了し、東京大学理科二類へ進学。その後、文転し、昭和二八（一九五三）年、東京大学文学部を卒業。大学院へと進んだ。卒業論文のテーマは、「近世産銅政策に関する一考察」であったという。昭和三六（一九六一）年に一橋大学社会学部講師に就任した。

では、一橋大学において、佐々木潤之介は、どのような教育を実践したのであろうか。一橋大学では、少人数制のゼミナール教育が中軸におかれている。当時の「佐々木ゼミ」の紹介文には、次のように記されている。

一つは、ゼミナールに参加している学生諸君が、ゼミ活動を通じて、物事を歴史的にとらえる思考方法を体質化すること、個別的な事がらを常に全体の中に位置づけながら理解できるような感覚を身につけること、このようなことを、二年間のゼミ生活で少しでも達成されることを期待するということです。

二つは、右のような、いわば、歴史感覚・歴史意識というものは、人によっていろいろの個性があってよい、というよりは、あるべきだと考えますので、学生諸君がそれぞれに個性的に生きてほしいと願っていると同時に、ゼミナールとしては何らかのまとまりをもってほしいという、いわば矛盾したことの実現を期待するということです。

〔一橋大学学園史編纂委員会　一九八五年、二二〇頁〕

右の文章から、佐々木がめざしていた教育像が垣間見えるが、佐々木は、一橋大学での研究・意義について、次のようにも述べている。

佐々木　一橋の社会学部についていいますと、どのような入ってき方をしようとうちでなければできないような人を養成しなければならないのではないかということがあって、そのためにはゼミナールのもっている意味というのは随分大きいと思うんですよ。僕は文学部の歴史の出ですけれども、僕がやっている歴史のゼミは文学部でやっているのとはずいぶん違いますよね。違ってしまったんです、一橋大学に何年かいる間に（笑）。そういう努力は皆さんやっておられるだろうし、その努力のためには大変いい条件がうちの学部にはあるんだと思っているんです。だからゼミの功罪というものもそういう中身をふまえて少し考えていく必要があるんじゃないか。その中から、これまでとは違った学問的分野が開けるのではないかと期待しているんです。ただそのことがどのように今の世の中に受け入れられるかという問題がもう一つありますが、それは別として――受け入れられる状況はつくらなければいけないとは思うけれども――今日の座談会は社会学部ですから、うちの学部がもっている特徴をゼミで生かしていくということを我々は一生懸命考えなければいけないんじゃないかなとは思っております。

〔一橋大学学園史編纂委員会　一九八五年、一六二～一六三頁〕

佐々木は、学問の世界だけではなく、社会的な活動・運動にも大きなかかわりをみせた。文書館の設立をめぐる運動や史料保存運動、教科書問題（**家永教科書訴訟問題**）や歴史学研究会の運営など多方面な活躍をみせたことで知られる。また、佐々木は、一九七〇年代以降に流行する社会史研究に対し、論文「『社会史』と社会史について」によって本格的な批判も展開した。

佐々木は、**辻善之助**（**⬇第一〇章**）の『田沼時代』についても高く評価し、次のように述べている。

まだそれを社会史とは言わなかったけれども、早く大正のはじめ、辻善之助は、山本内閣末期の政治にたいして批判する強い現実的関心にたって、『田沼時代』（日本学術普及会、一九一五年）を書いた。それはまぎれもなく社会の変化・発展を主題に、時代像を描いた社会史の先駆であった。

〔佐々木　二〇〇六年、一八一頁〕

右の引用からも明らかなように、佐々木は、「社会の変化・発展を主題」として「時代像」を描くことを「社会史」と理解していた。そう考えると、佐々木の研究はまさに現実的な課題のなかで醸成された「社会史」であったといえよう。一橋大学での同僚の**安丸良夫**（**⬇第一三章**）は、佐々木潤之介の没後、次のように述べている。

歴史研究における構造的なものと変革的なもの、客観的存在のリアリティと当為や価値、現象的なものと原理的根源的なもの、現代日本社会に蔓延している表面的な安穏や自足感とその基底に誰でもが感じている不安や変革への期待、研究者や教育者としての日常の仕事とそのなかでの苦悩や理念的なものへの渇望。これらはいずれも二項対立的に分裂している、私たちにとってのきびしい現実なのだが、佐々木さんはこうした二項対立的な世界に切り裂かれながら、理念的なもの、変革的なものを目ざして激しく生きた人であった、と私は思う。後に続く者としての私たちは、佐々木さんとはなにほどか異なった形で自分の課題を設定しなおすことになるのだが、その志はいちばんの根っ子のところでは受け継ぎたい。佐々木さんの活動を振り返ってみる機会を与えられて、最後に残ったのはこのような感慨であった。

〔安丸　二〇〇五年、四二九頁〕

それでは、「理念的なもの、変革的なもの」を目指した佐々木の研究人生についてみていくことにしよう。

二　本書の背景——六〇年安保と歴史学研究

佐々木潤之介の歴史研究について考える際、見落してはならない点は、彼が研究者として活躍した当時の時代背景である。一橋大学における佐々木の門下生の一人である**岩田浩太郎**《いわたこうたろう》（山形大学教授）が書いているところによれば、「六〇年安保を知らない者は人間ではない」という佐々木語録が、ゼミテン（ゼミナリステンの略称。ゼミ生のこと）の間では有名であったという〔岩田　二〇一五年、六一頁〕。佐々木が研究をスタートしたのは、まさに、六〇年安保の真っ只中であった。一九六〇年代、佐々木は、**軍役論**を発表し、**安良城盛昭**（➡**第八章**）ら多くの研究者と積極的に論争を展開していったが、

安良城盛昭による佐々木潤之介批判
『一橋新聞』(1963年5月30日付)

その研究には、その時代状況が如実に映し出されている。

まず、佐々木の軍役論について簡単に確認しておこう。安良城が一九五〇年代に発表した太閤検地論に対して、佐々木は石高制と軍役の問題を関連づけ、幕藩制の構造的特質を解明しようと試みた。これは、従来の生産力一元論的理解のなかに、軍役という問題を取り入れた。

当時の『一橋新聞』には、安良城による佐々木批判が掲載されている。といっても、安良城は、佐々木の所論を「幕藩体制史の研究史の展開に照らして、まさに妥当な視角であり、明確な研究視角とはいえ、しかも、その研究視角を単なる抽象的提言にとどめず、具体的分析を通じて展開されたことは、この分野の研究を一歩進めたものとして高く評価するものである」と、むしろ評価しており（ただし、安良城は「幕藩体制社会の構造分析を『軍役』を基軸に分析することは反対である」としている）、批判の矛先は、安良城が「素朴実証主義者」とする**尾藤正英**《びとうまさひで》（一九二三〜二〇一三）、幕藩国家史研究の**藤野保**《ふじのたもつ》（元中央大学教授）に向けられている（一橋新聞「幕藩体制史研究の動向と疑問」一九六三年五月三〇日付）。

一九六〇年代以降、佐々木潤之介は、日本中世史の**佐藤和彦**らとともに、民衆史研究を推し進めたことで知られている。そこでは、必然的に戦時下の皇国史観について、厳しい目が向けられた。佐々木は、次のように述べている。

　戦前の歴史学・歴史教育の中心であった皇国史観史学については、すでに先学による優れた紹介と批判とがあり（永原慶二『皇国史観』岩波ブックレット№20、一九八三年）、私などが書き加える必要もない。ただひとつ、その反民衆性・非人間性を露呈している事実として、その皇国史観の総帥となった平泉澄が若き新進助教授だったころに、学生にたいして静かな口調で、「百姓に歴史がありますか」といい、さらに「豚に歴史がありますか」（中村吉治『老閑堂追憶記』刀水書房、一九八八年）といったという、その言葉を紹介しておこう。歴史は国家にしかない、民は国家あっての民であって、民に国家とは違う歴史はありえないとするのが皇国史観であり、その皇国史観はまぎれもなく、国家のための国家の歴史をつくり、強制したのであった。そしてこの皇国史観がアジアの人びとや国民の多くにどれほどの苦難と悲劇とを与えることになったのかということも、周知のことである。思えば、戦前戦中の歴史学は罪深い学問であった。それだけに戦後の歴史学は、その重大な責任を自覚的に果たさねばならなかったのである。

〔佐々木　二〇〇六年、一六八頁〕

右の文章からも知られるように、佐々木の歴史研究は、戦前の歴史学に対する反省から出発し、「民」の側に立った歴史研究を推進していこうとする強い責任感のもとに行われたものであった。そのなかで、佐々木は、近世後期の**半プロレタリアート（半プロ）**の存在に注目する。佐々木の基本的な理解は、次の点に集約される。農村に商品経済が浸透していくことによって豪農が成長し、村落共同体が後退していくことで、小農が半プロへと没落した。ここでの豪農とは、地主・高利貸商人であり、多くの場合、村役人および同族の最有力者である。一方、半プロとは、土地を中心とする生産手段から遊離した小農、零細な小生産者のことであり、運輸労働など労働力販売によって生活していく人びとのことである。佐々木は、両者の「非和解的関係」「副次的矛盾」（この主要矛盾は、封建領主VS被支配者の構図）が、幕末社会において顕在化していったとする。そして、その原因は、豪農が被支配者層を指導して封建領主に対抗していく歴史的役割を果たせなかったことによるとする。慶応～明治初期、村役人の糾弾など、民衆たちが全国各地で「世直し騒動」を実施していくが、ここに半プロ＝維新変革者としての姿を求めたのである。

こうした見解は、これから紹介する本書『世直し』のなかで、わかりやすく論証されている。以下でみていくことにしよう。

三 『世直し』の世界

本書は、新書という形式もあって、一般向けの体裁をとっているが、内容は豊富である。それは、著者の冒頭での宣言からもうかがえる。

そこで、世直しとは何だろうか、ほんとうの意味での世直し騒動とはどういうものだろうか、それらが、日本の歴史の上でもっていた意味合いはどのようなものだろうか、ということについて考えてみたいと思う。この数年、いろいろの人がそれぞれの意味で、世直しという言葉を使ってきている。世直しという語は、それ自体歴史的用語なのであり、それ故に、はっきりした歴史性をもった言葉である。にもかかわらず、その内容を抜きに、言葉だけが右往左往している状態にしている責任が、歴史学を勉強している私たちにも、少なくともその一斑があると思うということが、本書を記すにあたっての、全く個人的な動機である。

目次

〔佐々木　一九七九年、七～八頁〕

「**一　世直しの前史とその基礎**」は、豪農の形成過程とその反面で生じた半プロレタリアート（半プロ）の存在について、簡単に説明したものである。著者は、豪農を次のように定義する。

生産面では、（イ）普通地主小作関係に基づいて小作人から小作料を収奪することに、基礎をおく地主であり、（ロ）年季奉公人等を雇って、穀作を主体とした農業を行なう地主手作経営者であり、（ハ）日雇や短期奉公人等をも雇って行なう商品生産の経営者であり、（ニ）小生産者から商品生産物を買いしめる買い占め商人である。

金融面では、（ホ）小生産者にたいして高利貸付を行ない、（ヘ）小生産者との間で、商品の買いつけや、原料・必需物資などの購入を通じて商業活動を行なう小商人にたいしても、高利金融を行なっている。

村落内では、（ト）同族団の最有力者であるとともに、（チ）最大規模の土地保有と経済的基礎とをもっている富裕農民であり、（リ）同時に村共同体関係の主導的地位にたつ代表者である。

領主との関係では、（ヌ）庄屋・組頭等の村役人層であり、（ル）領主支配の側面と村落内での地位とによって、村内では他の村役人層との間での、村外では他村の村役人や地主・豪農との間での、経済的社会的結合関係をもっている。

という農民である。このうち、（ハ）（ニ）（ヘ）以外の諸特徴は、商品経済の発展とは関係なく、もともと地主がもっていた特徴であって、このような特徴をもっている地主を村方地主と呼ぶ。豪農はこれらの多面的な特徴をもっているが、この中で経済的には商品経済の発展に伴なって、（イ）（ニ）（ホ）の特徴をのばす方向で、つまり、商人・高利貸・地主として成長していくのである。

〔佐々木　一九七九年、一六頁〕

こうした「地主」「商人」「高利貸」として経済面で成長する豪農に対して、半プロは、「労働力販売によって生活を維持ないし補充しなければならない農民」のことであり、一九世紀前半にはこれが階層として成立するという〔佐々木　一九七九年、一八頁〕。

「二　村方騒動」「三　文久三年の情勢」「四　慶応二年の騒動」は、幕末の村方騒動について、その時代情勢をあわせて具体的に検証したものである。

「五　ええじゃないかと世直し」では、藤谷俊雄らの研究にそいつつ、ええじゃないか運動の要点をまとめたうえで、「しかしなお、それでは一般的に過ぎる」〔佐々木　一九七九年、九九頁〕とし、金谷宿の記録などから「世直し」との関連を読み解いていく。**「六　民衆的危機意識と世直し」**は、幕末の「世直し状況」下において、民衆の危機回避の志向性として「社会的回避の志向性」と「生産者的回避の志向性」の二つの面から整理する。そのうえで、著者は、幕末期の世直し騒動における「闘争の論理」や民衆の「変革願望」について考察していく。

「七　明治初年の騒動」は、「維新政権がとった政策の多くは、はげしい民衆の攻撃の洗礼をうけることとなったのである」〔佐々木　一九七九年、一五三頁〕とし、美濃・丹波篠山・信州・九州・羽前庄内などの各騒動について紹介する。そして「八　諸騒動の到達点と風聞」において、著者は「維新政府は、幕末期民衆のかかえていた課題を、何も解決しなかったから、政権の交替に基づく新たな支配の正統性を、民衆に納得させる手段をもっていなかった」とし、「このような新政権が、とりうる方法は、おそらく一つしかない。それは、中間層の代表としての豪農商を自らの支配機構の中にくみこむという方法である」〔佐々木　一九七九年、一七六頁〕。こうして、豪農商が藩や県〔政府権力〕によって編成されていくうえで、二つの新しい問題が起こった。一つは、豪農のなかに分裂が生じたこと〔佐々木　一九七九年、一七八〜一七九頁〕。もう一つは、「豪農と半プロ層との間の矛盾・対立が、民衆と、県・藩そして国家との間の問題に転化していくことである」〔佐々木　一九七九年、一八二頁〕。本書は次のように締めくくられている。

私たちは今、歴史の上で私たちの祖先がはたしてきたことを、冷静に科学的にとらえ直すことができる場に立っている。たんなる功罪論・長短論をぬけ出して、客観的かつ総体的に歴史の事がらをつかみ、そこに、流れている特質を明らかにすることは、私たちが、まず、そして次に、何をどうしなければならないかということを考えるための、必要不可欠のことである。

〔佐々木　一九七九年、二一一～二一二頁〕

四　本書の影響

本書は、著者が提示した豪農論、世直し状況論の成果を一般向けに説明したものと位置づけられる。世直し状況論は、学会に大きなインパクトを与え、近世史の研究者らを中心に活発な議論が交わされた。**青木美智男**《あおきみちお》（一九三六～二〇一三）は、佐々木の豪農研究について、次のように述べている。

現在、豪農論が再び研究関心の一つになっている。そして豪農経営への分析からさまざまなことが論じられているが、佐々木さんは、豪農経営の性格もさることながら、そこから文書を残すことが少なかった小農経営や半プロレタリアートの内実をも明らかにすることが重要だと考えられていたと思う。なぜなら佐々木さんにとって、近世の小農経営の生成と分解が幕藩制研究の基点だったからである。だから非農業民を包摂した網野善彦さんの百姓論などは論外だったのである。

いずれにせよいま研究関心として話題になっている課題のほとんどは、佐々木さんから出発しているといってよい。それほど大きな存在であった。それは研究が多様化し分散化しても変わらないだろう。佐々木さんの影響をまともに受けた私などは、依然として独自性を出せず苦悶しているが、まだまだ続くものと覚悟している。それほど独自な研究ジャンルを確立するということは難しいものである。その点で佐々木さんはすごいお仕事をされた人だったのだなあと思わざるをえない。

〔青木　二〇〇五年、三六頁〕

右の指摘からも明らかなように、佐々木の世直し状況論、豪農・半プロ論は、一つの確立した日本近世史像を打ち立てたものであり、研究史上重要な一コマであるといえよう。しかし、今日の実証研究の進展によって、佐々木の理解がそのままでは成立しないことも明らかになってきている。少し紹介してみよう。

まず、**久留島浩**《くるしまひろし》（国立歴史民俗博物館長）は、本書『世直し』に対して、全面的な批判を展開する。その一部を抜粋してみよう。

しかも、実際の騒動の分析に際しては、以下の二つの問題を持つのである。第一に、氏が豪農とされる者の中には、組頭、年寄クラスから大庄屋、割庄屋、世話役庄屋あたりまでもが含み込まれ、十把一絡に村役人層として把えられることである。〔中略〕第二は、分析対象とする地域が、藩領か幕領かという支配関係の差異によって、在地の支配機構を全く異にしていることを考慮しないことである。これは同時に、対象とする地域が、錯綜地帯（非領国）なのか、一国藩領、一国幕領のような領国地帯なのかということによって、治安維持を始めとする現地の支配状況に大きな差異が生じていることに、全く眼が向けられないことにもつながる。〔中略〕以上の如く、それ自体多くの問題点を有する豪農・半プロ論だけを用いて、本書で取り上げた騒動を含む世直し状況を全て説明しようとする氏の意図が、結局のところ成功していないことは明らかである。本書において「豪農・半プロ論」は、重要なところで大きな欠陥を持っており、一見論理的な本書の構成が、実は、歴史的段階や実態を飛びこし、論理的な要請からのみ創出された範疇を駆使することによって支えられているのではないかという疑念を抱かざるをえなかった。本書に見られた「豪農・半プロ論」は、もはや再検討することなしには使えないのではないか。
〔久留島　一九八一年、二二九〜二三〇頁〕

右の文章から明らかなように、久留島は、佐々木の「豪農・半プロ論」および「世直し状況論」が、「論理的な要請からのみ創出」されており、実態をともなっていない点を厳しく批判している。このうえで、久留島は、**組合村―惣代庄屋制論**の視角から地域社会の分析を進め〔久留島　二〇〇二年〕、佐々木の図式の克服をはかった。また、幕末期の豪農の多様なあり方に着目し、**豪農類型論**を提示した**渡辺尚志**《わたなべたかし》（一橋大学大学院教授）も、佐々木の研究について、次のように述べている。

私は、佐々木地域史論を次のように理解する。地域は運命共同体として一枚岩なのではない。

地域の内部に矛盾・対立があり、それに基づく各層の意識・要求があり、その実現のための運動・闘争があり、その結果、課題が解決されあるいは未解決のまま残る。一部は解決されてもまた次の課題が生まれる。こうした全過程を一貫して彩っているのが地域の個性である。課題解決のプロセスと結果に地域の特質が色濃く反映し、またこの過程を通して地域の個性が形づくられていく。地域史研究にとっては、個別性を重視しつつ一般性の側面からも地域を考え、生産や文化の深みから地域を把握し、地域をたえず課題が発生しまた解決されていく場としてダイナミックにとらえることが重要なのである、と。

こうした方法を個別の地域分析において具体的に展開することが、佐々木氏の未完の地域史論を継承することになるのだと思う。

〔渡辺　二〇一〇年、一三六・一五四頁〕

このほかにも、佐々木の研究は、多くの近世史研究者によって批判され、止揚されていった。今日では佐々木の示した図式（シェーマ）が、そのままでは成立しないことが、いくつもの実証的な成果の積み重ねから明らかにされている。しかしながら、佐々木の豪農・半プロ論、世直し状況論は、一九九〇年代以降とくに活発となる近世地域社会論の大きな礎石となったことは間違いない。

さて、佐々木潤之介自身は、歴史研究をどのように考えていたのであろうか。それは、次の文章から知ることができる。

日本近世史研究が、一つの危機的状況に低迷しているといって、多分それ程の誤りはないであろう。その低迷は何故おきているのかという理由についてはいろいろあろうが、その基本が近世史研究はそれによって現代にどのような貢献をするのかということが明らかでないということにあろう。そして、研究主体が現実の諸問題との緊張関係の中から問題をつかみ出しえていないという結果を招いているのではなかろうか。〔中略〕歴史学は変革の学問であるというとき、その意味は二重のものとなろう。それは、㋑、歴史学は歴史を変革の視点からとらえ、研究する。㋺、歴史学は現実の変革に重要な役割を果たす、ということである。そして、さらに重要なことは、㋩、右の㋑・㋺が研究課題及び方法の問題として連動しているということにある。〔中略〕歴史研究者が、実際に、ある特定の国・地域なり、時代なりの特定の専門領域の研究者として存在していることを前提にすれば、その専門領域が研究主体の直面している現実の時代と場から遠ざかればそれだけ、現状の認識は論理化されねばならないし、その研究が人類史的レベルの課題の解明に立ち向かわなくてはならないことはいうまでもない。

〔佐々木　一九八三年、一五四～一五五頁〕

この文章からも分かるように、佐々木は、日本近世史研究を「危機的状況」としてとらえており、その大きな理由に「現実の諸問題との緊張関係」の不在があげられている。もちろん、単純に等値できるものではないが、人文社会科学系学問の社会への貢献が求められている昨今、この問題について、あらためて深く考えてみる必要があるだろう。佐々木の研究姿勢は、そうした意味でも参考になるだろう。佐々木は、遺著となった『江戸時代論』のなかで次のように述べている。

歴史学は凄い学問だと思う。最近、複雑系論だとか不確実性論だとか、いわゆるポスト・モダニズムの議論がひろまりつつある。量子力学などという気の遠くなるような分野での展開については定かではないが、すくなくともそれらの議論の出発点での発想での、およそ法則性には大きな限界があることや、個々の要素が総合されてできた総合体には、個々の要素には還元できない固有性があることなどのことは、歴史学にとっては当然のことであることに気づくのである。もしかすると、歴史学は、これらのポスト・モダニズムの境地をも先取りしているのではなかろうかとも思えてくるのである。

もっとも現代歴史学は、その根底で不可知論を避けようとし、因果律を基礎として近代科学を前提としていることなどを考えると、そのような先取り論などは幻想にすぎないことがただちに明らかになるのだが……。

〔佐々木　二〇〇五年、四一二頁〕

参考文献（年代順）

佐々木潤之介『幕藩権力の基礎構造――「小農」自立と軍役』（御茶の水書房、一九六四年）

佐々木潤之介『幕末社会論――「世直し状況」研究序論』（塙書房、一九六九年）
佐々木潤之介『世直し』（岩波新書、一九七九年）
久留島浩「佐々木潤之介『世直し』」（『歴史学研究』第四九二号、一九八一年）
佐々木潤之介「日本近世史研究の課題」（『歴史評論』第四〇〇号、一九八三年）
佐々木潤之介「『社会史』と社会史について」（『歴史学研究』第五二〇号、一九八三年）
一橋大学学園史編纂委員会編「座談会　社会学部のゼミナール」（『一橋のゼミナール　戦後編』下、一橋大学学園史編纂委員会、一九八五年）
久留島浩『近世幕領の行政と組合村』（東京大学出版会、二〇〇二年）
青木美智男「批判と反省　佐々木潤之介さんの日本近世史研究」（『歴史学研究』第七九八号、二〇〇五年）
佐々木潤之介『江戸時代論』（吉川弘文館、二〇〇五年）
安丸良夫「佐々木潤之介さんの人と学問」（佐々木潤之介『江戸時代論』吉川弘文館、二〇〇五年）
佐々木潤之介『民衆史を学ぶということ』（吉川弘文館、二〇〇六年）
渡辺尚志「今、佐々木潤之介氏の幕末維新論とどう向き合うか」（『村からみた近世』校倉書房、二〇一〇年）
岩田浩太郎「佐々木潤之介ゼミの一九八〇年代」（『日本歴史』第八〇〇号、二〇一五年）

第一三章　民衆の思想から歴史を考える

――『日本の近代化と民衆思想』安丸良夫

一．安丸良夫とは

安丸良夫《やすまるよしお》（一九三四～二〇一六）は、一橋大学・早稲田大学で教授をつとめた歴史学者である。民衆思想史研究者の第一人者として知られる。安丸は、昭和九（一九三四）年、富山県東礪波郡高瀬村（現在の南砺市井波町）の農家の三男として生まれた。高瀬小学校（現在の南砺市立井波小学校）、井波中学校、福野高等学校を卒業後、京都大学文学部へ進学。昭和三二（一九五七）年に卒業した。幼いころの経験について、安丸は後年、次のように述べている。

北陸の農村に生まれ育った私は、大学受験のために京都へ行くまで、金沢と富山よりも大きな都市へ行ったことがなかった。金沢と富山も、ほんの二、三度行ったことがあっただけで、日常的には自宅から半径四キロほどが通学圏であり、生活圏だった。テレビも商業放送もなく、週刊誌などのメディアに接する機会もない田舎の高校生としての私には、東京や京都は絶対的な距離で隔てられた異界であり、自分がいつか外国へ出かけることもあるなどとは、想像してみたこともなかった。高校生のころの私は、なんとか都会へ出たいと考えていたが、それは、私よりも若い世代の人たちには信じがたいほどの隔絶した距離感覚を前提としたうえでの憧れであり、今から考えればかなり見当外れの都会幻想にもとづくものだった。

〔安丸　一九九九年、四六四頁〕

安丸は、その後、京都大学・大学院へと進んだ。「都会」へ出た安丸は、自身の心境を、「十八歳まで育った故郷のほうが心安らかで幸せだというのではなかった。故郷の人たちはたいがいやさしく親切だったが、しかしそれはまた私の心身を蜘蛛の糸のように縛っているしがらみであり、他方私は、なによりも自分の精神に自立性を獲得して、人生や社会や人間が生きていることの意味などについて、自由に考えてみたかったのである」と述べている〔安丸　一九九九年、四六五頁〕。その後、安丸は、名城大学法商学部につとめ、昭和四五（一九七〇）年、一橋大学社会学部助教授に着任、平成一〇（一九九八）年までつとめた。

安丸は、平成二八（二〇一六）年に亡くなるまで、歴史学者として、さまざまな社会問題について見解を述べてきた。近年も、「歴史学の再生」という論題で、「イスラム国」とテロの問題、安倍政権の安保法制をめぐる問題などにも触れている〔安丸　二〇一六年、一五七～一六二頁〕。このなかで、安丸は次のように述べている。

しかし問題は、暴力の問題だけではない。さしあたりここでは、①暴力、②自然、③コスモロジーの三者が、啓蒙知の限界問題ないし臨界問題のような領域を構成しており、そうした問題の意味を反省的に考え直すべきところに私たちは来ているのだと考えておきたい。暴力はしだいに抑制されてゆくもの、自然はしだいに深く認識されコントロールされてゆくもの、コスモロジーはしだいに合理的で人間に親しみやすいものになってゆくものというわけでなかった。

〔安丸　二〇一六年、一六二頁〕

平成二四（二〇一二）年に「『終わり』から眺める」というタイトルの文章を書いた安丸は、そこで「誰も自分の人生の『あとがき』を自分で書くことはできないが、自分のこれまでの作品をなにほどか『異化』する『あとがき』のようなものを、いつか書きたいと思う」と述べている〔安丸　二〇一六年、二一頁〕。こうした意味を考えながら、本書についても考えていきたい。

二　本書の背景――「民衆思想史」の誕生とその背景

まず、「日本思想史」とはどのような分野なのであろうか。ここでは、日本における思想史研究の系譜をたどりつつ、安丸らの推進した「民衆思想史」研究について考えてみることにしたい。

戦後、**丸山眞男**は、儒学（朱子学）を基軸とする政治思想史研究を構想した。これは、「自然─作為」のカテゴリーに注目し、荻生徂徠や本居宣長らの「近代的思惟」の成熟過程を考察したものであった。もちろん、丸山の分析の主軸は、「無責任の体系」論に象徴される、戦前の天皇制国家の体制に対する批判的分析であったが、研究の対象は、「頂点的思想家」に限定されていた。これは、同じく日本思想史を体系的に論じた**家永三郎**にもいえることである。

一九六〇年代になると、新史料の発見なども相俟って、こうした「頂点的思想家」を対象とした研究ではなく、もっと下層の民衆たちの思想的世界を考察していこうという気運が高まった。そのなかで、現代とは違う当時の「常識」や「社会通念」が重要視され、民衆が日常において何を考えていたのか、百姓一揆における思想の拠り所は何だったのかなどが注目を集めることになった。

こうした潮流のなかで登場してくるのが、**仁政イデオロギー論**であり、安丸らによって進められた民衆思想史研究であった。仁政イデオロギー論とは、「日本の近世において、領主たるものは百姓が生存できるように仁政を施すべきであり、百姓はそれに応えて領主に年貢を皆済すべきだという、領主─百姓間の関係意識が形成された。このような領主による仁政は、現代からみれば、階級関係を隠蔽するイデオロギーであることから、仁政イデオロギーと呼ばれた」（若尾　二〇一二年、一四三頁）ものであり、これまでの単純な支配─被支配という考え方に再考をせまる重要な議論であった。

この概念は、昭和四八（一九七三）年頃、**深谷克己**や**宮澤誠一**《みやざわせいいち》（元九州国際大学教授）らによって展開されたものであるが、安丸の民衆思想史研究もこうした研究動向と密接にからみつつ進められていった。

また、安丸の研究は、「通俗道徳」と「民衆宗教」の結合をねらったものであり、その点で、宗教学者の**村上重良**《むらかみしげよし》（一九二八～一九九一）が提示した近代民衆宗教論への批判のもとに展開されている。すなわち、村上が、近代民衆宗教が、戦前に天皇権力に対して屈服していったことについて、民俗的伝統が断絶したととらえたのに対して、安丸は、民俗的伝統との連続性を主張した。

『**出口**《でぐち》**なお**』は、大本教の開祖である出口なお（一八三七～一九一八）に対する分析を通して、近代日本の体制的矛盾を鋭く指摘し著作である。出口の「お筆先」（神の言葉を記したもの）には、生活経験から昇華された宗教的世界観が広がっており、そこで展開される千年王国主義的救済思想とは、世直し願望を継承し、通俗道徳型の生活思想をふまえて原理化されたものであった点を示した。

安丸が、民衆思想史研究を進めていく時期は、他の研究者によって重要な成果が次々と生み出されたころでもあった。以下で紹介する本書『日本の近代化と民衆思想』は、安丸の代表作であると同時に、**色川大吉**の『明治精神史』、**鹿野政直**《かのまさなお》（早稲田大学名誉教授）の『資本主義形成期の秩序意識』などに並ぶ、一九六〇年代の民衆思想史研究を象徴する著作である。この時期、なぜ、民衆思想史研究の起点をなす「名著」が多く生み出されたかについては、安丸自身が次のように述べていることに典型的にあらわれている。

それでは、六〇年代「民衆思想史」（以下「　」付で区別する）研究には、問題意識・方法・歴史感覚などにおいてどのような転換があったのか、ということになるのだが、この点をなにか学問的に共有された主張や学派のようなものとして把えることは、ほとんどできないと思う。おそらく、右の三人にかぎっても、私たちはそれぞれ異なった資質と発想をもっており、研究者として自立してゆく由来にも、それぞれに異った諸事情があったのであろう。

（安丸　一九七七年b、五四四頁）

一九六〇年代に活発となったいわゆる民衆思想史研究は、色川大吉、鹿野政直、安丸の三名の歴史学者のなかにおいて「共有された主張」はなかったとされている。この点は、民衆思想史研究の流れを考える上で念頭におかなくてはならないポイントである。

また、右に引用した論文の末尾で、安丸は、「また、私の考え方は、ルカーチ、マンハイム、ゴルドマンなどの著名な研究に教えられた社会的歴史的な意識形態論とでもいうべき立場にたつものなので、その理論的展開も必要だと思っている」（安丸　一九七七年b、五六〇頁）とも述べている。こうした海外の歴史研究者の存在が、安丸らに与えた影響はきわめて大きかったとみられる。

また、**若尾政希**《わかおまさき》（一橋大学大学院教授）は、安丸にとって歴史研究は、自身の主体形成と「相互に密接に媒介しあったものとして形成」されたものであり、「まさに研究と人生のはざまで民衆思想史研究は形成されたのである」と評価している（若尾　二〇一三年、三八〇頁、三九三頁）。実際、昭和四〇

（一九六五）年以前の安丸は、荻生徂徠や海保青陵ら「頂点的思想家」の思想について分析した論考を発表している。これは、丸山眞男の政治思想史との格闘のうえで生み出されたものであるが、若尾によれば、こうした分析こそが「安丸の思想史研究の規模（の大きさ）と射程（の広がり）に決定的な影響を与えた」〔若尾　二〇一三年、三八九頁〕という。このように、歴史研究者である安丸自身の思想形成に注目しつつ、「安丸思想史」の全容を理解しようとする動きが、現在、進められている。

さて、本書『日本の近代化と民衆思想』の背景には、四つの点を考えなくてはならない。一つは、一九六〇年代という時代状況、そして二つめは、海外の学会において活発であった研究潮流、そして三つめとして日本において流行しつつあった民俗学研究の影響、四つめは、安丸個人の思想形成としての本書の位置づけである。四つめの点については、安丸自身が、平凡社ライブラリー版の「あとがき」で次のように述べていることが、考える一つのヒントとなる。

本書の内容をもっとも単純に規定すれば、十八歳までを過ごした故郷でのありふれた庶民としての生活と、大学入学以後の都会の知識人社会という二つの異界に住んで、そのいずれにも帰属できないで遍歴をつづけるほかなかった、いくらか偏屈な魂による観察の記録といえるかもしれない。本書第一章は、その後の私の研究活動の出発点となった作品だが、そこには、私の故郷での生活体験と大学院生時代にふれることとなった大本教の開祖出口なおについての自分なりの読解とがふまえられている。第二篇は、右の論文の発想では解けない次元の問題を切り拓こうとしたものであり、第二章と第三章は、第一章と第二篇とを媒介するような位置にあるといってよいだろう。第一篇は一九六〇年代の中ごろから後半にかけて、第二篇は一九七〇年代のはじめに書いた。その後の私は、必ずしも本書の内容をいっそう深める方向で研究活動をつづけてきたとはいえないが、どのような分野の研究にも本書はふまえられており、他の研究者の目にはどのように映るにしろ、私自身の主観においては、問題意識、方法、主題の選び方などにおいて一貫した基調をもっていると思っている。

〔安丸　一九九九年、四六五〜四六六頁〕

本書『日本の近代化と民衆思想』が、先に少し紹介しておいた安丸のその後の研究にとっても重要な基軸となっていることが、この文章からも知られる。実際、安丸の研究全体にとって、本書が重要な位置にあったことは事実であろう。しかし、ここで注意しなければならないのは、安丸自身の思想形成のプロセスもまた、時代の潮流や研究状況などに影響を受けつつ展開したことである。よって、本書が、どのような研究状況と社会情勢のなかで生み出されてきたものなのか、総合的に見定める必要がある。

その点を意識したうえで、三つめの民俗学研究の影響についても簡単に考察しておきたい。安丸は、本書において、民俗学者の成果を多く採集している。たとえば、**宮本常一**が『忘れられた日本人』のなかで紹介した世間師についての記事の引用や〔安丸　一九九九年、七一〜七三頁〕、**柳田國男**の紹介した事例についても多くの引用・参照が確認できる。とりわけ「ミロク」信仰について分析した「第三章『世直し』の論理の系譜——丸山教を中心に」における**宮田登**の影響は大きい。安丸は、本書の注で次のように述べている。

ことに宮田氏からは、いろいろと懇切な教示をうけた。また、ミロク信仰と書いて弥勒信仰と書かないのは、仏教のそれと区別する意味で、宮田氏の用語法にしたがったものである。なお、最近になって宮田登『ミロク信仰の研究——日本における伝統的メシア観』が刊行され、民俗学的な視角からのミロク信仰の研究はまったくあらたな段階をむかえた。

〔安丸　一九九九年、一五六頁〕

右の文章から、安丸が、「世直し」「ミロク」の研究をしていくうえで、宮田の研究がいかに大きなウエートを占めていたかが知られる。このように、本書の参照文献は、柳田國男をはじめとする日本民俗学の研究成果が多く、それが、本書の一つの特徴といえる。安丸は、本書を執筆するうえで、民俗学の研究成果をふんだんに取り入れている。それは、より下層の民衆のリアリティある生活形態を知るうえで、必要な手続きであったのだろう。本書を読むにあたっては、この点も留意していただきたい。

また、二つ目にあげた海外研究者からの影響も無視できない。先述したように、安丸は、本書『日本の近代化と民衆思想』のなかで、海外研究者らの業績についても多く紹介している。これらを丹念に検討していくことが、本書の内容を理解するうえできわめて重要であろう。

最後に、本書の書かれた時代背景についてであるが、それは、本書の「あとがき」に詳しく述べられている。

一九六〇年六月十八日の夜から翌朝にかけて、私は国会議事堂前の路上で一夜をすごした。私たちの世代のものにとっては、忘れがたいあの六〇年安保闘争の最後の夜のことである。〔中略〕私たちの座りこんだあたりは、多様な諸団体の雑居地帯で、学生たちの姿はほとんど見かけなかったように思う。議事堂がほの白く夜空にうかび、ヘリコプターが飛びかい、ときどき投光器があたりを照らすなかで、はりつめた気持で一夜をすごしたことを覚えている。夜半すぎに、右翼の暴漢になぐりこまれたことなども、私のそれまでの人生にはなかったあたらしい体験であったし、棒切をもって「武装」（?）した学生たちを見たのも、あれがはじめてのことであったような気がする。〔中略〕だが、私がつよい印象をうけたのは、安保闘争そのものであるよりも、むしろその後の事態の推移だったように思う。

安保条約の「自然承認」のあとに登場したのは、池田「高度成長」内閣であった。池田内閣は、「忍耐と寛容」を政治姿勢とすると称して当面の政治危機を回避するとともに、「所得倍増」をスローガンとして、国民意識を私生活の充足「高度成長」のもとでの消費的満足の追求へと領導していった。十年間で「所得倍増」！　これだけむきだしの功利的で「唯物論」的（？）な目的が、一つの国家権力の主要なスローガンとなったことがかつてあったろうか。私は、ああ、この手か、この手でくるのか、と思った。そして、じじつ、安保闘争のひきおこした政治危機は、私がたまたま現場にたちあうという幸運をもったあの六月十八日をさかいとしてたちまち終焉し、国民意識の私生活主義化が顕著になっていった。「近代化」論は、こうした動向の理論的なにない手として、この時期にはなばなしく登場し、アメリカを軸とした帝国主義的支配大系の擁護と国民意識の私生活主義化に手を貸した。

（安丸　一九九九年、四五三～四五五頁）

安丸が本書によって明らかにしたかった問題は、これが書かれた当時の時代に向けられたものであった。そのことを意識しつつ、本書『日本の近代化と民衆思想』の内容をみていくことにしよう。

三　『日本の近代化と民衆思想』の世界

では、本書『日本の近代化と民衆思想』（初出一九七四年、ここでは、比較的入手しやすい平凡社ライブラリー版〈一九九九年〉を用いる）の内容をみていくことにしよう。本書は著者が発表した最初の論文集である（なお、第一篇第三章は、**広田昌希**《ひろたまさき》〈大阪大学名誉教授〉との共著）。本書の書き出しは、次のようなものである。

勤勉、倹約、謙譲、孝行などは、近代日本社会における広汎な人々のもっとも日常的な生活規範であった。こうした通俗道徳が、つねにきびしく実践されていたのではない。しかし、大部分の日本人は、一方ではさまざまの社会的な規制力や習慣によって、他方ではなんらかの自発性にもとづいて、こうした通俗道徳を自明の当為として生きてきた。

〔安丸　一九九九年、一二頁〕

この文章にあるように、著者は、まず、「大部分の日本人」にとって、「勤勉」「倹約」「謙虚」「孝行」などが、日常の生活規範であり、強制力をもっていたことを指摘する。そして、著者は、「勤勉、倹約等々が広汎な民衆によって問題としてとりあげられるようになるのは、あきらかに一つの歴史的発展の所産である。こうした生活規範を中核とした民衆的諸思想が展開しはじめるのは、前述のよう

目次

にほぼ元禄・享保期であるが、それではどのような現実的な課題が思想形成をうながしたのであろうか」〔安丸　一九九九年、二五頁〕と問題を提示する。ここから著者は、「家」の没落に対する恐怖感を読み取る。そして、さらに、石田梅岩の石門心学を中心とした「心」の哲学の問題に分析を進め、江戸時代の人びとにとっての通俗道徳の意味を深く分析していく。そのうえで、次のようにまとめている。

民衆的な通俗道徳の見地からする社会批判は、近代社会の成立過程の社会的激動のなかにさまざまの形態でうずまいていたのであり、大本教も、また農民一揆、自由民権運動、一時期の天理教や丸山教も、そうした噴出の諸形態にほかならない。民衆的な通俗道徳を、高い緊張感をもって実践してきたということが、こうした社会批判のはげしさや鋭さをささえていた。こうした過程に媒介されなければ、一揆も打ちこわしも押えつけられた欲求の一時的な爆発にすぎなくなり、たとえその爆発がどんなに巨大な破壊力をもとうとも、あとにはなにも残らない。広汎な民衆の強靭な自己鍛錬（主体的な自覚の過程）にささえられたときにはじめて、社会批判は、はげしさ、鋭さ、持続性、組織性などを獲得しうるのである。

〔安丸　一九九九年、九一頁〕

「第二章　民衆道徳とイデオロギー編成」は、一九一〇年代までの通俗道徳をふまえた模範村と通俗道徳的思想原理をよりどころとした社会批判について検証した論考である。著者によれば、明治期の権力による修身教育や「官製国民運動」は、結局のところ、通俗道徳の非人間的な強制であり、それは、強力で普遍性をもった虚偽意識（イデオロギー）であったという。

天理教も丸山教も、宗教的粉飾をはぎとってみればこうした小生産者たちの理想社会を希求していたのであり、その世俗的思想にはどんな神秘性もない。それは、勤勉で誠実な民衆なら誰でも望んでいたような社会である。しかし、このようなある意味では平凡な理想が、現実のなかでは確実にふみにじられてゆくことがあきらかになったとき、民衆はみずからの理想を支配のイデオロギーから分離して表現するために宗教という媒介を必要としたのである。

明治中期以降になると、日本の民衆が発展させてきた平民的道徳は、しだいに強く天皇制イデオロギーのなかに編成されてゆき、欺瞞的で偽善的で私たちをしめつけるものにすぎなくなっていった。他方で、その欺瞞性や偽善性をみぬいた人たちは、どちらかといえば道徳の外へでて偽悪やシニシズムのポーズをとりやすかった。

〔安丸　一九九九年、一三六頁〕

そして、著者によれば、平民的道徳のもっとも良質な部分を発展させることを一つの思想的モメントとした人物こそが、内村鑑三と田中正造であったという。

「第三章　『世直し』の論理の系譜——丸山教を中心に」は、明治前半期の丸山教の事例を中心に、「ミロクの世」観念の伝統について考察したものである。この章では、柳田國男・和歌森太郎・宮田登らの研究成果にふれつつ、世直し観念の基礎が、民衆の道徳的な自己規律＝自己鍛錬のなかに見出されることを明らかにしていく。すなわち、織豊政権・幕藩制国家によって、宗教王国観念が否定された結果、民衆にはその伝統が欠如しており、素朴な土俗信仰的な伝統から出発するしかなかった〔安丸　一九九九年、二三二頁〕。

著者によれば、「世直しの観念は、貧困と抑圧からの解放をもとめる民衆の幻想である」〔安丸　一九九九年、二二五頁〕そして、この観念は、「民衆の伝統的意識にふかく根ざして」おり、「安定した社会では眠っているが、巨大な変革期において歴史の舞台に噴出する」〔安丸　一九九九年、二二六頁〕。そして、「民衆の通俗的な自己規律＝自己鍛錬が世直し観念の成熟の基礎」〔安丸　一九九九年、二二七頁〕であったという。

「第四章　民衆蜂起の世界像——百姓一揆の思想史的意味　その1」は、冒頭で、当時、深谷克己が提唱していた「仁政イデオロギー論」について触れたうえで、「私は、百姓一揆を、明治十年頃に基本的には終焉した歴史的に固有の民衆闘争の形態だと考え、そうした立場から、百姓一揆の思想史的意味を発掘しなおし意味づけなおすことで、近代日本の思想史的諸条件を考えなおす一つの筋道をつかみたいと考えている」〔安丸　一九九九年、二三七頁〕とする。たとえば、百姓一揆においては、「ヤクザ風の人物さえ、蜂起した集団の代表者としては、自己犠牲的に民衆的な正義を体現せざるをえないところに、一揆というものの免れることのできない公的な権威性の伝統がある」〔安丸　一九九九年、二七八頁〕。「近世の百姓一揆は、世界像の形態としては幕藩制的『仁政』をこえる志向をほとんどもたなかったといってよいが、蜂起した集団としての民衆が権威と威力にみちたものであるかぎりで、外形的には幕藩制的『仁政』をでない世界像のなかに、実質的には身分制支配の秩序原理をまったく打破して、みずからの権威と威力にみちた活動性やより根源的な解放への希求を注ぎこむものであった。近世のはげしい大一揆は、民衆のそうした志向性を知るうえで注目されよう」〔安丸　一九九九年、二八三頁〕。このように、民衆蜂起の思想史的な意味が、本章では多方面から考察されている。

「第五章　民衆蜂起の意識過程——百姓一揆の思想史的意味　その2」は、蜂起した集団における人びとの欲求と憤激の実現のされ方の特質が具体的に解明される。著者によれば、百姓一揆や世直し的な踊りのなかには、共同性に敵対的なものの膺懲という意味がこめられているという。一揆は、その一つの側面において、集団的オージー〔祭りなどにみられる、日常を逸脱した集団的な熱狂・狂乱など〕の民俗的伝統につらなるものであり、ふかく民衆の存在様式に根ざしていたものであった。また、本章では「四　あらたな可能意識について」と題し、明治初期の一揆の展開と近代国家の政策についてもふれられている。すなわち、次のようにいう。

明治国家が、聳立する軍事的集権国家として君臨し、その上からの近代化政策が一定の定着性をもつようになると、かつて世直し一揆や新政反対一揆において表現されたような民衆の願望は、近代化し膨張してゆく「日本帝国」のもとでの安穏と幸福の追求へと転轍され、長い一揆の伝統とそこからうまれた可能意識とは、「殺身成仁」式の義民譚だけを残して、歴史の暗闇の部分に葬られてしまった。一揆にたいする弾圧、とりわけ、明治初年の一揆にたいする集権国家の洋式軍隊による鎮圧がテコになって、一揆のなかに表現され、また表現されようとしていた願望と可能性とは、明治国家の公認のタテマエを受容するものへと再編成され、あらたな国家の神話が民衆の人間的なさまざまの願望を詐取して、それを栄光の「日本帝国」発展のエネルギーへときりかえていった。

〔安丸　一九九九年、四四四～四四五頁〕

四　本書の影響

では、本書の影響について考えてみたい。前節でも触れたように、著者が本書を刊行した当時、日本近世史の学会のなかでは、**深谷克己・宮澤誠一**らによる「仁政イデオロギー論」が注目されていた。本書の第四章には、その影響もみられるが、本書のなか（注の文章）で著者は、「仁政イデオロギー論」について次のように述べている。

深谷克己氏や宮澤誠一氏などが、十七世紀中葉以降の初期藩政改革のなかで「仁政イデオロギー」が成立するとし、それが幕藩制の支配イデオロギーだとするのは、支配イデオロギーを幕藩権力の政策史から具体的に抽出したてんで高く評価されねばならないが、しかし、氏らのいう「仁政」イデオロギーとは、じつは、幕藩権力の強権的支配の原理が直面した諸矛盾のなかでの一定の軌道修正として成立したものではなかったろうか。支配イデオロギーという概念の把握のしかたにもよるが、幕藩制が成立してから半世紀以上も経過してから支配イデオロギーが成立するとしたら、それはいくらか奇妙なことであって、初期幕藩制社会のなかに支配の原理を発見して、そこから問題を出発さすべきであろう。

〔安丸　一九九九年、三三五〜三三六頁〕

安丸をはじめとした民衆史研究は、近世史の分野にとどまらず、日本史全体にとって大きな流れであった。中世史では、**黒田俊雄**らをはじめとし、民衆の歴史を明らかにしようとする斬新な視点からの研究が次々と登場した。この背景には、六〇年安保、学生運動といった社会運動の活発のなかで、民衆の主体性に注目することの大切さがあらためて浮き彫りになってきたことがある。**T・フジタニ**は、本書について次のように評価している。

一九六〇年代および七〇年代のより広汎な知の動きのひとつであった民衆史プロジェクトは、

歴史と政治の推進主体として「民衆」を新たに表象することを試みるとともに、民衆が歴史上つねに受動的で非力な支配の対象でしかなかったという偏見を克服することをめざすものであった。本書『日本の近代化と民衆』はその基盤となったテキストである。民衆史の提唱者たちは、社会編成の「底辺」と彼らが呼んだ位置にある人々をも含めて、日本の普通の人々のエネルギー、日常生活、意識、そしておそらくもっと重要な点として、その歴史の推進力を明るみに出し、これに息吹をあたえ再―表象することを選んだ。それはまた、「常民」を歴史展開の背景や舞台装置のなかにではなく、その前景へと位置づけようとした民俗学者柳田国男の望みを多少とも共有する知の試みであった。

〔フジタニ　一九九九年、四六九頁〕

ここでは、安丸らの研究と柳田国男らの「常民」研究の親和性が注目されている。先に述べたように、本書は、民俗学の成果がふんだんに利用されている。

またその一方で、本書には、フランスのアナール学派などの影響が随所にみられるが、著者自身は、後に次のようにふり返っている。

本書の民衆史研究は、イギリスにおける社会運動史研究、フランスのアナール派、またずっと後のことになるがインドのサバルタン研究などと、いくらか似たところがあろう。しかし、そうした研究成果が本格的に日本へ紹介されるようになったのは、本書諸論文の執筆時点よりもすこしのちのことで、こうした動向からの影響は、本書にとってはエピソード程度のものである。本書の大部分は、文献史料への手探りするような模索のなかから生まれたもので、著者としては、もっぱら民衆の意識形態と行動様式のリアルな把握に努めたつもりである。

〔安丸　二〇〇三年、二七二頁〕

安丸自身は、あくまで「文献史料」の「模索」のなかから、本書での理解が生み出されてきたことを強調している。もちろん、この点は事実であったであろう。しかし、安丸が本書で示した著作に対しては、多くの批判も寄せられた。**布川清司**《ふかわきよし》（神戸大学名誉教授）は、安丸のいう「近世中後期以降、日本中の一般民衆がすべて通俗道徳を目的的に実践した」というのは、根本的な事実誤認であると指摘する。近世民衆の倫理思想は、あくまで功利性・自己本位制・不服従に貫かれていたというのである。次のような主張である。

私は氏が近代主義的価値観の呪縛から脱却され、民衆自身のもつ卑近な生活意識に歴史形成の鍵を見出された点を高く評価したいと思う。ただ私は氏が「通俗道徳をつきつめる」という受身的・消極的な面にしか、民衆の歴史にたいする役割を期待しておられない点に不満を覚える。なぜなら民衆は「通俗道徳をつきつめる」だけでなく、「通俗道徳をつきやぶる」という能動的・

積極的な面でも、社会批判を行ない、歴史を形成したからである。

〔布川　一九七三年、三〇五頁〕

また、第二節で触れた民俗学者の**宮田登**は、本書について「ミロク信仰が民衆の幻想的な理想世でありながら、そこに依存せざるを得ない民衆意識の限界性を厳しく衝いたこと、また日本の近代化にからまる民衆思想史の中にミロク信仰を位置づけたこと、など優れた成果である」〔宮田　一九七五年、一六〜一七頁〕としているが、一般民衆の意識状況が「通俗道徳」に対抗的であったという理解ではなく、日常規範に呼応するものであったからこそ、広範な人びとに受け入れられたのではないか、という。

このように、安丸の研究は、戦後歴史学に対して、大きなアンチテーゼを投げかけるものであった。すなわち、敗戦というシビアな現状に直面して登場した戦後歴史学が、日本の前近代性、非自由性、とりわけ支配者層による民衆の「収奪」を強調する側面が強かったのに対し、強く生きた主体としての民衆の存在を強調することで、そうしたイデオロギーを打破しようと試みた。**喜安朗**《きやすあきら》（日本女子大学名誉教授）が次のように述べているのは、まさにこうした状況を鋭くついている。

この戦後歴史学の問い直しという点について、これらの歴史家には最初から確たる見透しがあったわけではない。彼らはいずれも戦後歴史学を母胎として、その研究を出発させたのであり、それを「内破」する営みには、重い試行錯誤があった。そこから安丸良夫の次のような発言も生まれる。安丸は色川大吉らに自分の名も加えて考えられている「民衆史」研究について、「戦後歴史学の「補完」的再建」を目指すものだったともいえようが、しかしそれはその当事者たちの主観においては、戦後歴史学への異議申し立てであり、それを内破しようとする可能性だったともいえよう」としている。〔中略〕戦後歴史学の枠組みでは研究の新しい道をつけていくことはできないと痛感していたのだが、その営みが歴史学のなかに対象化された現実となるかどうかは定かではない、という不確定性のなかに身を乗り出していく、ということであったと思う。しかしそこから歴史の全体性を問い直すという、当事者の主観を歴史学のなかに対象化する道筋も生まれてくるのであって、指摘されている可能性は現実性へと向かっていくのであった。

〔喜安　二〇一四年、一一三〜一一四頁〕

安丸は、本書に対する一連の批判に対して、「通俗道徳論」がもっぱらの批判・批評の対象とされていることに不満を抱いていたようであるが、それもこうした点と関連しているだろう。

さらに、もう一つ留意しておかなければならない問題がある。本章第二節でも触れたように、安丸の研究に対する姿勢は、常に現代社会へと向けられていた。昭和六三（一九八九）年に昭和天皇が亡くなった前後の「自粛」ムードなどもあいまって、昭和から平成への転換期には、天皇論が歴史学のなかで一大テーマとして浮上した。その論点となったのは、天皇制が、明治維新を境にして連続しているものなのか、断絶しているものなのか、という問題である。**山口昌男**《やまぐちまさお》（一九三一～二〇一三）の王権論をもとにした天皇制研究（山口　二〇〇〇年）や、**宮田登**の「生き神＝天皇信仰論」、あるいは**網野善彦**（➡**第七章**）の「天皇―非農業民論」など、天皇制の連続性に注目する研究が多くみられるなかで、安丸が平成四（一九九二）年に刊行した**『近代天皇像の形成』**は、天皇制が実質的には明治維新を境とする近代化の過程において創出されてきたことを具体的に論証したものであった。

安丸は、平成二八（二〇一六）年に亡くなるが、晩年も歴史学者の立場から現代社会への警鐘をつづけた。たとえば、次のような発言をしている。

勝利した戦争の後でも、当該社会はさまざまの改革的課題に直面するが、敗戦のばあいはもっと大きな変革が、政治・経済・文化など、すべての面で急速に展開する。格差の縮小は、その顕著な一側面である。戦争は、大きな不幸ではあるが、すくなくとも一九世紀のある時期以降、人類は戦争という大破壊をへて、累積してきた諸矛盾を暴力的に解消し、それを息継ぎにして、なにほどかの改良・改革を実現して、なんとか生き延びてきたのではなかろうか。だが、大きな戦争はもはや不可能だとすれば、私たちは、累積されてきた諸矛盾をどのように解消して、生き延びることができるのだろうか。

それとも私たちは、「テロとの戦争」という新しい世界戦争の時代に突入してしまったのであろうか。

こうした安丸の姿勢は、彼の「歴史学者」「歴史家」像と密接にリンクしていたのであろう。安丸によれば、「歴史家」とは、次のような者だという。

こうして私たちは、さまざまの理論や先行研究などを参考にすることができるけれども、結局のところは、歴史家としての私たち個々人の人間や社会を理解する能力に依拠して「事実」に向きあっているだけである。しかしそうはいっても、私たちはまったく無手勝流に「事実」と向きあっているわけではなく、歴史家としての特有の視座構造をもって「事実」に向き合っているのだと思う。そしてそのばあい、私は、歴史家とは、史料と「事実」とを特定の場における時代性とのかかわりで理解・解釈する立場を選んだ者のことだと考える。

〔安丸　一九九六年、一二七頁〕

成田龍一《なりたりゅういち》（日本女子大学教授）は、安丸の追悼文において、「歴史学そのものが、知の営みのひとつの形態であることを論じていったということであり、かかる実践をする安丸さんの姿は、歴史学をまとった、現代における知識人の姿にほかならない。歴史学という立場から、現代世界に向き合おうとする、孤独なひとりの知識人としての安丸良夫である」〔成田　二〇一六年a、一四六頁〕と述べている。

まさに、「知識人」としての安丸の姿は、これからの時代の「知識人」のあるべき姿が照射されていたようにも思われる。

安丸の「名著」もまた、その著書だけをみていてもその主旨を知ることはできない。「安丸思想史」が、日本社会に問いかけつづけていたものとは何だったのか。または「歴史家」とはどういう存在なのか。本書を歴史学の根幹にかかわる論点について、深く考えるうえでの一つの素材としてほしい。

参考文献（年代順）

色川大吉『明治精神史』（黄河書房、一九六四年）
鹿野政直『資本主義形成期の秩序意識』（筑摩書房、一九六九年）
布川清司『近世日本の民衆倫理思想――摂・河・泉農民の意識と行動』（弘文堂、一九七三年）
宮田登『ミロク信仰の研究』新訂版（未來社、一九七五年）
安丸良夫『出口なお』（朝日新聞社、一九七七年ａ）
安丸良夫「『民衆思想史』の立場」（『一橋論叢』第七八巻第五号、一九七七年ｂ）
安丸良夫『日本ナショナリズムの前夜』（朝日新聞社、一九七七年ｃ）
深谷克己『百姓一揆の歴史的構造』（校倉書房、一九七九年）
安丸良夫『神々の明治維新――神仏分離と廃仏毀釈』（岩波新書、一九七九年）
安丸良夫『近代天皇像の形成』（岩波書店、一九九二年）
安丸良夫『〈方法〉としての思想史』（校倉書房、一九九六年）

安丸良夫『日本の近代化と民衆思想』（平凡社、一九九九年）
フジタニ・T.「解説――オリエンタリズム批判としての民衆史と安丸良夫」（安丸良夫『日本の近代化と民衆思想』平凡社、一九九九年）
山口昌男『天皇制の文化人類学』（岩波書店、二〇〇〇年）
安丸良夫「安丸良夫著『日本の近代化と民衆思想』」（黒田日出男、保谷徹ほか編『日本史文献事典』弘文堂、二〇〇三年）
安丸良夫『文明化の経験――近代転換期の日本』（岩波書店、二〇〇七年）
若尾政希「仁政イデオロギー」（木村茂光監修『戦後歴史学用語辞典』東京堂出版、二〇一二年）
若尾政希「解説　研究と人生のはざまで――民衆思想史形成の軌跡」（島薗進、成田龍一ほか編『安丸良夫集』1 民衆思想史の立場、岩波書店、二〇一三年）
喜安朗編『転成する歴史家たちの軌跡――網野善彦、安丸良夫、二宮宏之、そして私』（せりか書房、二〇一四年）
安丸良夫「私たちは、いま、どこにいるのか」（『図書』第七九五号、二〇一五年）
安丸良夫「はじめに『終わり』から眺める」（『戦後歴史学という経験』岩波書店、二〇一六年）
成田龍一「ひとりの知識人として」（『思想』第一一〇六号、二〇一六年a）
成田龍一「解題」（安丸良夫『戦後歴史学という経験』岩波書店、二〇一六年b）

第一四章　歴史における「人間不在」

――『昭和史（初版）』　遠山茂樹ほか

一　『昭和史（初版）』とは

第一章から第一二章にわたって、日本社会の歴史について考察した「名著」を取り上げてきた。その多くが「論争」に発展し、止揚され、また新たな学説が登場する。こうした連関があった。

本章でとりあげられる著作もまた、大きな論争となった著作である。遠山茂樹・今井清一・藤原彰によって編纂された**『昭和史（初版）』**（初出一九五五年）が本章の主題である。

一般に、『昭和史（初版）』をめぐる一連の論争のことを**「昭和史論争」**と呼んでいる。歴史学者だけではなく、多くの文学者・政治学者らを巻き込んだこの論争の背景には、歴史学を考えるうえできわめて重要な論点がいくつも隠されていたように考えられる。本章では、『昭和史（初版）』が書かれた背景とその影響について考える素材を提供していきたい。まずは、『昭和史（初版）』の執筆者について紹介していくことにしよう。

遠山茂樹《とおやましげき》（一九一四～二〇一一）は、横浜市立大学文理学部の教授で、日本近代史を専門とした。昭和一三（一九三八）年に東京帝国大学を卒業後、昭和一七（一九四二）年には史料編纂所に勤務する。昭和二六（一九五一）年、『平和を求めた人々』『明治維新』の二冊を上梓した。このうち、とくに**『明治維新』**は、近代史研究の必読書として広く知られている。

今井清一《いまいせいいち》（横浜市立大学名誉教授）は、昭和二〇（一九四五）年に東京帝国大学法学部を卒業。その後は、横浜市立大学教授などをつとめた。主要著書としては、『大正デモクラシー』『日本近代史（二）』『横浜の関東大震災』などがある。

藤原彰《ふじわらあきら》（一九二二～二〇〇三）は一橋大学の教授で、日本近現代史、とくに軍事史を専門とした。戦時下には、陸軍士官学校を卒業し、陸軍大尉もつとめた。戦後は、軍事史や天皇制、南京大虐殺など、さまざまな問題に関して研究を進めた。日本学術会議会員や、歴史学研究会委員長などを歴任。主要著書として、『軍事史』『天皇制と軍隊』『餓死した英霊たち』などがある。戦後一貫して、一五年戦争期の日本軍の矛盾に関して研究を続けた。『餓死した英霊たち』のなかの、次のような文章に、藤原の問題関心がよく示されている。

> 戦死よりも戦病死の方が多い。それが一局面の特殊な状況でなく、戦場の全体にわたって発生したことが、この戦争の特徴であり、そこに何よりも日本軍の特質をみることができる。悲惨な死を強いられた若者たちの無念さを思い、大量餓死をもたらした日本軍の責任と特質を明らかに

して、そのことを歴史に残したい。大量餓死は人為的なもので、その責任は明瞭である。そのことを死者に代わって告発したい。それが本書の目的である。

〔藤原　二〇〇一年、四頁〕

さて、『昭和史（初版）』は、当時、まだ三〇～四〇代であったこの三名によって編纂された同時代史である。

次に、本書を読み解くうえでのもう一人の主役である評論家**亀井勝一郎**についても確認しておこう。亀井は、明治四〇（一九〇七）年、北海道函館市に生まれた。大正一五（一九二六）年に東京帝国大学文学部に入学、その後、マルクス・レーニンに傾倒し、昭和三（一九二八）年には治安維持法で検挙された。その後、転向し、一九三〇年代後半には『日本浪漫派』を創刊し、「日本の伝統への回帰」を推進する。文芸評論家として、武者小路実篤や太宰治らと交流をもち、聖徳太子や親鸞に関する小説を発表した。

この亀井勝一郎が、遠山・今井・藤原によって執筆された『昭和史』に対して厳しい批判を展開したことで、この著作はひときわ注目を集めることになり、「昭和史論争」と呼ばれる歴史学の大きな論争を巻き起こしたのである。それでは、『昭和史（初版）』が発表されるまでの背景をみていくことにしよう。

二　本書の背景――アジア太平洋戦争をどう評価するか?

本書『昭和史（初版）』は、昭和三〇（一九五五）年という敗戦後まだ一〇年しか経っていない時期に書かれた著作である。しかも、周知のように「昭和」は、その後もまだ三〇年以上も続いたため、「昭和史」というネーミングには、若干の違和感もあるだろう。先に述べたように、あくまで同時代史としての側面が強い。本書が出された当時の学会、そして社会の様子はどのようなものであったのだろうか。

この時期は、政治・社会の流動化がはじまり、五五年体制の形成、民主化や非軍事化の動きに反する、いわゆる「逆コース」の動向も顕在化していた。「戦後一〇年」が経ち、社会のなかにも戦記物ブームが起きるなど、戦争が過去のものとなりつつあった。こうした反動的・復古的な流れへの危機感のなかで、本書『昭和史』は執筆されたのである。

また一方では、戦後五〇年経ち、日本国民のなかにも、戦時中に何が起きたのか、その事実を知りたいという要求が高まってきたことも反映していた。要するに、「なぜ私たち国民が戦争にまきこまれ、おしながされたのか、なぜ国民の力でこれを防ぐことができなかったのか」（はしがき）という率直な疑問である。

本書が書かれたのは、五〇年以上も前のことであり、現在とは、学界の状況も社会の情勢も大きく異なる。よって、本書の内容の少なくない部分に問題があることは、一目瞭然であろう。また、本書の作者たちも、問題の一部については理解していたようで、昭和三四（一九五九）年には、『昭和史〔新版〕』を出版している。新版は、初版の不十分だった点を補足するかたちで、全面的な改編がおこなわれており、初版とはほとんど別物と考えてよい。その章構成は、次のようなものになっている。

Ⅰ　第一次大戦後の日本
Ⅱ　政党政治の危機
Ⅲ　満州事変
Ⅳ　日中戦争
Ⅴ　太平洋戦争
Ⅵ　戦後の世界と日本

新版の「はしがき」には、「この書物は、昭和の歴史を、とくに一四年間の戦争の歴史に重点をおいて、とりあげている。この時期の歴史はくりかえし語られなければならない。そこには私たちのつきぬ思い出があり、忘れることのできない犠牲がはらわれている。戦争体験こそ、今日および明日、日本人が生きてゆくための叡智と力とをくみとることができる、尊い国民的遺産である」〔遠山・今井・藤原　一九五九年、ⅰ頁〕とある。作者が本書に込めた強いメッセージがうかがえるであろう。

さて、この書の前提となった『昭和史（初版）』とはどのような内容であり、なぜ批判されることになったのであろうか。以下でみていきたい。

三　『昭和史（初版）』の世界

本書『昭和史（初版）』は、「はしがき」に次のように記されている。

目次

Ⅰ　昭和の新政
Ⅱ　恐慌から侵略へ
Ⅲ　非常時の名のもとに
Ⅳ　はてしない戦争
Ⅴ　破局へ
Ⅵ　戦後の日本

昭和の歴史には、私たちのさまざまの思い出がつながっている。しかしその思い出のどのひとこまにも、戦争のかげがおもくるしくおおいかぶさっている。

私たちはふたたびこのようなにがい戦争の体験をくりかえしてはならないと思う。そう願いそのために努力している私たちは、過去の体験をふりかえり、その真実をつきとめることが必要である。［中略］

この本は、学界での研究成果の上にたって、私たちの体験した国民生活の歩みを、政治・外交・経済の動きと関連させて、とらえようとしたものである。とりわけ執筆者が関心をそそいだのは、なぜ私たち国民が戦争にまきこまれ、おしながされたのか、なぜ国民の力でこれを防ぐことができなかったのか、という点にあった。かつて国民の力がやぶれざるをえなかった条件、これが現在とどれだけ異なっているかをあきらかにすることは、平和と民主主義をめざす努力に、ほんとうの方向と自信とをあたえることになるだろう。執筆者の非力のため、この目的を充分果すことができなかったにしても、読者の方々のきびしい批判にみちびかれて、今度とも精進をつづけたいと念願している。

〔遠山・今井・藤原　一九五五年、i〜ii頁〕

本書は、右の理念のもとに、昭和三〇（一九五五）年ころまでの昭和の歴史が綴られている。

「**Ⅰ　昭和の新政**」は、大正天皇の「死去」にともなう「昭和」改元から金融恐慌から日本の中国革命への干渉、満州事変までの過程が概観されている。「二七年テーゼ」をめぐる動き〔遠山・今井・藤原　一九五五年、二二一〜二二三頁〕や、最初の普通選挙と三・一五事件の様子などもあわせて紹介されている〔遠山・今井・藤原　一九五五年、二四〜二五頁〕。

「**Ⅱ　恐慌から侵略へ**」は、まず、昭和四（一九二九）年一〇月二四日からはじまった世界恐慌とその日本への影響が論じられている。すなわち、著者らは、次のように述べる。

この世界大恐慌は、日本経済をも、その渦中に巻きこまずにはおかなかった。それどころか日本では、第一次大戦後の戦後恐慌以来、一度も好況を経験せず、慢性的な恐慌をつづけ、二年前に早くも金融恐慌を経験していた。それは日本の資本主義の特殊な性格、矛盾にみちた構造に原因があった。収穫の五割にものぼる現物小作料をとりあげる地主小作関係からなりたつ農業を基礎にもち、その半封建的な関係を利用して労働者にたいしても苛酷な労働条件をおしつけていた日本資本主義は、貧しい労働者と農民をうみ出したむくいとして、極度にせまい国内市場になやまされてきた。それをおぎなうため明治以来たえず植民地侵略をくりかえしたが、その支配が軍事的な野蛮なものであったため、現地資本や民衆の反抗をよりつよくうけ、そのため植民地を市場として開発することができず、それはかえって日本主義の行きづまりをいっそう深める結果となった。その上侵略をテコにして発展してきたわが国の資本主義は、軍国主義の要求にそって組みたてられていたから、戦争でぼろもうけをした外には、いわば不況を常態としていた。戦争の時だけがもうかる、それが日本の資本家に根強くもちつづけられた考え方であった。

だから日本資本主義が世界恐慌からうけた打撃は他の帝国主義国よりもひどいものであった。

〔遠山・今井・藤原　一九五五年、三七～三八頁〕

そして、この恐慌下において労働運動・農民運動が一段と高まってくる〔遠山・今井・藤原　一九五五年、四五～四七頁〕。植民地においても、広汎な民族運動が起こる〔遠山・今井・藤原　一九五五年、四七～四八頁〕。こうした社会的な情勢のなかで、知識人たちが「左傾」化し、プロレタリヤ文化運動が開花していった。

一方、そうした動きの反面で、戦争体制をつくりあげるファッショ化の動きも次第に速度を早める〔遠山・今井・藤原　一九五五年、五〇頁〕。とくに、著者らは従来大きな社会的勢力に発展することがなかった、右翼が幅広い影響力をもつようになっていったことに注目している。この契機となったのは、ロンドン軍縮会議であるという〔遠山・今井・藤原　一九五五年、五四頁〕。ちなみに、満州事変の意義については、次のように説明している。

満州事変の本質は政治的には、国内の激化する階級闘争を外にそらし、満州を中国革命運動を抑圧する基地として、さらに対ソ戦略基地として確保することにあった。経済的には、大恐慌からの脱出口を、満州市場の独占と戦争経済に求めたことにあった。とくにここに集中している日本の帝国主義権益が、中国の民族運動によっておびやかされ、恐慌によって利益を低下させられたことが、侵略への大きな衝動となった。国際的には、この時期は日本の満州侵略にもっとも有利な時点であった。

〔遠山・今井・藤原　一九五五年、六一～六二頁〕

「**Ⅲ　非常時の名のもとに**」は、犬養首相が射殺された五・一五事件とその背景にある「窮乏する農村」の様子や一九三二年テーゼなどについて触れられている。

また「国防国家への道」として、昭和七（一九三二）年の国際連盟脱退から「転向時代」といわれる知識人の後退の過程が詳細に説明される。また、「日本ファシズム史上最大のクーデターである二・二六事件」についても概説される。

なお、ここではこの時期における人民戦線運動についても紙幅が割かれている。しかし、こうした運動も「わずかにもりあがったのは、文化運動の分野だけ」〔遠山・今井・藤原　一九五五年、一一五頁〕であったとしている。

「Ⅳ　はてしない戦争」では、昭和一二（一九三七）年七月七日の盧溝橋事件に起因する日中戦争の原因と経過、そして長期化への流れが詳述されている。また日独伊三国同盟を中心とした当時の国際情勢や、大政翼賛会の動きなどが概説されたうえで、「太平洋戦争」に向かう日米交渉の破綻の過程がまとめられている。

「Ⅴ　破局へ」では、「太平洋戦争」における「緒戦の勝利」のなかに、すでに敗因がはらんでいたとする。それは次の三つの点である。次の文章をみてみよう。

第一は文字どおり「天祐神助」をあてにする賭博的作戦であり、合理的計画的な作戦計画をたてることができなかった。またその戦法が生みだす精神主義が「物量」の軽視をもたらし、長期の近代戦を戦う能力を失わせた。第二に奇襲戦には、一方では極度の訓練をかさねた少数精鋭主義をとらざるをえず、他方ではその精鋭を人命を無視して死地に投ずる戦法をとった。そしてそのことは大消耗戦となる長期戦、不断に武器が進歩する近代戦に適応できず、必然的に軍の素質と戦闘力の低下をまねいた。第三に奇襲作戦の尊重は、勝つためには手段をえらばずとする考え方にみちびき、国際法軽視の考え方をおのずから盛んにした。それがマニラ占領の際の「バターンの死の行進」やシンガポール占領の際の華僑大虐殺の事実となった。

〔遠山・今井・藤原　一九五五年、一七三〜一七四頁〕

右のように述べたうえで、著者らは「東条政権の独裁」〔遠山・今井・藤原　一九五五年、一七六〜一七九頁〕や「飢える国民」〔遠山・今井・藤原　一九五五年、一九一〜一九三頁〕など、「太平洋戦争」下における国内の様子と戦況、そして「ポツダム宣言の受諾」〔遠山・今井・藤原　一九五五年、二〇四〜二一三頁〕までの経緯を概説している。

「Ⅵ　戦後の日本」は、戦後の「民主化」政策が概説されるとともに、敗戦から昭和三〇（一九五五）年までの流れを五期にわけて解説している。

四．本書の影響

『昭和史〈初版〉』の影響は大きく、多くの国民に読まれたことは事実である。地域のサークルなどの勉強会でも用いられ、一九五〇年代の日本社会に幅広く浸透していった。本書について「この本は、まさにその内容と主題にふさわしい読まれ方がしているようである。この本がさらに普及することをわたしは望む。」〔小田切二〇〇六年、二一五頁〕と評した**小田切秀雄**《おだぎりひでお》は、次のような本書に対する感想を紹介している。

しかし、二七才の主婦小山雪子氏は、「私は私なりに、平和な社会を愛し、戦争の罪悪に憎しみは持っているが、戦争と平和のスイッチは私の手のとどかないどこか遠い所にあるような気がしていた。しかしこの『昭和史』は……私たちが現に生きながら知りえなかった歴史的真実を教えてくれたばかりでなく、これから作られる歴史の中をどう生きていくかを、きびしい親切さで教えてくれる『民衆の教科書』でもある」、と書いている。この本の主題ははっきりと読者の心にうけとめられ、読者を心の内がわから勇気づけることになっている。

〔小田切　二〇〇六年、二一四～二一五頁〕

しかし、一方で『昭和史』に対する反発もあった。即座に厳しい批判を展開したのが、先にも述べた評論家の**亀井勝一郎**である。亀井は次のように指摘する。

（一）私がいつもふしぎに思うのは、歴史家がなぜ表現に苦心しないかということである。こんなことを第一にもち出したのは、実は最近遠山茂樹、今井清一、藤原彰、三氏の共著『昭和史』（岩波新書）を読んで、その悪文に閉口したからである。私は高校生のレポートではあるまいかと疑った。一定の資料と方向さえ与えられるなら、高校生にもかける文章である。かたくるしいという点では、戦前の官学歴史教授のそれと大差ないし、漢字のものすごい量という点から云えば、或る種の裁判記録に似ていると云ってもよい。つまり典型的な官僚文章である。

歴史家は文学者にも劣らぬ文章家でなければならぬ。これは第一の要求として掲げてすこしも無理でないと思う。何故なら歴史とは「人間を描く」行為だからだ。人間を描くことにおいて魅力を創造しなければならないし、魅力とは説得力のことである。歴史家は、歴史的事実さえ述べれば文章などどうでもいいと思っているのだろうか。大へんなまちがいだ。

〔亀井　一九五六年、六〇頁〕

ここで示された『昭和史（初版）』に対する亀井の批判は、長文にわたるが、おおむね次の四点にまとめられるであろう。

①『昭和史（初版）』に描かれているのは、軍部・政治家・実業家VS共産主義者・自由主義者の対抗の歴史のみであって、その中間で動揺した「国民」のすがたが描かれていない点。すなわち、「国民」という人間不在の歴史に陥っていること。

②個々の人物の描写力が実に貧しい点。異常な時代による制約はなかったのか、共産主義者はすべて正しかったのか、その点がうまく描かれていないこと。

③戦争を扱っているはずなのに、死者の声が全然ひびいてこない点。『昭和史（初版）』には、支配者階級に煽動され、亡くなっていった多くの兵士たちの声がない。

④戦争の悲惨さを伝えることが目的であった『昭和史（初版）』には、ソ連参戦という重大な史実

に対しての批判を避けていること。

こうした点を指摘したうえで、亀井は、「要するに歴史家としての能力が、ほぼ完全と云っていいほど無い人々によって歴史がどの程度に死ぬか、無味乾燥なものになるか、一つの見本として『昭和史』を考えてよい」と主張する〔亀井　一九五六年、六五頁〕。かなり手厳しい批評である。

亀井が提示した「人間不在」というキーワードは、人口に膾炙し、各方面に議論を巻き起こした。医師であり評論家でもある**松田道雄**《まつだみちお》（一九〇八〜一九九八）は、亀井の主張に共鳴し、「人間としてさだまった位置があるならば、昭和の歴史は愛憎なしには語れないはずだ。史書が年表と異るのは愛憎によって抑揚がつけられるからである。抑揚のない文章は読む人を退屈がらせ、『悪文』としてうけとられる」「歴史のもっている人間形成への積極的な役割を十分に評価することを怠りはしなかったか」などと投げかけ、若い歴史家たちに対して、「人間的魅力のある人物がでてくる歴史」「誇りのある歴史」を書くことを強く求めた〔松田　一九五七年、一〇〜一一頁〕。

こうした過熱化する批判の一方で、多くの歴史学者らは遠山らを支持する考え方を表明した。当時、すでに大きな影響力をもっていた**石母田正**（➡**第四章**）は、「歴史と人間」〔初出一九五七年〕のなかで、次のようにコメントしている。

歴史における人間を書けという言葉や論議にたいしては、われわれ研究者は黙ってひきさがっていよう。「人間」というものを軽々しくあげつらったり、「人間」にたいして不遜になりたくはないからである。歴史の研究者が人間をどれほどとらえているかは、作家と同じように、自分の仕事を通じて測ってもらうより仕方がない。歴史の研究者が、経済や政治やその他の科学的研究をコツコツやるのは、そのような側面も媒介としなければ、人間というものはとらえられないほど複雑であることを知っているからであって、それを歴史における「人間」の問題から遠ざかったかのようにいう人があれば、それは「人間」を安易にとらえられるものと思っているからにちがいない。研究者はおちついて自分の仕事の場所と働きについてかんがえる必要があるとおもう。

〔石母田　一九七七年、四九八頁〕

ここで石母田は、「人間を書け」という要望に対して、歴史家は「黙ってひきさが」ることを提案しているが、第三章でみてきたように、彼自身は『中世的世界の形成』の序文において、「庄園の歴史は私にとって何よりもまず人間が生き、闘い、かくして歴史を形成してきた一箇の世界でなければならなかった」と述べている〔石母田　一九八五年、一三頁〕。それと合わせてこの文章をみたとき、ここでの「『人間』にたいして不遜になりたくはない」と述べている真意がよく分かるであろう。

もう少し若い世代の歴史学者はどう反応したのか。日本荘園史を専門とした**阿部猛**も、「『昭和史論争』が無意味だったというのではない。多くの反省を生んだことも事実であろう。しかし、『人間の歴史』を書けとの要求が、かえって低俗な迎合『史書』を生みだしたことも反省せねばならない」と述べたうえで、次のように指摘する。

戦争中、亀井はすでに高名なる評論家・作家であった。戦争の進展のなかで、亀井はどのような働きをしていたのか、それへの自己批判の欠如、それがかれの主張にとって致命的なのである。「国民は戦争を支持した」といったところで、亀井は免罪されない。

〔阿部　一九九六年、七四頁〕

ここでは、亀井自身の戦争責任の問題が糾弾されている。たしかに、亀井は、戦時下で日本浪漫派の一員として、大日本帝国を讃美する文章も執筆していた。

ちなみに、戦後のこの昭和史論争は、日本史の研究に大きな影響を与えた。一九六〇年代には、英雄の評伝など「人物」に焦点を当てた歴史物がブームとなったが、こうしたなかで、東京文理科大学における阿部の同級生である**藤野保**も次のように述べている。

近ごろ、歴史ブームという言葉をよく聞く。戦後の〝人間不在の歴史〟に対する不満と反省の結果が、今日の歴史ブームの底流だとも説かれる。〝人物史〟の盛行は、その端的なあらわれであろう。しかし、昨今流行の〝人物史〟をみると、過去の人物―英雄を、歴史を超越した人間性一般においてとらえようとする傾向があるはしないだろうか。人間を歴史的背景のなかに埋没し、単なる社会的類型としてあつかう方法が正しくないのと同様に、この方法も正しい方法とはいえない。歴史はひとりの英雄によって動かされるものでもなければ、単なる経済現象によって動かされるものでもないからである。複雑にからみ合う諸矛盾のなかで、それぞれの階級と利益を代表する人間集団の相剋を通じて人物をとりあつかうことにこそ、〝人物史〟のより正しい把握の仕方があると思う。

〔藤野　一九六五年、iv～v頁〕

右の文章からも、この論争がその後の研究にいかなる影響を与えたかがよく伝わってくる。一方、遠山らの主張に対して、文学者の**西郷信綱**（➡第三章）は、次のように批判している。

もとより体験は大切である。が、それが真の意味をもつのは、それの社会的・日常的蓄積である経験という地平においてである。体験主義や実感主義はこの地平をとざし、おのれの体験に固執する。ところが、遠山氏の右の一文でも「個人の体験」といわれる場合、その個人が社会的・歴史的なものとしてではなく、むしろ原子論的なものとして考えられている、そこが問題なのである。「だから」それは「科学の結論」と無媒介に対立しあうわけだが——すでに見てきた通り実感主義と科学主義とは同じ楯の両面であった——しかしこの対立を論理的に合法化する「だから」という言葉には待ったをかけねばならぬ。私たち諸個人はまだ「科学の結論」なんぞ出ていない世界に、そうかといって離れ島のロビンソン・クルーソーのようにではなく、まさに歴史的に――徹底的に歴史的に――生きている以外の何ものでもないからだ。

『昭和史』の批判者は、そこに人間が描かれていないといった。しかし遠山氏も答えているように、歴史学は何も文学のように人間を「描く」必要はない。問題は歴史学がどこまでも人間にかかわる学問であり、その人間にかかわるということがいかなる意味をもつかという点につきる。最近のブームにのって出ている歴史書を覗いてみると、人間的あまりに人間的な、つまり水ぶくれした人間性がしきりと登場してくるが、これは歴史の学が人間にかかわるものであるというその意味の何であるかを根本的に考えることを怠って、しかも何とか人間を描こうと腐心しているせいだとしか思えない。いうまでもなく、これは学問の堕落である。人間を描く要請のない場合には、彼らは決ってたんなる事実の学としての実証主義に逃げ込む。あたかも事実そのものが、ひとりでものをいうかのごとく。それはとにかく、歴史の学が人間にかかわるということの意味――それは個別の学をこえ形而上的なもの相渉るはずだが――がマルクス主義でも大してしんけんに問われていないとすれば、「人間にとって根源的なものは、人間そのものである」というマルクスの言葉は鬼哭しないであろうか。学問上の客観性にしても、「個人の体験」から安全に擁護さるべきものではあるまい。なぜならそれは、何らかの概念装置によって捕獲できる、たんに人間の外にある事実の様式ではないからである。

〔西郷　一九六九年、三二一頁〕

このように、「昭和史論争」における西郷の見解は複雑である。亀井らの発言に対して距離をおきつつも、遠山らの「個人」のとらえ方が「原子論的なもの」に陥っている点を厳しく批判している。人間を描くという問題について、マルクス主義国文学者の立場から深く切り込んだ発言として注目すべきであろう。

柳田國男の門下であり、当時歴史民俗学の構築をめざしていた歴史教育学者の**和歌森太郎**も「昭和史論争」に際して、次のような発言をしている。

歴史意識の進み方からいえば、人は子供の時に伝記とか個人に執心するし史学の発達を省みても必ず古代には伝記がその中心を占めていた。しかし、今のおとなともなれば、それを超えたところに自らの歴史意識を高めるべきではないか。自分のくらしの由って来るところ、自分らと同じ境遇にいた無名な民衆の過去生活を知らずにいて、英雄偉人に傾倒してみたって仕方がないではないか。そういう点から、今子供たちが愛読している多くの伝記書の叙述法にも相当問題がある。もっと協力者群をはっきり描くべきで、何もかも独り歩きできたような讃嘆的描写はどうかと思う。

歴史に人間を回復せよ、という論がある。これは私も同感だ。要は人間の生活環境をつかむことであって、そのことと、歴史における個人の役割を重視することと混同してはならない。

［中略］ただその場合軍部支配者とか政界財界要人の行動やその人たちの行なった結果との関

連にとどまらず、彼がどういう教養をもち、どういう生活態度をとり、どのように国民の悩みや不安をうけとめていたか、それも確証のあがる限り、描かねばならない。そうした点に、進歩派型読み手を予想した『太平洋戦争史』や『昭和史』が弱みをもっていることを私も認める。そういう注意が払われずに、「東条首相が不意うちに裏道に入って、おかみさんに話かけたり、ゴミ箱をのぞいたりしたのは」という事実について、「国民の声を封じた独裁者が逆に民意をつかめぬ不安にかりたてられて、こうした『下情視察』をするのを余儀なくされたのであった」という解釈（『昭和史』一七九頁）が試みられると公式的だなという印象を読者に与えるのだ。いったいにこの立場の歴史学者の書いたものの中では、微妙な心理上の問題の解析が、手ぬるくイージーである。個人個人をしっかりみつめる眼光は余り強くないのだ。私に言わせれば、歴史の中の人間性の把握とは、まず歴史を調べ書く人自身が、自己の人間の至らなさを謙虚に自省することから始まって、過去の各個人が、民衆が、どう時代に対決し、どのように時代なり社会なりから制約されたかうかがおうとするとき、可能なのだと思う。大上段に振りかぶって、人間を時代のわくとか型とかに振りわけ放りこんでいくのでは、人間味でひきつける歴史を描けないのではなかろうか。

歴史は科学と文学との間にあるというよりも、やはり歴史は科学として、万人のなっとくのいく証拠で固められた構成をとるべきものであり、その点で客観性をもつべきだと信ずる。ただ、とりあげて時代の中あるいは時代相互間に関連づけていく事がらとして、なまの人間の動きを素直にうけとめて、実態を直視する態度が必要なのだ。それは科学的に扱われつつ、しかも人間性を感じさせるものとなるだろう。

（和歌森　一九八〇年、一九二・二〇五〜二〇六頁）

右の和歌森の見解は多岐にわたっているが、歴史叙述において「科学」的な面と「人間性」の両面を深く描くことの重要性が強調されていることが分かる。和歌森は、戦後の歴史教育に尽力した学者の一人であり、そうした立場からの発言として理解できよう。

さて、「昭和史論争」は、戦後歴史学を代表する論争として史学史のなかで必ず取り扱われる事項である。しかしながら、その評価については、まだまだ十分定まっていないのが現状であろう。「人間」を描く歴史叙述とは何なのか。歴史学は、「科学」なのか。歴史学だけではなく、人文社会科学系学問の現実社会への貢献が期待されている今日において、この論争についても、あらためて深く考えてみる必要があるのではないか。

参考文献（年代順）

遠山茂樹『明治維新』（岩波書店、一九五一年）
遠山茂樹『平和を求めた人々』（福村書店、一九五一年）
遠山茂樹・今井清一・藤原彰『昭和史（初版）』（岩波新書、一九五五年）

亀井勝一郎「現代歴史家への疑問」（『文藝春秋』第三四巻第三号、一九五六年）
松田道雄『現代史の診断』（拓文館、一九五七年）
遠山茂樹・今井清一・藤原彰『昭和史』（岩波新書、一九五九年）
藤原彰『軍事史』（東洋経済新報社、一九六一年）
藤野保『徳川幕閣——武功派と官僚派の抗争』（中公新書、一九六五年）
今井清一『大正デモクラシー』（日本の歴史二三）（中央公論社、一九六六年）
西郷信綱「学問のあり方についての反省——『理論と実感』の問題によせて」（『展望』第一二三号、一九六九年）
石母田正「歴史と人間」（『戦後歴史学の思想』法政大学出版局、一九七七年）
今井清一『日本近代史』二（岩波書店、一九七七年）
藤原彰『天皇制と軍隊』（青木書店、一九七八年）
和歌森太郎「歴史における個人の役割」（和歌森太郎著作集刊行委員会編『和歌森太郎著作集』第一一巻、弘文堂、一九八〇年）
石母田正『中世的世界の形成』（岩波文庫、一九八五年）
阿部猛『歴史の見方　考え方』（東京堂出版、一九九六年）
藤原彰『餓死した英霊たち』（青木書店、二〇〇一年）
小田切秀雄「私達も生きてきた」（大門正克編『昭和史論争を問う——歴史を叙述することの可能性』日本経済評論社、二〇〇六年）
今井清一『横浜の関東大震災』（有隣堂、二〇〇七年）

あとがき――「名著」のゆくえ

さて、本書では一四冊の「日本社会史の名著」について考察してきました。それぞれの本は、扱っている時代も発表された年代もまちまちです。しかし、その根底に一つの共通の観念が存在していることに気が付いてくださった方もいるでしょう。もちろん、どの本も、実証的な研究成果を基盤としていますが、その矛先は、常にわれわれの暮らしている現代の社会に向けて照射されたものでした。とくに、一九七〇年代前後の著作には、当時の社会の様相が色濃く反映されていたことが分かります。

それぞれの著者が根差した学会や環境、生まれ育ってきた条件は、千差万別です。本を発表したころの立場もそれぞれ違います。しかし、それにもかかわらず、彼らのなかに通底しているものがあるとするならば、そこには、私たちが暮らす社会を考えるうえでも有益なヒントが存在しているはずです。学術書を読むことは、時にそうした、今を生きるためのヒントを得ることにもつながります。教養としての歴史学は、「名著」から始まるといっても過言ではありません。

一方で、ここで紹介した著作は、大きな影響力をもつと同時に、たくさんの批判を受けたものであります。「批判」というのは難しいものです。テキストの一部分を取り上げて、その間違いを過剰に非難するのは、ナンセンスです。著書を読むということは、著者の意図や書かれた背景などを正しく総合的に理解することが必要となります。全体のコンセプトを理解し、また著者がそう述べる背景もきちんと理解したうえで、はじめて「批判」は可能となります。その基礎的な作業もせずに、一部分を取り上げて批判することは、「知識人」としてふさわしい態度とは思えません。

二一世紀の社会は情報に溢れています。インターネットの検索エンジンを使えば、あらゆることが調べられます。しかし、その情報に踊らされてはなりません。この新しい時代を生きる「知識人」とは、偏狭な視点をもつ人ではなく、総合的な「知」と「人間性」を有する人物のはずです。そうした知識を獲得するうえで、歴史学の名著を読むことは、とても有意義なことだと思います。

謝　辞

本書は、私が29歳で最初に大学の教壇に立ったときの授業を、ほぼそのままのかたちでテキストにしたものです。その意味で、本書が無事に刊行できたことは、私にとって、本当に嬉しいことです。当時、まだ右も左も分からず、大学図書館の職員として事務作業に没頭するかたわら、必死にこの授業の準備をしたことが忘れられません。それほど年齢の変わらない一橋大学の学生たちからのコメントが、私にとっては、とても刺激的で、何よりもの励みになりました。とても素晴らしい経験をさせてくださった一橋大学社会学部の先生方と学生の皆さんに、この場をかりてあらためて感謝申し上げたいと思います。

しかしながら、人生初の大学での講義ということもあり、本書のなかには、私自身の不勉強による誤解、それから認識の至らなかったところも多々あるかと思います。その点はご寛容を乞うとともに、是非とも本書を一つの「叩き台」として、さまざまな議論を展開していただければ幸いです。

本書のベースとなった「名著から読む日本社会史」のコンセプトは、実にシンプルなものでした。大学図書館の教員であった私に、「日本社会史総論」の講義依頼があったとき、私の頭にあったのは、

「図書館と日本史をなんとかつなげられないか」「図書館をもっと学生に利用してもらうような授業をしたい」、という漠然とした気持ちでした。すでに、ジェネレーション・ギャップによって、学生たちの手が届きにくくなっている「戦後歴史学」の学術書に、何とか目を向けさせたいというのが、最初の発想でした。もちろん、そこには、さまざまなワーキンググループをともに進めてきた一橋大学附属図書館のスタッフの皆さんの先進的で、積極的な姿勢も大きく影響しました。大学教員としての最初のキャリアを、最高レヴェルの大学図書館のスタッフとともに過ごせたことは、私にとって、本当にかけがえのない経験でした。

最後に、本書の企画を持ちかけてくださった渡辺麻莉子さんと、大変な編集作業をご担当くださった林志保さんに、あらためて感謝申し上げます。

二〇一八年二月吉日　飯能へと向かうレッドアロー号の車中にて

夏目琢史

《著者紹介》
夏目琢史（なつめ・たくみ）
1985年生まれ。一橋大学大学院社会学研究科博士後期課程修了。博士（社会学）。
一橋大学附属図書館助教を経て，現在は，国士舘大学文学部史学地理学科専任講師。
公益財団法人徳川記念財団特別研究員。
著書に，『近世の地方寺院と地域社会――遠州井伊谷龍潭寺を中心に』（同成社，2015年），『人物史 阿部猛――享受者たちの足跡』（共編著，日本史史料研究会，2016年），『井伊直虎――女領主・山の民・悪党』（講談社現代新書，2016年）ほか。

「名著」から読み解く日本社会史
――古代から現代まで――

2018年5月10日　初版第1刷発行　〈検印省略〉

定価はカバーに
表示しています

著　者　夏　目　琢　史
発行者　杉　田　啓　三
印刷者　藤　森　英　夫

発行所　株式会社　ミネルヴァ書房
607-8494　京都市山科区日ノ岡堤谷町1
電話代表　(075)581-5191
振替口座　01020-0-8076

亜細亜印刷

ISBN 978-4-623-08128-8
Printed in Japan

人名索引

あ 行

か　行

な　行

は　行

ま　行

や　行

ら　行

わ　行

事項索引

さ　行

た　行

な　行

は　行

ま 行

や　行

ら　行

わ　行